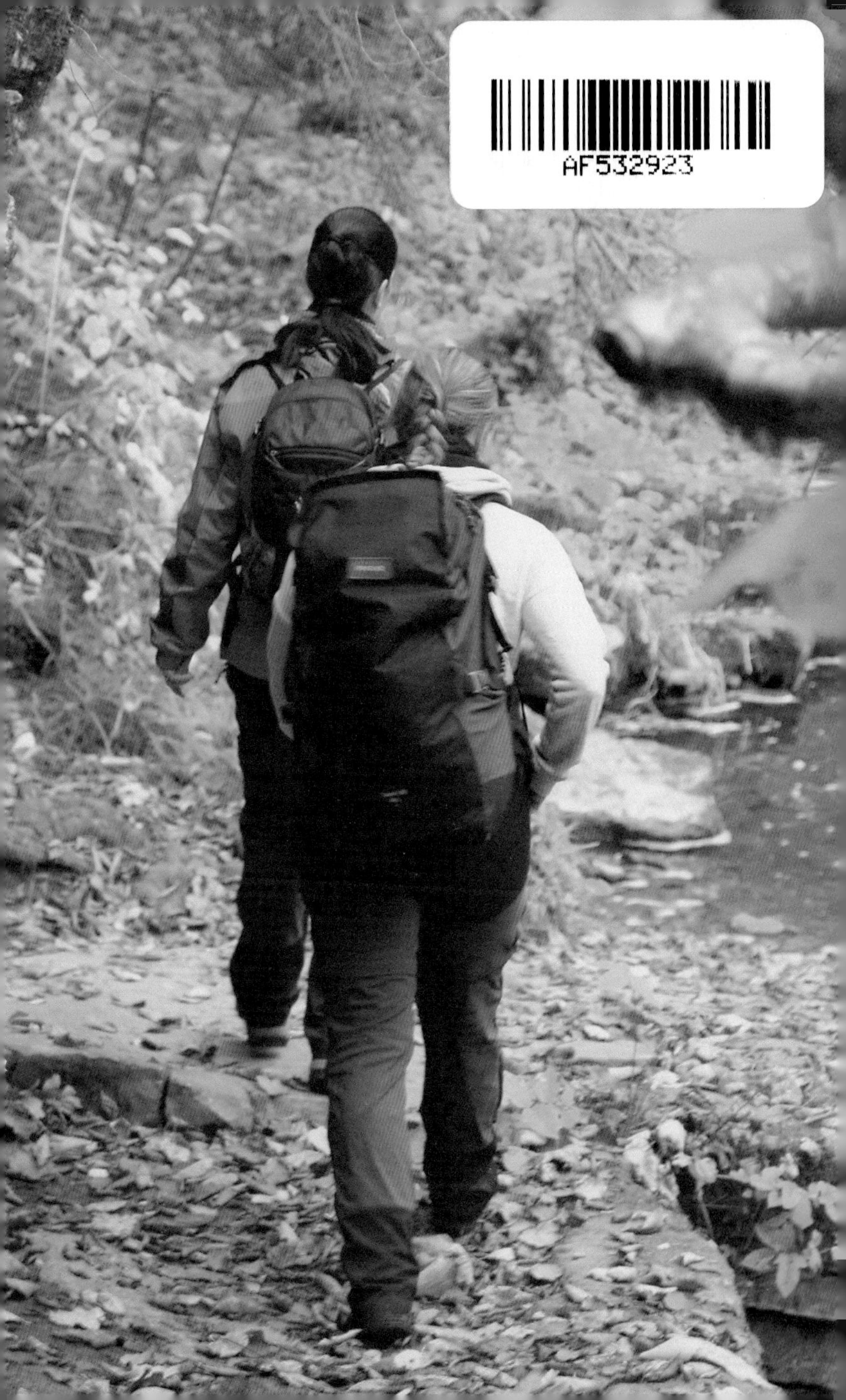

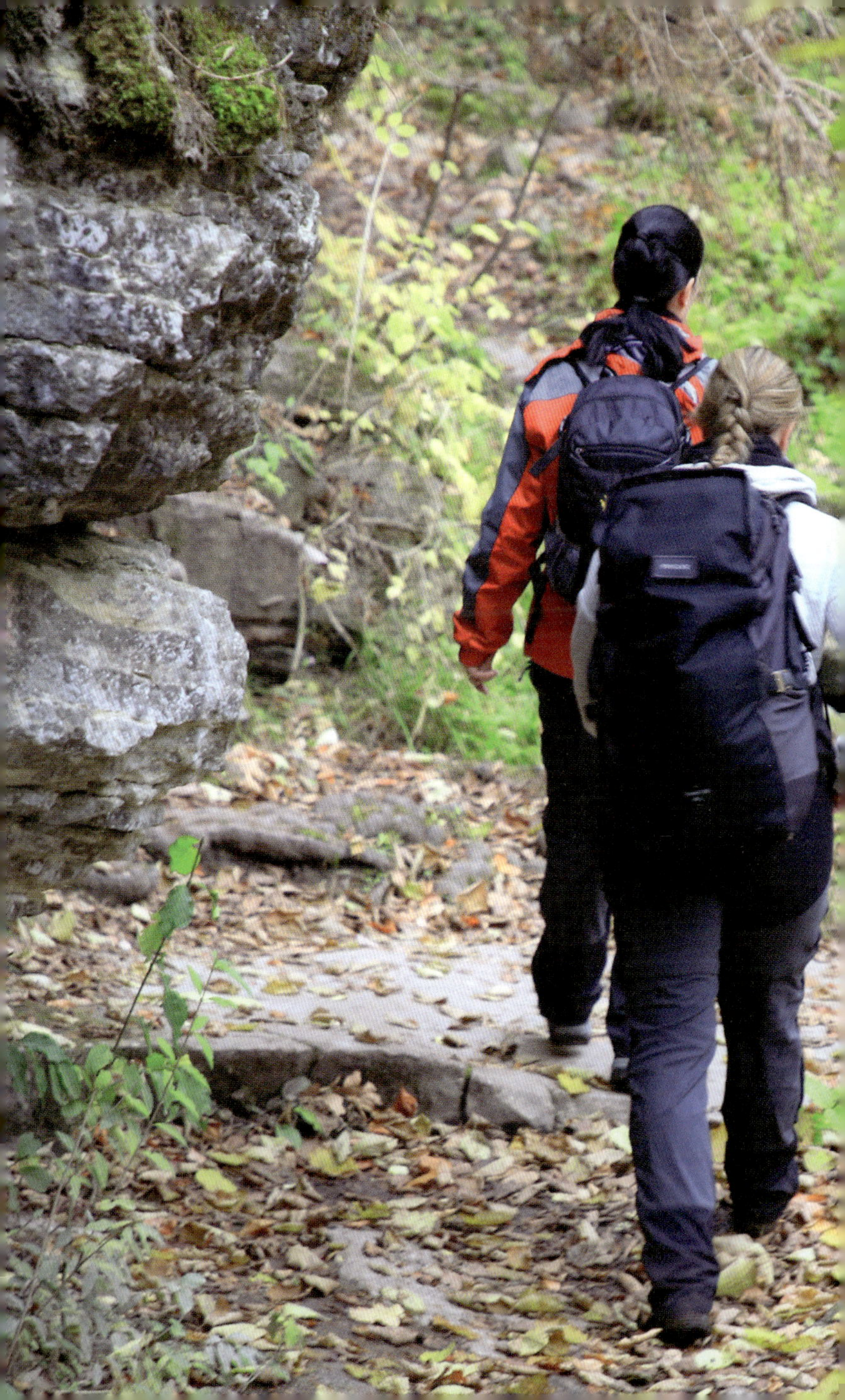

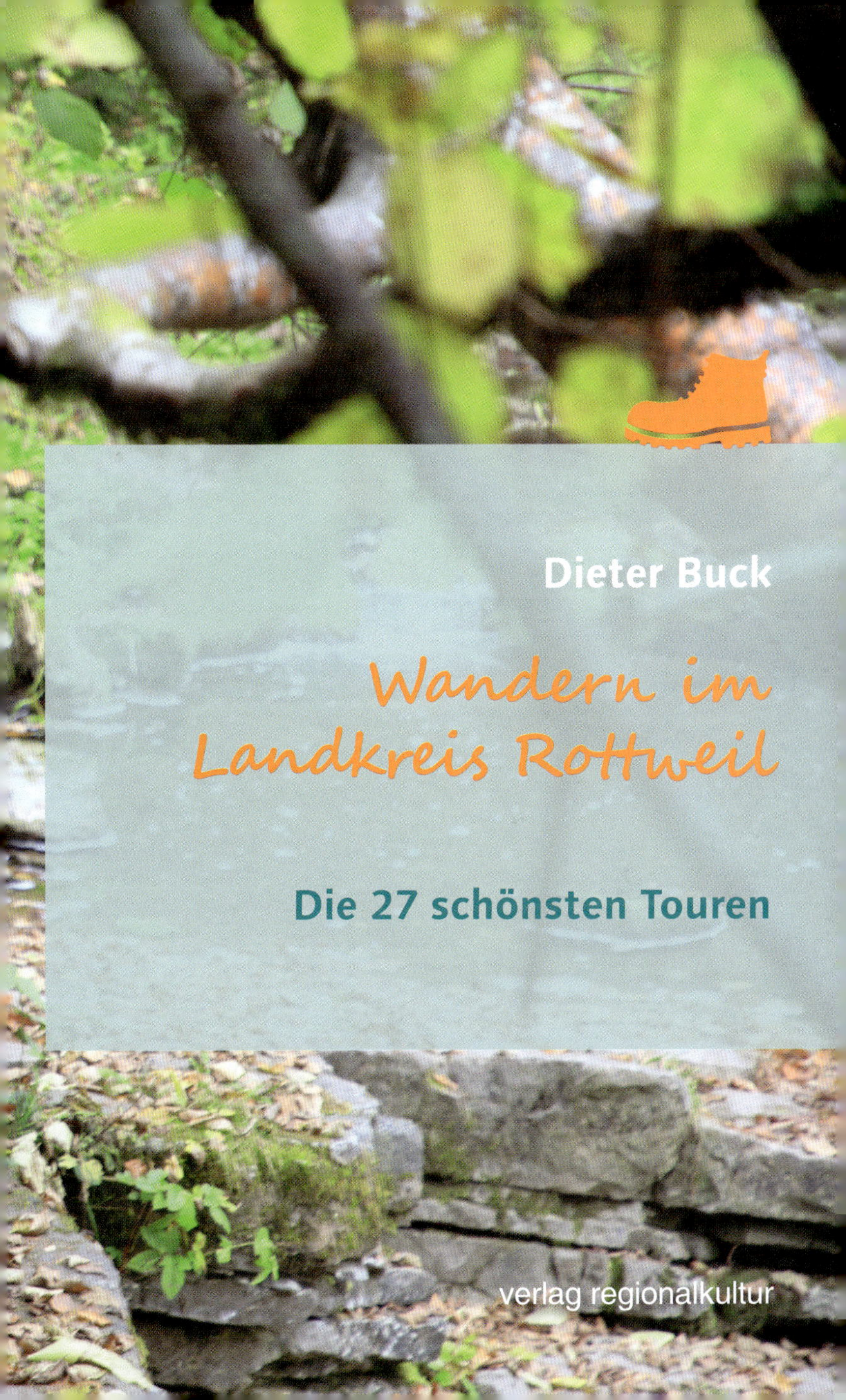
Dieter Buck
Wandern im Landkreis Rottweil
Die 27 schönsten Touren
verlag regionalkultur

Vorwort

Liebe Wanderfreunde,

die Vielfalt der Landschaftsräume ist ein großes Kapital für die Tourismus- und Freizeitangebote im Landkreis Rottweil. Schwarzwald und Schwäbische Alb, Schiltach, Kinzig und Oberer Neckar bieten ungemein viel Abwechslung und laden zu Erkundungstouren ein.

Auf Wandertouren lässt sich diese Fülle bestens entdecken. Daher lag es nahe, einen neuen Wanderführer in Buchform zu veröffentlichen. In Zusammenarbeit mit dem verlag regionalkultur und dem Autor Dieter Buck konnte dieses Vorhaben in die Tat umgesetzt werden.

27 Wandertouren im Landkreis Rottweil werden in diesem Buch vorgestellt. Sie erschließen das Kreisgebiet vom Norden um Sulz und Dornhan bis in die Hochtäler des Mittleren Schwarzwaldes bei Lauterbach und Schiltach im Westen, von der Schwäbischen Alb bei Wellendingen im

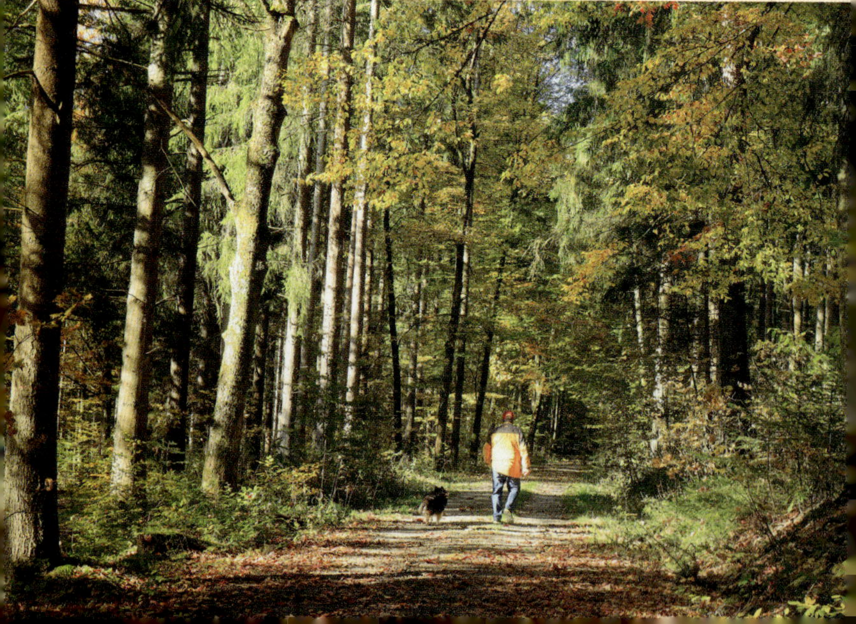

Osten bis zum Oberen Neckar bei Deißlingen im Süden. Die Bandbreite reicht von kürzeren Spaziertouren bis hin zu anspruchsvollen Wanderungen. Vorschläge für bekannte Wandertouren – wie die Schwarzwälder Genießerpfade und die Routen des Projekts „WanderParadies Schwarzwald und Alb" – werden ergänzt durch Wandertipps für ruhigere, aber nicht minder attraktive Ecken im Landkreis Rottweil. So sind jeder Naturraum und jede Gemeinde im Kreisgebiet in diesem Wanderführer vertreten. Die Tourenvorschläge sind zur Orientierung den drei Landschaftsräumen „Schwarzwald", „Am und um den Neckar" sowie „Albvorland und Schwäbische Alb" zugeordnet. „Grenzfälle" in der Zuordnung zeigen hierbei die Übergänge in den Landschaftsräumen auf.

Der renommierte Wanderautor Dieter Buck ist jede der Touren vor Ort abgewandert und hat sie in Wort und Bild dokumentiert. Informationen zu An- und Abreise sowie zur Beschilderung komplettieren die Beschreibungen. Zur digitalen Navigation stellt der Verlag auch die GPX-Daten zur Verfügung.
Sie erhalten mit diesem Wanderführer ein Komplettpaket, um den Landkreis Rottweil auf Schusters Rappen zu entdecken. Hierbei wünsche ich Ihnen viel Freude!

Dr. Wolf-Rüdiger Michel
Landrat des Landkreises Rottweil

Informationen

www.landkreis-rottweil.de

www.rad-und-wanderparadies.de

Die Touren

Schwarzwald

Am und um den Neckar

Albvorland und Schwäbische Alb

blau = leicht, rot = mittelschwer, **schwarz** = schwer

ANLEITUNG

Die **GPX-Dateien** zu den Touren dieses Führers können Sie hier herunterladen und auf verlag-regionalkultur.de.

GPX-TRACKS

Einleitendes

Landkreis Rottweil: Natur & Landschaft

Der Landkreis Rottweil liegt an der Nahtstelle Baden-Württembergs – da, wo Schwarzwald und Schwäbische Alb auf Sichtweite zusammentreffen. Das Kreisgebiet erstreckt sich von den Höhen des Mittleren Schwarzwalds über das Obere Neckartal und das Obere Gäu bis zum Trauf der Schwäbischen Alb – ein buntes Mosaik von Naturräumen. Für Wanderer bietet sich eine große landschaftliche Vielfalt auf überschaubarem Raum. Kulturinteressierte kommen ebenfalls auf ihre Kosten: Geschichtsträchtige Städtchen wie Rottweil, Schiltach und Schramberg, zahlreiche Burgen und Schlösser, Kirchen und Kapellen sowie eine reiche Museumslandschaft können links und rechts der Wanderwege entdeckt werden.

Die drei Landschaftsräume Schwarzwald, Alb und Neckartal lassen sich im Kreisgebiet nicht trennscharf voneinander abgrenzen, sondern werden vielmehr durch die Flusstäler und die sanfter nivellierten Flächen der Gäue miteinander verbunden. Alb und Schwarzwald liegen also im Landkreis Rottweil an einer „Nahtstelle".

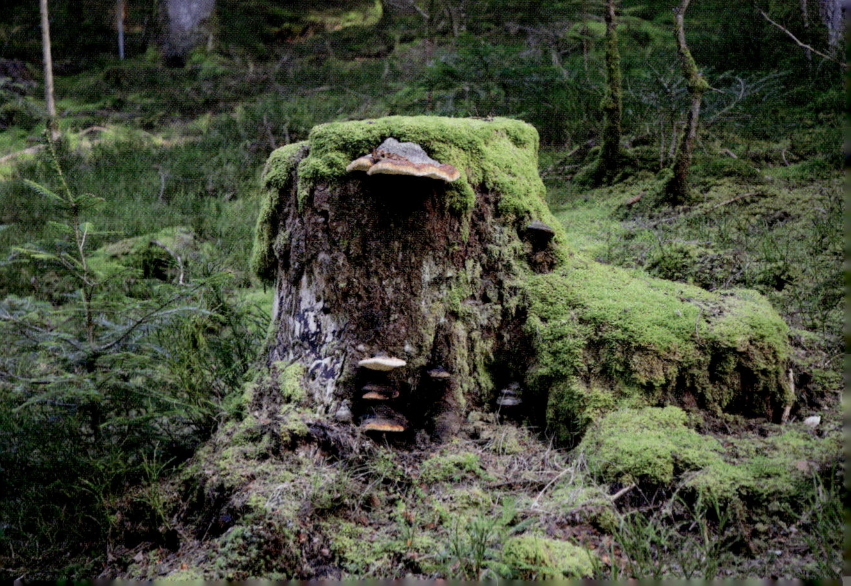

Die Touren führen teilweise durch recht urige Waldstücke.

Schwarzwald

Der Landkreis Rottweil liegt am Ostrand – der Ostabdachung – des Mittleren Schwarzwaldes mit seinen hervorstechenden Höhenzügen. Dicht bewaldete Gebiete mit Höhenzügen bis über 900 Meter und tief eingeschnittene Täler prägen das Bild. Dieser Gegensatz lässt sich auch an der Tatsache ablesen, dass sowohl der höchste Punkt als auch der niedrigste Punkt im Kreisgebiet im Flächenanteil des Mittleren Schwarzwaldes liegen: die Brunnholzer Höhe auf Gemarkung Tennenbronn, Stadt Schramberg, mit 943 Metern über NN, und die Kinzig im Gebiet der Stadt Schiltach auf 290 Metern über NN. Allein hieran lässt sich ablesen, dass Wanderer hier durchaus anspruchsvolle Touren finden.

Von Einzelgehöften geprägte Siedlungsflächen auf der Höhe und Hochtäler mit typischen Schwarzwald-Bauernhöfen ergänzen das Landschaftsbild. Eine Besonderheit ist die Passhöhe Fohrenbühl, die genau an der Grenze zum Ortenaukreis liegt; früher verlief hier die Landesgrenze zwischen den Ländern Baden und Württemberg. Der beim Fohrenbühl liegende Mooswaldkopf ist mit dem Gedächtnishaus des Schwarzwaldvereins samt Aussichtsturm ein beliebtes Ausflugsziel.

Zum Flächenanteil des Mittleren Schwarzwaldes lassen sich die Städte und Gemeinden Dornhan, Lauterbach, Schiltach, Schenkenzell sowie Schramberg hinzurechnen. Aichhalden, Dunningen, Eschbronn und Hardt liegen im Übergangsgebiet zum Oberen Gäu und dem Oberen Neckarraum.

Am und um den Neckar

Der stolze Landesfluss Neckar ist im Landkreis Rottweil, unweit des Ursprungs im nahe liegenden Schwenningen, anfangs noch ein Bach. Auf seiner Reise durch das Kreisgebiet mausert er sich vom Flüsschen zum Fluss. Ab Rottweil hat der Neckar ein tiefes Bett in das Muschelkalk-Gestein gegraben und so eine beeindruckende Landschaft geformt. Manche sprechen gar vom „Neckar-Canyon“. Auch die Neckar-Zuflüsse Eschach und Schlichem sorgen für vielseitige und für Wanderer ungemein attraktive Landschaftsbilder.

Die Flächen oberhalb des Neckartals schließen sich mit sanfteren Reliefs an die Schwarzwald-Landschaft an und gehören zum Oberen Gäu. Weite Ausblicke auf die umliegenden Mittelgebirgslandschaften sowie ins Flusstal sind hier für Wanderer besonders reizvoll.

Aichhalden, Dunningen, Eschbronn und Hardt liegen im Übergangsgebiet vom Schwarzwald zum Oberen Gäu; Bösingen, Dietingen, Deißlingen, Epfendorf, Oberndorf, Villingendorf, Sulz und Zimmern liegen am Neckartrauf oder direkt im Neckartal.

Albvorland und Schwäbische Alb

Der Lemberg, der höchste Berg der Schwäbischen Alb, liegt zwar knapp außerhalb des Kreisgebiets, ist aber von der Gemeinde Wellendingen aus unmittelbar erreichbar. Das Albvorland im Landkreis Rottweil mit ansteigenden Terrassen, unterbrochen durch Flusstäler, führt auf die Schwäbische Alb hin und bietet wunderbare Ansichten des markanten Mittelgebirges. Wanderer finden hier ein abwechslungsreiches und durchaus anspruchsvolles Terrain vor.

Rottweil, Teile der Gemarkungen von Dietingen und Sulz sowie Wellendingen lassen sich dem Albvorland und der Alb zuordnen – der Übergang vom Gäu und dem Neckartal geschieht innerhalb kurzer Distanzen.

Sicher wandern

Wichtig ist, dass man seine eigene Leistungsfähigkeit realistisch einschätzt: Bewältigt man die Strecke und die Höhenmeter? Unterwegs schlappmachen oder total erschöpft ankommen, möchte man ja nicht, das hinterlässt keine guten Erinnerungen an die Tour. Auch sollte man berücksichtigen, dass man an heißen Sommertagen schneller an seine Grenzen kommt als an kühleren Tagen. Gerade dann ist es wichtig, immer genügend zu trinken dabei zu haben, und auch bei kürzeren Touren ist ein kleiner Essensvorrat zu empfehlen. Auf den Karten kann man sehen, ob die Wanderungen eher im schattigen Wald oder durch Freiflächen mit voller Sonneneinstrahlung verlaufen, und sich danach richten.

Besser als allein zu wandern ist es, wenn man mindestens zu zweit unterwegs ist. So kann im Fall des Falles immer einer Hilfe holen. Ein Fuß ist schnell verknackst, und dann kommt man oft nicht mehr weiter. Für Alleinwanderer ist es empfehlenswert, Freunde oder Bekannte darüber zu informieren, wo und wie lange sie unterwegs sein wollen.

Um Hilfe herbeirufen zu können, ist ein Handy sehr nützlich. Das hat heute wohl jeder dabei. Allerdings kann der Empfang in bestimmten Bereichen, sowohl in den Tälern als auch auf den Höhen, schlecht sein. Kann man die Notrufnummer 112 nicht wählen, sollte man zunächst ein wenig umhergehen, vielleicht ist in kurzer Entfernung doch Empfang. Ansonsten sollte man das Handy ausschalten und beim Wiedereinschalten – anstatt sich in sein eigenes Netz einzuwählen – gleich 112 eintippen. Wenn man Glück hat, sucht sich das Gerät das nächste verfügbare Netz.

Die richtige Ausrüstung

Was braucht man zum Wandern? Eigentlich nichts Besonderes. Man zieht sich zum Wandern geeignete Kleidung an: gut waschbar, bequem und je nach Wetter wind- und regendicht (oder zumindest -abweisend) sollte sie sein, aber auch atmungsaktiv. Dies gilt ebenso für den Anorak. Jeans als Hosen sind eher ungeeignet: Sind sie einmal nass, dauert es lange, bis sie wieder trocken sind. Da eignet sich ein Kunststoffgewebe, das schnell trocknet, besser. Da man im Wald auch manchmal auf engen Wegen geht, in die

Findet man eine solch schöne Bank, dann sollte man auch eine Rast machen.

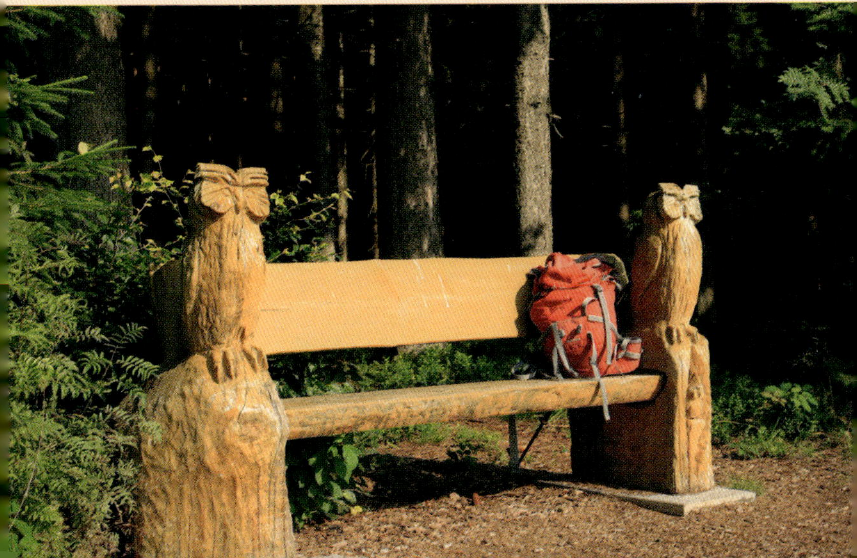

vielleicht dornige und stachelige Zweige ragen, sollte der Stoff fest sein und nicht gleich kaputtgehen, wenn man mal von einer Brombeere „angegriffen" wird. Der Fachhandel hat ein großes Angebot an wandergeeigneter Kleidung auf Lager, sogar nach Geschlechtern getrennt. Dort erhält man auch eine fachkundige Beratung.

Am allerwichtigsten sind jedoch die Schuhe. Wer hier sparen will, macht es an der falschen Stelle. Man sollte sich, optimalerweise im Fachgeschäft mit guter Beratung, geeignete Wanderschuhe kaufen. Diese sollten zum einen wasserdicht sein, sodass man auch einfach mal durch eine Pfütze gehen kann, ohne sie mühselig umgehen zu müssen, und zum anderen bis zum Knöchel reichen sowie mit einer Sohle ausgestattet sein, mit der man problemlos über Wurzeln und Steine steigen kann. Am besten verlegt man den Schuhkauf in den Nachmittag oder Abend, wenn die Füße ohnehin etwas dicker sind. Zusätzlich zu den perfekten Wanderschuhen benötigt man allerdings geeignete Socken. Besser geeignet als Socken aus Wolle oder Baumwolle sind spezielle Wandersocken, die entweder zu einem hohen Anteil oder ausschließlich aus Kunstfasern bestehen. Dadurch ist gewährleistet, dass die Feuchtigkeit nach außen transportiert wird und der Fuß trocken bleibt. Somit wird die Gefahr der Blasenbildung verringert. Einige Wanderer tragen zwei Paar Socken, da dann die Socke nicht an der Haut reibt, sondern Socke an Socke. Dies ist dann

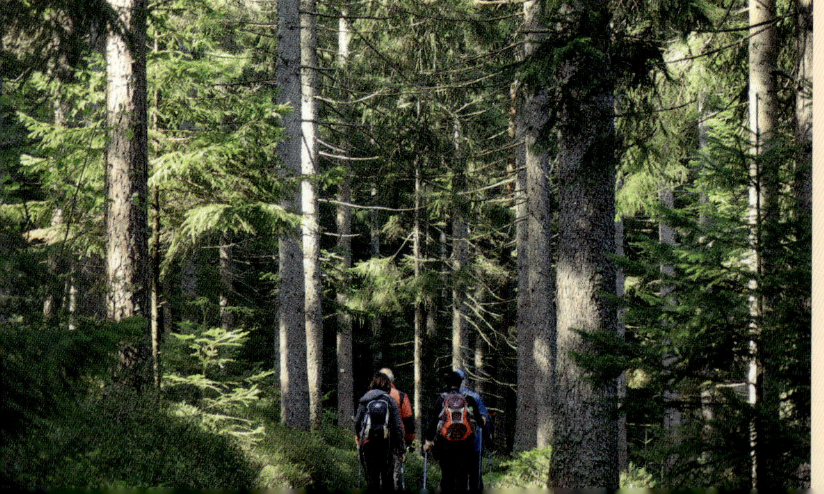

Eine Waldwanderung ist zu jeder Jahreszeit schön.

allerdings beim Schuhkauf beziehungsweise der Wahl der richtigen Schuhgröße zu berücksichtigen. Auch hier sollte wieder eine fachkundige Beratung in Anspruch genommen werden.

Als Ergänzung zu dieser Grundausrüstung empfiehlt es sich außerdem, weitere nützliche Gegenstände bei den Wanderungen mit sich zu führen. Brauchbar sind beispielsweise ein Taschenmesser, eine Schnur und eine Tüte (für den Abfall, aber auch zum Sammeln irgendwelcher Fundstücke – vor allem wenn man Kinder dabei hat). Auch wenn man nicht gerne daran denken möchte, sollte man stets auf mögliche Verletzungen vorbereitet sein, denn gerade auf Pfaden hat man sich schnell mal den Fuß übertreten. Eine elastische Binde kann hier wahre Wunder bewirken und zumindest den Weg zurück zum Ausgangspunkt ermöglichen. Einen Schnitt, einen Riss oder eine aufgeschürfte Stelle hat man sich ebenfalls schnell zugezogen. Hierbei sind Pflaster, Verbandsmaterial und Desinfektionsmittel im Rucksack äußerst hilfreich. Selbst gegen Stiche von Insekten gibt es Hilfsmittel: Geräte, mit denen man einen Stachel oder das Gift in der Stichstelle entfernen kann, sowie Geräte oder Salben zur Milderung des Juckreizes erhält man in der Apotheke.

Gibt es unterwegs Gefahren?

Löwen, Tiger und giftige Spinnen treffen wir in unseren Wäldern zwar nicht an, aber es gibt ein paar Dinge, die in

Oft führen die Touren auch an Aussichtspunkten vorbei.

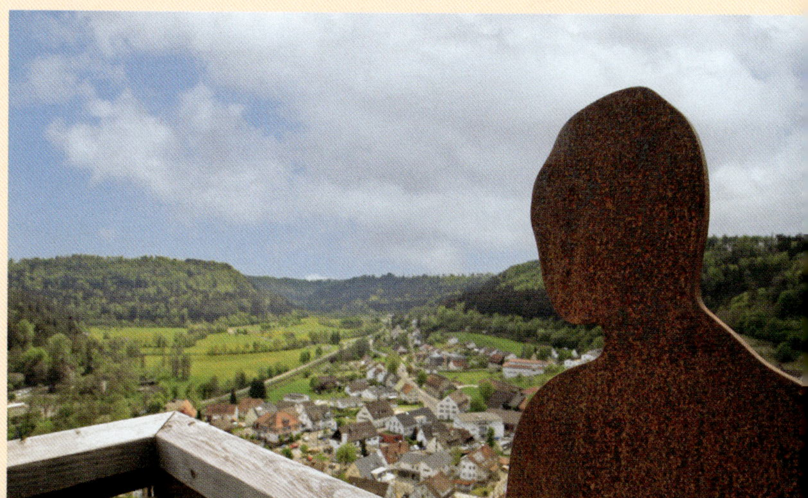

den letzten Jahren an Bedeutung gewonnen haben und über die man sich Gedanken machen sollte.

Die Gefahr durch Zeckenbisse ist in dem waldreichen Landkreis Rottweil immer gegeben, zählt ihn doch das Robert-Koch-Institut zu den Risikogebieten. Ein Zeckenbiss kann schwere Komplikationen verursachen, die von der Hirnhautentzündung bis hin zur Borreliose reichen. Deshalb sollte unbedingt darauf geachtet werden, geschlossene Kleidung zu tragen und die Hosenbeine in die Schuhe zu stopfen, um den Beißern die Angriffsflächen nicht gerade auf dem Silbertablett zu servieren. Nach der Tour sollte man sich absuchen, am besten sogar duschen und bei Zeckenbissen in den nächsten Tagen auf Rötungen um die Bissstelle achten. Dann ist ein Arztbesuch angesagt. Gegen Hirnhautentzündung kann man sich impfen lassen – lassen Sie sich dazu vorab von Ihrem Arzt beraten.

Auch vor dem Fuchsbandwurm, ein Parasit, der auch den Menschen befallen kann, sollte man sich schützen. Geschädigt werden vor allem die Leber, manchmal auch Lunge und Gehirn. Dass man befallen ist, wird oft so spät bemerkt, dass keine Hilfe mehr möglich ist. Vorsorgen kann man, indem man keine Beeren o.Ä. im Wald isst, zumindest keine aus Bodennähe. Auch sein Vesperbrot sollte man nicht ins Gras legen. Händewaschen, wenn möglich unterwegs, auf jeden Fall aber daheim, ist hier angesagt.

Idylle am Talsee bei Dietingen.

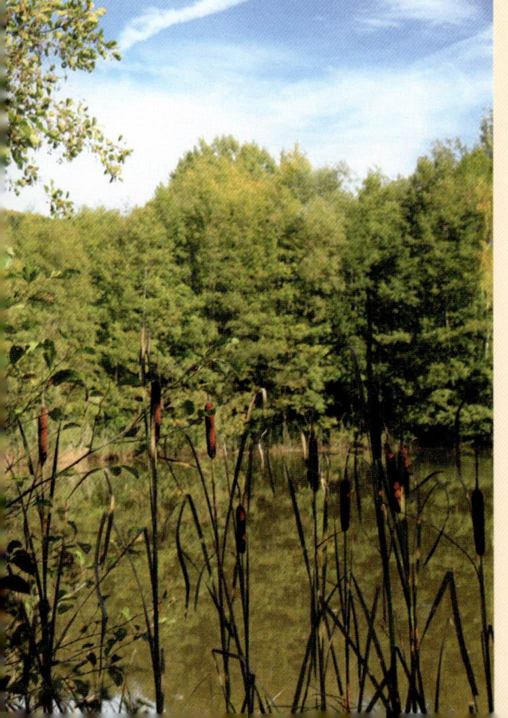

Ursache für eine Erkrankung durch das Hantavirus sind oft Rötelmäuse beziehungsweise deren Ausscheidungen. Sie werden beim Wandern zum Beispiel im trockenen Laub aufgewirbelt und der Erreger eingeatmet. Besonders hoch ist die Infektionsgefahr von April bis in den Herbst.

Tetanus (Wundstarrkrampf) kann man sich durch eine Verletzung (Stich, Biss, Schnittwunde) und Verunreinigung der Wunde holen. Die meisten Menschen sind wahrscheinlich dagegen geimpft. Eine weitere Gefahr ist eine Blutvergiftung (Sepsis), die man sich ebenfalls durch eine Verletzung zuziehen und die unbehandelt zum Tod führen kann. Lassen Sie sich von Ihrem Arzt beraten.

Ebenfalls eine Gefahr im Wald sind die immer drohenden Waldbrände. Durch die seit Jahren anhaltende Trockenheit sind die Wälder und das Unterholz sehr ausgetrocknet. Ein kleiner Funke kann schon einen Waldbrand auslösen. Daher sind die behördlichen Grillverbote streng zu beachten. Dies dient nicht nur der eigenen Sicherheit, sondern auch den Wäldern und somit der Allgemeinheit. Dies gilt aber nicht nur für den Sommer, auch in den anderen Jahreszeiten können die Wälder sehr trocken und damit brandgefährdet sein.

Besonders schön: mit Kindern unterwegs

Kinder sind normalerweise begeisterte Wanderer, gibt es hier doch immer viel zu sehen, zu beobachten und zu spielen. Geht man mit Kindern zum Wandern, ist es sinnvoll, etwas zum Transport von Fundstücken (Tannenzapfen, Samen, Versteinerungen etc.) dabei zu haben. Pflanzen mitzunehmen, ist zwar auch beliebt, aber wenig sinnvoll, denn bis man daheim ist, sind sie oft vertrocknet. In Naturschutzgebieten ist es sogar verboten, von dort darf überhaupt nichts mitgenommen werden! Schnur, Taschenmesser, Malsachen etc., bei kleineren Kindern auch Spielfiguren, machen eine Wanderung für den Nachwuchs interessant, sodass man zu einer Wiederholung vermutlich keine großen Überredungskünste braucht.

Orientierung ist wichtig

Die bei den Wanderungen empfohlenen Karten sind teilweise im Buchhandel, teilweise bei den Gemeinden erhältlich. Durch den manchmal komplizierten Wegverlauf, beziehungsweise weil nicht immer alle Wege auf den Karten verzeichnet sind, empfiehlt sich die Installation von Apps für Smartphones. Hier sollte man aber darauf achten, dass man sich aus den jeweiligen Stores solche herunterlädt, die kein Internet benötigen – dieses ist vor allem im Wald, insbesondere weit weg von Siedlungen oder in Schluchten, oft nicht vorhanden. Zu empfehlen sind vor allem die kostenlosen Apps MAPS.ME und PhoneMaps, die recht zuverlässig anzeigen, wo man sich gerade befindet, wenn man mal die Orientierung verloren hat. Auch mit Komoot habe ich gute Erfahrungen gemacht. Wer sich die angebotenen Tracks zu den Wanderungen herunterlädt, hat keine Probleme mit der Orientierung.

Anfahrt

Bei jeder Tour wird neben dem passenden Parkplatz auch aufgeführt, wie man umweltfreundlich mit öffentlichen Verkehrsmitteln, mit Bus und Bahn, zum Ausgangspunkt kommt. Meist verlängert sich die Wanderung durch die Strecke vom Bahnhof oder der Bushaltestelle jedoch ein wenig. Auskunft über die Verbindungen und Fahrpläne erhält man hier: efa-bw.de.

Bestimmen von Bäumen, Blumen und Tieren

Nach dem Motto „Man sieht nur, was man weiß" ist es nützlich, wenn man das, was man um sich herum sieht, erkennen und bestimmen kann: Bäume, Blumen, Tiere. Neben vielen Büchern – fragen Sie am besten Ihren Buchhändler – gibt es auch hierzu zahlreiche Apps. Zur Bestimmung von Vögeln werden auch Bücher angeboten, bei denen man mittels einer App Vogelstimmen hören kann.

Besonderheiten in den Wäldern

Die ganz großen Sensationen der Natur findet man in unseren Wäldern eher selten, dafür aber kleine Kostbarkeiten. Hier eine junge Pflanze, die aus einem abgestorbenen

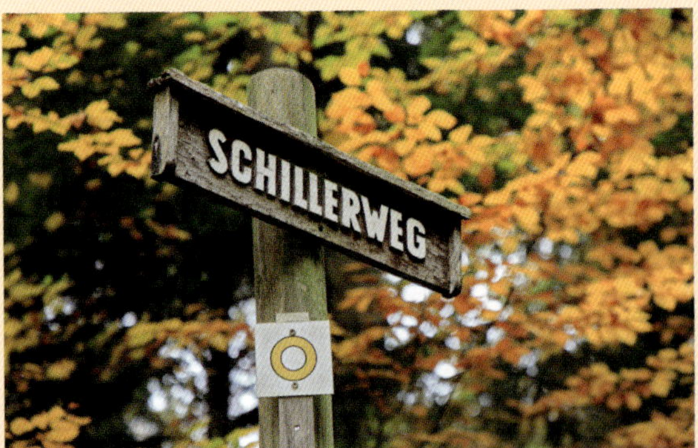

Verirren unmöglich: Die Wege sind meist gut beschildert.

Baum, dem sogenannten Totholz, wächst. Dazwischen vielleicht sogar die eine oder andere Orchidee. Auch lustig vor sich hin plätschernde und strudelnde Bäche erfreuen den Wanderer, ebenso ein Wasserfall, ein Felsmassiv oder eine wilde Schlucht.

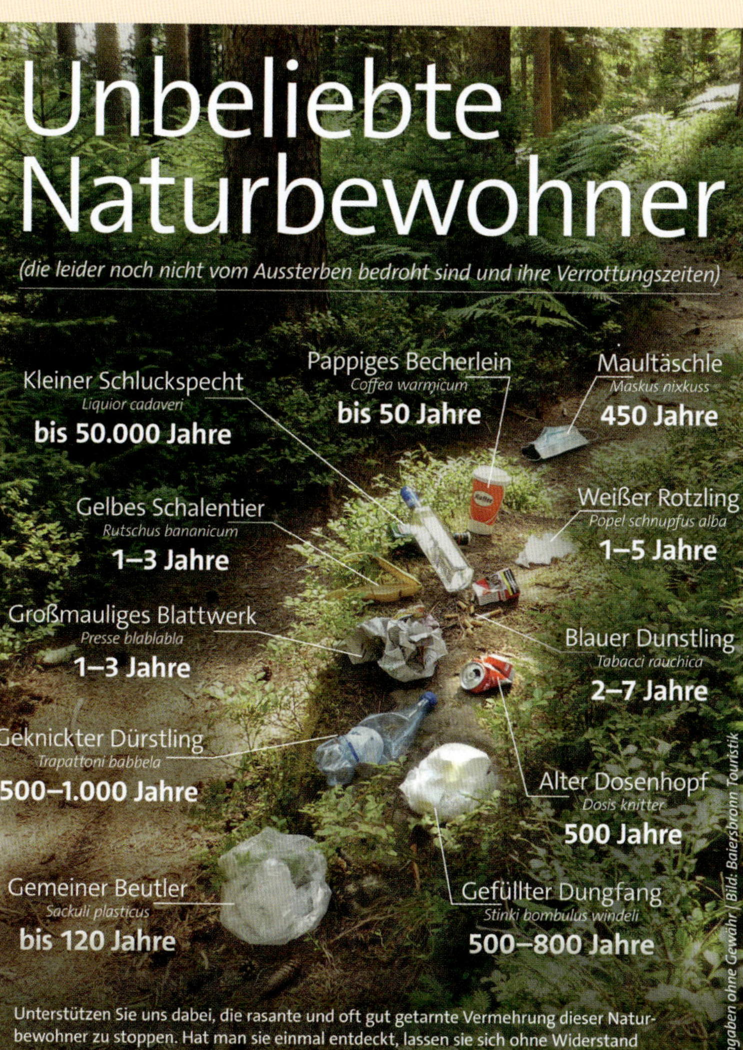

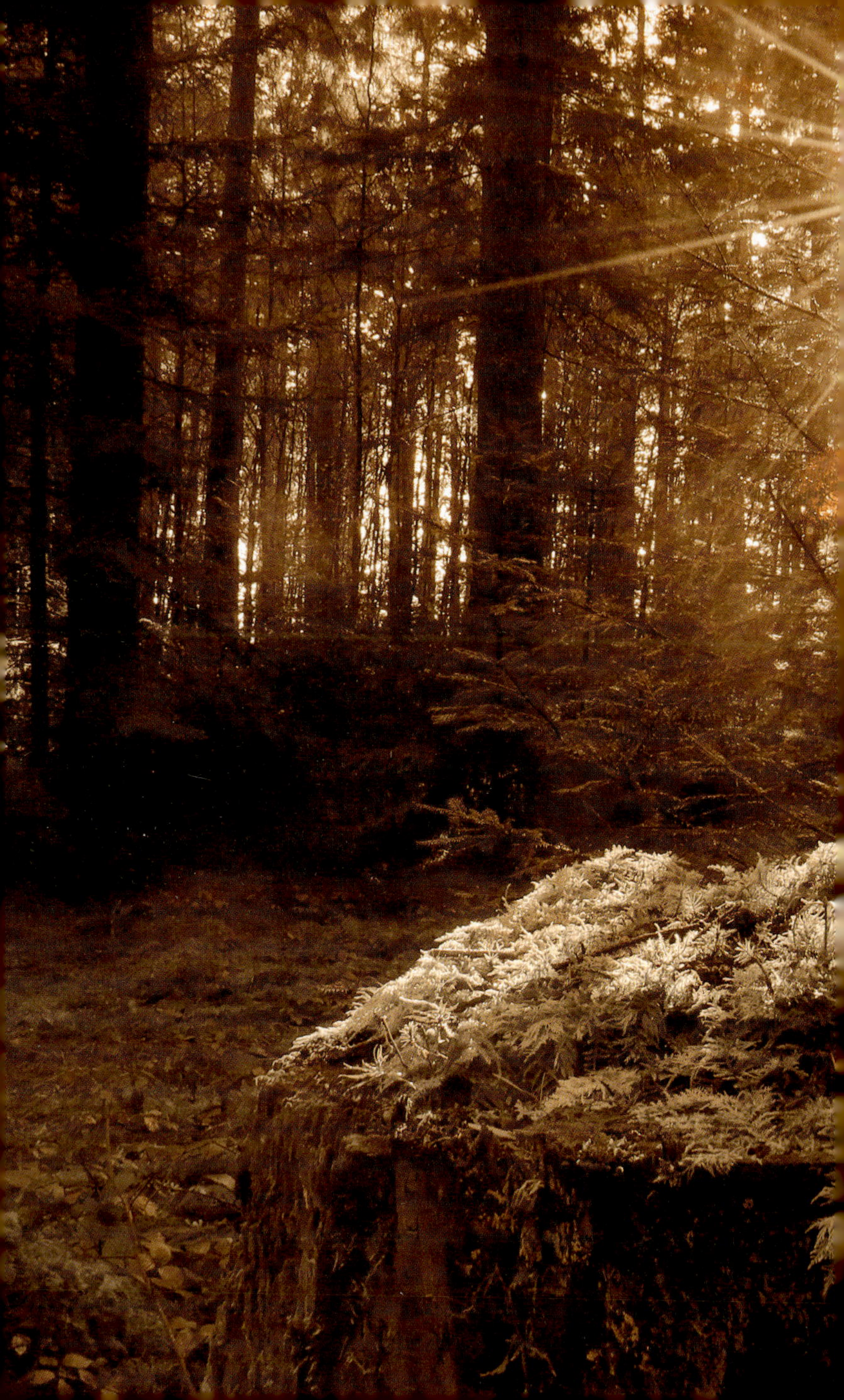

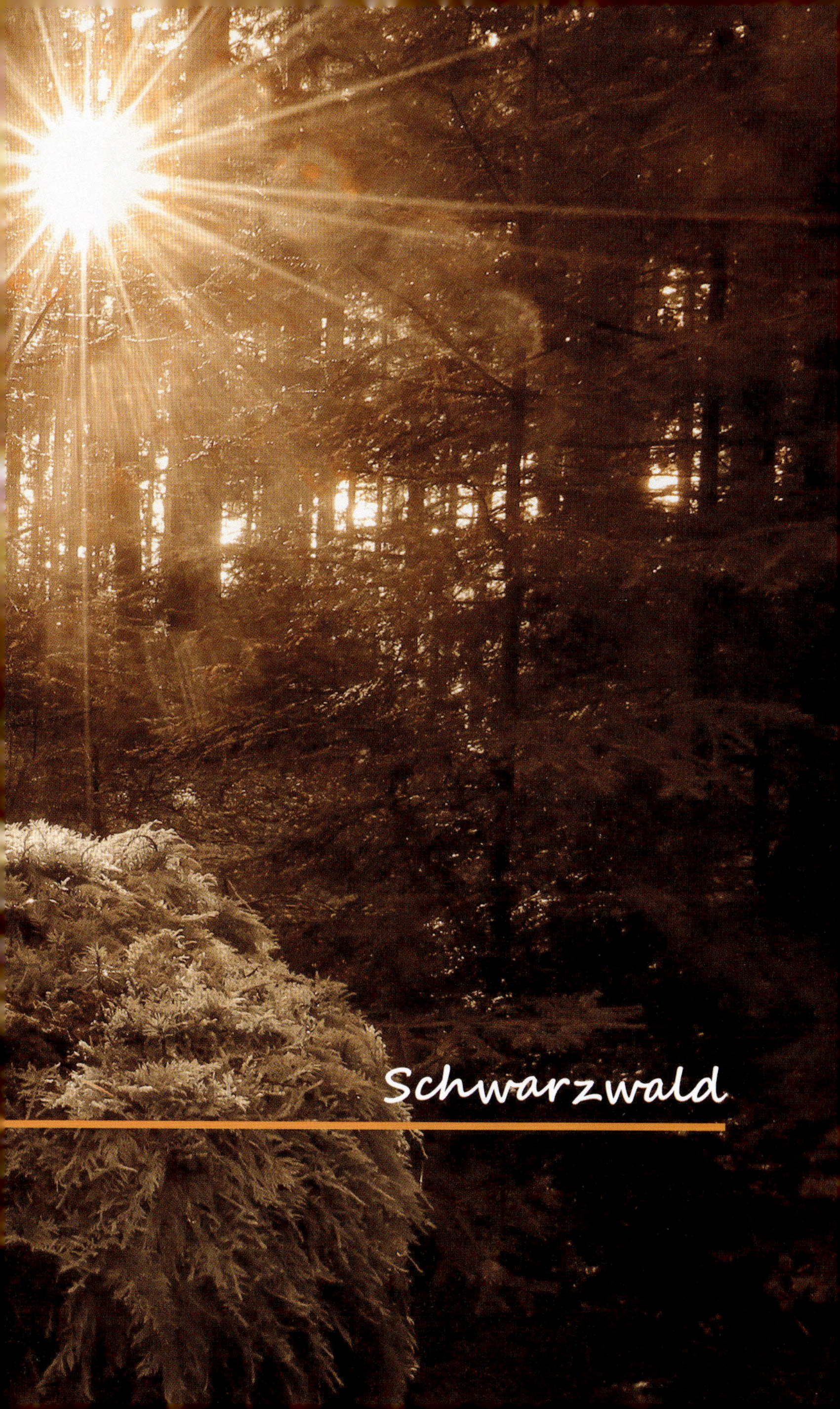

Schwarzwald

Mühlenwelt am Heimbach

1

Gemütlich wandern mit historischen Erinnerungen

1 ¼ Std.

4,2 km

50 Hm

Betzweiler/Heimbachhalle – Busenweiler – Betzweiler

Die Wanderung verläuft fast ständig auf festen Wegen.

Mühlen, Heimbach, Aussicht

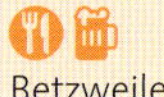

Betzweiler

Der Heimbach war einst für Busenweiler und Betzweiler ein wichtiges Gewässer, denn er lieferte nicht nur das für das Leben notwendige Wasser, sondern mit ihm wurden auch einige Mühlen betrieben. So hat man ihn noch bis in die 1950er-Jahre wirtschaftlich genutzt. Zudem überflutete er regelmäßig die Wiesen, sodass sie mit Nährstoffen versorgt wurden. Bei dieser Wanderung passieren wir verschiedene Stationen mit Informationstafeln, die über seine einstige Bedeutung und die Geschichte der Orte berichten.

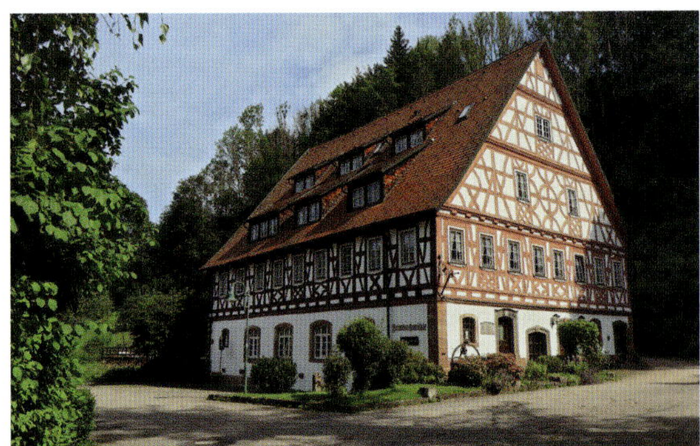

Die Heimbachmühle ist ein prächtiges Fachwerkgebäude.

Vom **Parkplatz** 1 aus gehen wir ortseinwärts. Nach der **Heimbachmühle**, einem beeindruckenden Fachwerkgebäude, orientieren wir uns rechts. Der Weiterweg führt uns links der Alten Kirche geradeaus zur Durchgangsstraße, wo wir das Schild „Betzweiler Krämerseck" (560 m) sehen. Hier folgen wir der Straße noch etwas geradeaus bis zur **ev. Kirche** 2, gehen dort nach links in die Hilbstraße und folgen dieser eine Weile geradeaus. Links sehen wir bald die Sägemühle/Obere Mühle.

Danach steigt es an. Wir kommen am Modell eines Wasserrads vorbei und erreichen danach den Wald. Dort ge-

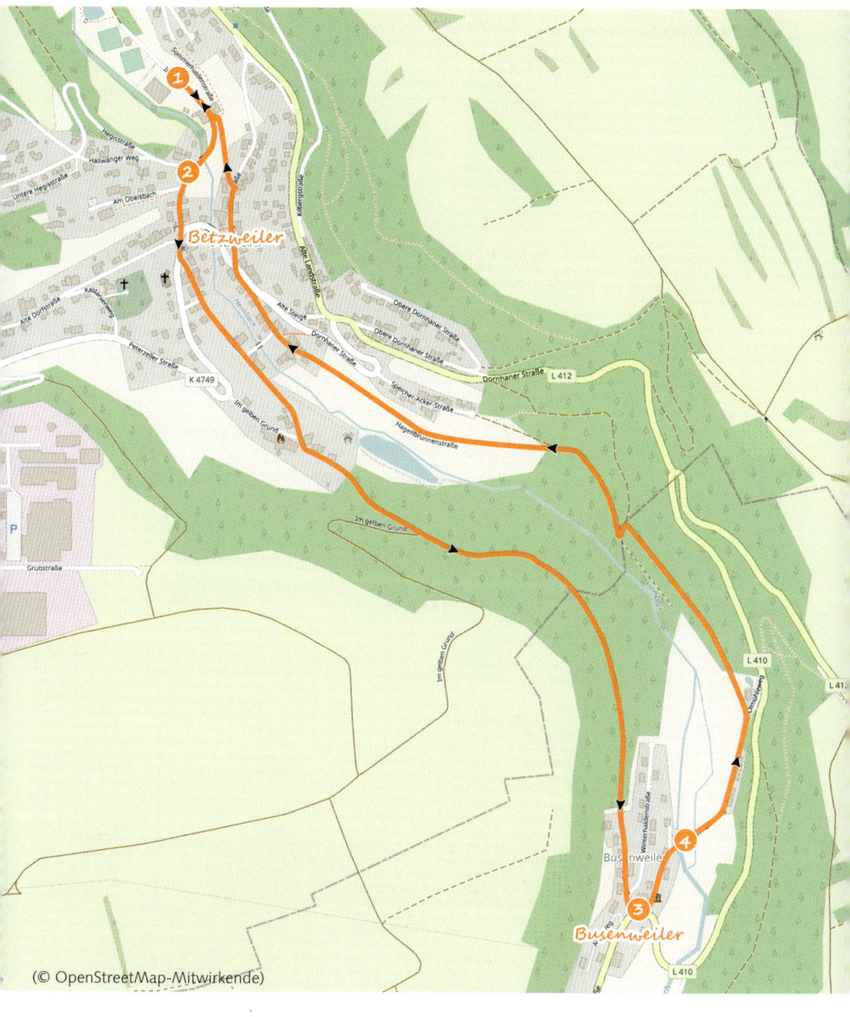

hen wir bis zum Wanderschild „Im gelben Grund" (595 m), wo die Straße nach rechts zieht. Wir behalten aber unsere Richtung bei und wandern nun auf einem Schotterweg durch den Wald. Etwas später passieren wir eine Informationstafel, die über alte Grenzsteine berichtet. Einen solchen sehen wir links davon.

Danach führt uns der Weg nach **Busenweiler**. Ab dem Ortsanfang wandern wir leicht bergab bis zur Durch-

INFOS

Wanderkarte W240 Oberndorf am Neckar, 1:25 000, Landesamt für Geoinformation und Landentwicklung Baden-Württemberg (LGL) in Zusammenarbeit mit dem Schwarzwaldverein e. V.

dornhan.de

Bahn bis Freudenstadt, Bus bis Loßburg-Rodt – Haltestelle Volksbank Betzweiler; Bus bis Busenweiler – Haltestelle Rathaus

Loßburg-Betzweiler, Heimbachhalle, Im unteren Tal, GPS 48.363684, 8.481473

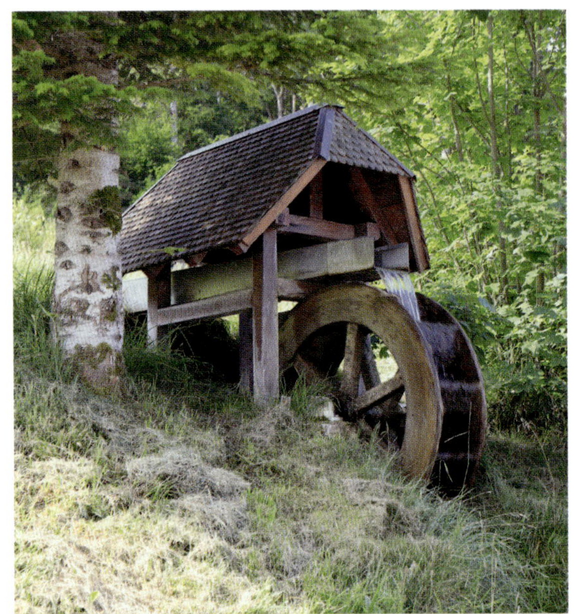

Modell eines Mühlrads am Wegrand.

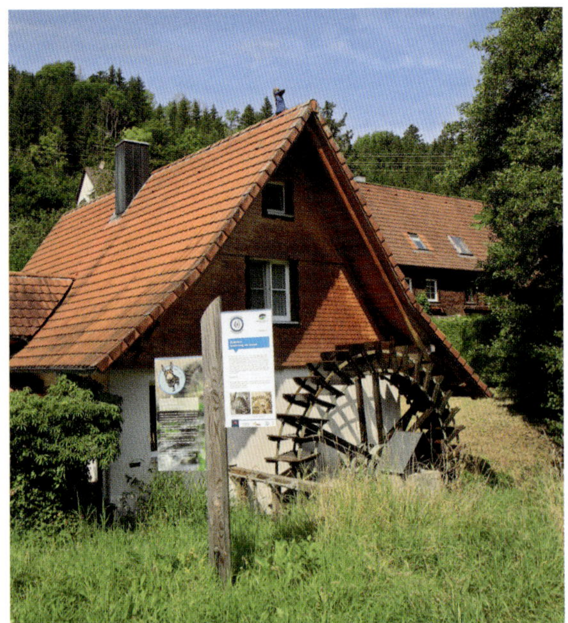

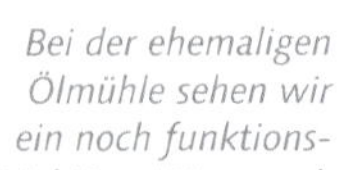

Bei der ehemaligen Ölmühle sehen wir ein noch funktionstüchtiges Wasserrad.

gangsstraße. Dort biegen wir am Schild **„Busenweiler Rathaus“** (590 m) 3 links ab. Beim Wanderschild „Schindelstüble“ (580 m) gleich darauf halten wir uns noch einmal links in den Ölmühleweg.

Rechter Hand steht etwas später das **Heimat- und Schindelstüble**. Dieses Heimatmuseum kann zu bestimmten Zeiten besichtigt werden. Nicht lange danach sehen wir linker Hand die ehemalige **Ölmühle** 4, deren Wasserrad sogar noch läuft.

Nach einer Schilffläche führt der Weg nach oben, dann biegen wir nach einem Brunnen am Schild „Sommerhalde“ (570 m) links ab. Nun geht es in den Wald, wo wir uns am Schild „Beim Gamsbrünnele“ (575 m) links halten. Wir steigen kurz bergab, dann orientieren wir uns wieder rechts. Nach den Informationsschildern „Wald und Schilf“ erreichen wir die ersten Häuser von **Betzweiler**.

Bald passieren wir die Obere Mühle, nach der wir die Dornhaner Straße überqueren. Nach dem Wanderschild „Lindeneck“ (555 m) folgen wir der Hagenbrunnenstraße. Links des Weges erwartet uns mit dem ehemaligen Kollergang der Ölmühle eine historische Besonderheit.

Danach orientieren wir uns am Schild „Hagenbrunnen“ (555 m) links und spazieren hinunter zur **Heimbachmühle**. Nach rechts wandern wir nun auf bekanntem Weg zurück zum Ausgangspunkt.

Der Weg führt durch schöne Waldstücke.

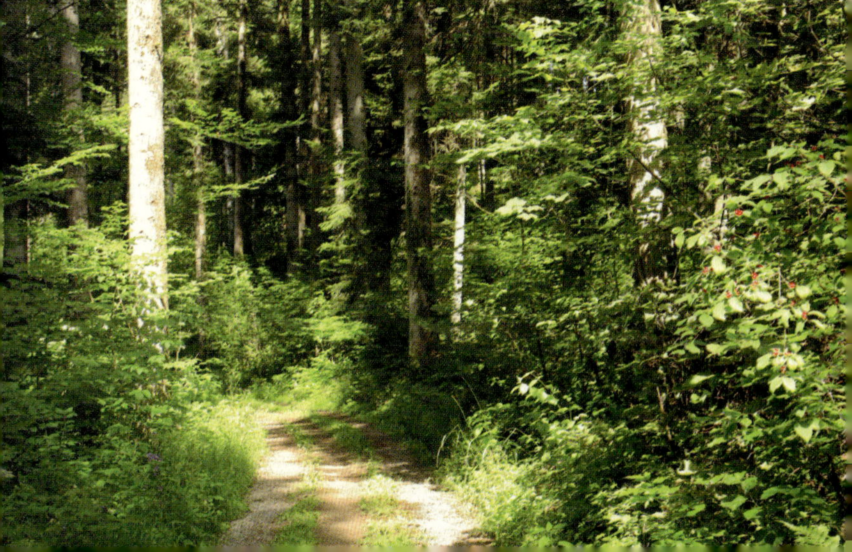

Hinauf und hinab zum Türnentalsee

2

Zwischen Betzweiler und Dornhan

2 Std.

7 km

120 Hm

Loßburg/Wanderparkplatz – Pfauhof – Türnentalsee – Gundelshausen – Parkplatz

Bis auf ein kurzes Stück am Anfang auf einem unbefestigten Feldweg verläuft die Tour auf asphaltierten Wegen und Sträßchen.

Landschaft, See

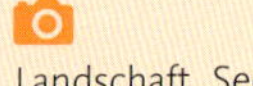

Dornhan, Betzweiler

Wir erleben bei dieser Wanderung eine lebhaft strukturierte Landschaft, die insbesondere von Feldern und Waldstücken sowie einigen Wiesenflächen dominiert ist. Auch typische Hecken zwischen den einzelnen Elementen sehen wir. Es geht immer etwas auf und ab, sodass wir auch immer wieder einen schönen Ausblick haben.

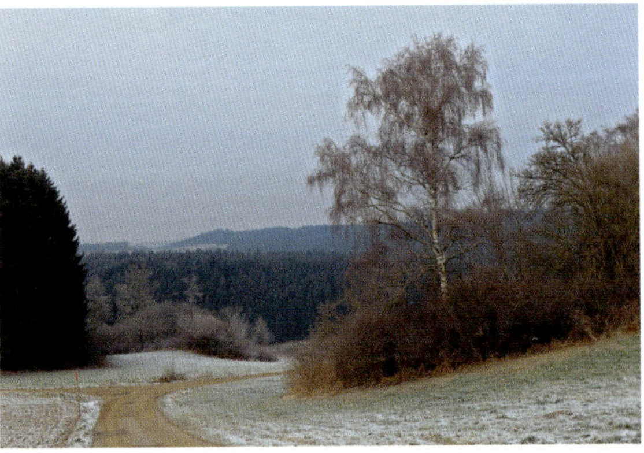

Die Wanderung bietet auch weite Aussichten.

Bereits am Ausgangspunkt bei der **Schutzhütte Kilberg** 1 bietet sich uns ein prächtiger Blick über die Umgebung. Wir gehen vom Parkplatz und der Hütte aus erst hinab zur Gundelshausener Straße, überqueren sie und wandern danach auf einem Feldweg weiter. An einem Querweg vor einem Gehöft, dem Pfauhof, halten wir uns links 2, dann gleich wieder rechts und erreichen bald wieder eine Asphaltstraße. Dort biegen wir beim Wanderschild links ab.

Nach etwas Bergab folgen wir dem querenden Weg nach rechts. An einem einzeln dastehenden Baum sehen wir das Schild **„Eisengrund"** (615 m) 3. Hier halten wir uns links und wandern in weiten Windungen hinab ins Tal. Links liegt der **Türnentalsee** 4, an dem wir eine Pause einlegen

Rechts: Türnentalsee.

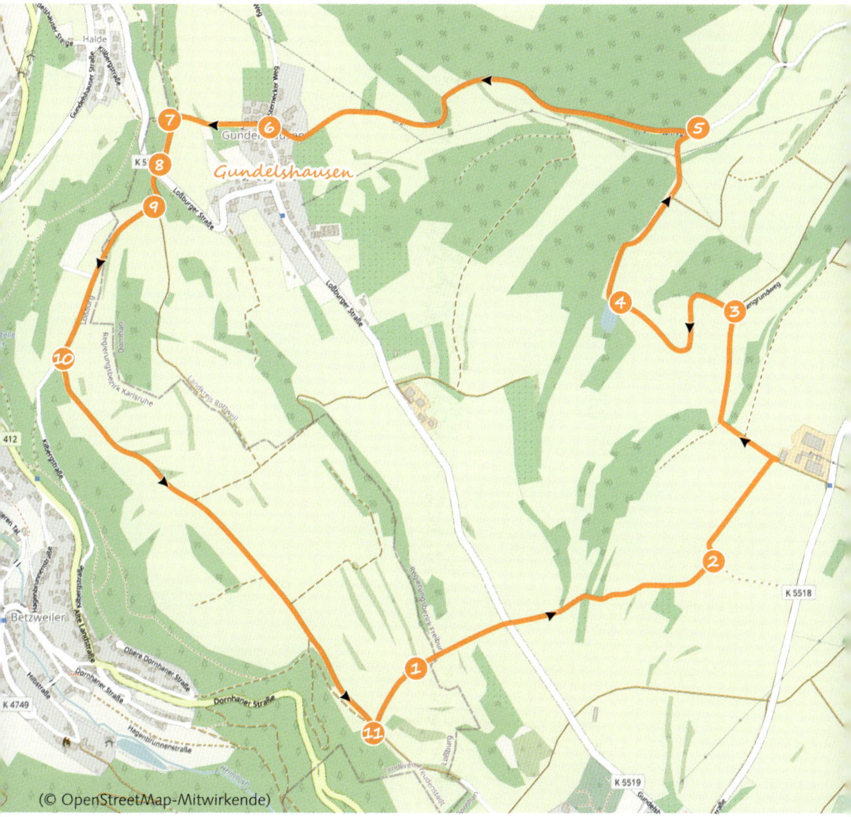

Gundelshausen

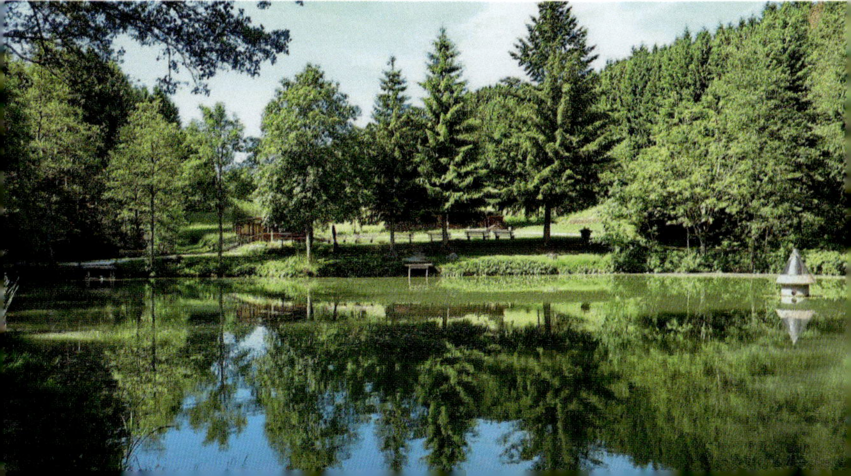

können. Die Wanderung führt aber nach rechts auf dem Sträßchen weiter.

Nach einiger Zeit treffen wir auf das Schild **„Türnental“** (558 m) 5. Hier biegen wir links ab. Nun wandern wir auf einem Sträßchen, dem Türnentalweg, hinauf nach **Gundelshausen**. Wir durchqueren das Dorf geradeaus, behalten auch ab der Kreuzung mit dem Schild **„Gundelshausen“** (635 m) 6 unsere Richtung bei und verlassen den Ort wieder.

INFOS

Wanderkarte W240 Oberndorf am Neckar, 1:25000, Landesamt für Geoinformation und Landentwicklung Baden-Württemberg (LGL) in Zusammenarbeit mit dem Schwarzwaldverein e. V.

lossburg.de, dornhan.de

Bahn bis Oberndorf, Bus bis Dornhan – Haltestelle Freudenstädter Straße

Loßburg, Wanderparkplatz bei der Schutzhütte Kilberg zwischen Betzweiler und Dornhan, GPS 48.359403, 8.497874. Den Parkplatz erreicht man, wenn man von Dornhan den Ort in der Gundelshausener Straße verlässt. Kurz danach ist er beschildert. Alternativ kann man auch beim Friedhof von Dornhan parken.

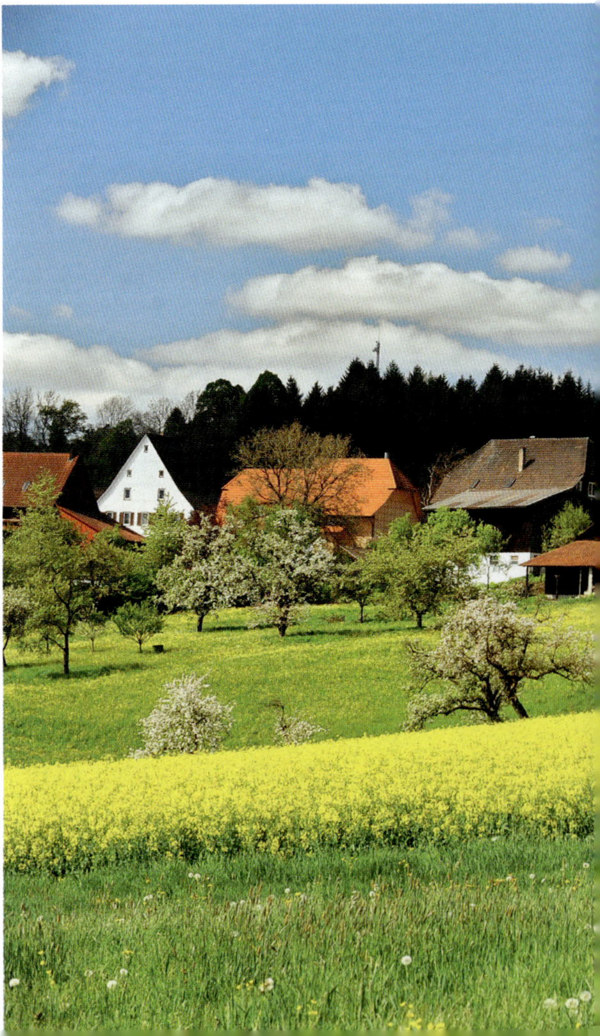

Blick auf Gundelshausen.

Leicht ansteigend kommen wir zum Schild **„Tanzbühl“** (650 m) 7. Wir biegen links ab und treffen bald auf die Loßburger Straße 8. Hinter ihr geht es zuerst geradeaus weiter, dann orientieren wir uns bei der nächsten Gelegenheit rechts 9.

Am Schild **„Killbergstraße“** (646 m) halten wir uns links 10. Nun wandern wir relativ eben über die Hochfläche bis zum Schild **„Am Steinkreuz“** (662 m) 11. Nach links erreichen wir nun unseren Ausgangspunkt.

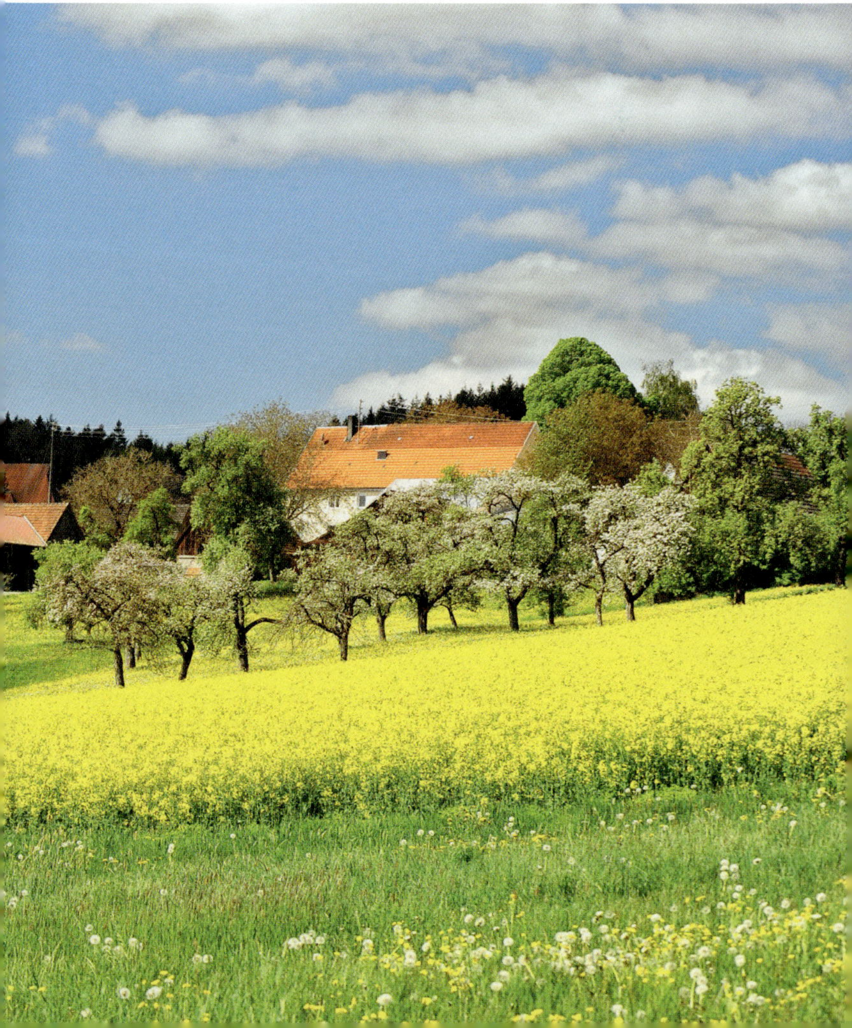

Paradiestouren „AugenBlick-Runde" Schiltach – Zollhaus – Schenkenburg und Katzenpfad

3

Zwei Touren für konditionsstarke Wanderer

5 Std.
16,2 km
420 Hm

Schiltach – Ruine Schenkenburg – Brandsteig – Aussichtspunkte – Aussichtspunkt Zollhaus – AugenBlick – Schiltach

Die Tour verläuft auf Waldwegen und zum Teil steilen Pfaden.

Wald, Aussicht, Ruine Schenkenburg, Schiltach

Schiltach und unterwegs

3a *Diese anspruchsvolle Wanderung verläuft im Grenzgebiet der ehemaligen Staaten Baden und Württemberg. Ein Großteil der Strecke wird im Wald bewältigt, wobei es einige herrliche Aussichtspunkte gibt. Historisch interessierte Wanderer werden ihre Freude an der Burgruine Schenkenburg, den römischen Ausgrabungen am Brandsteig und den alten Grenzsteinen zwischen den ehemaligen Staaten Baden und Württemberg haben.*

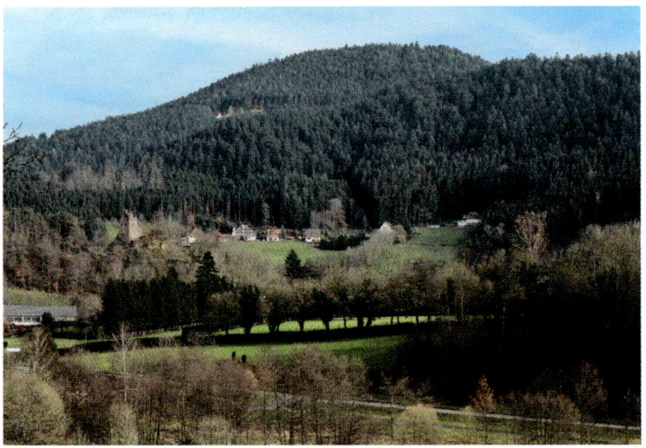

Blick vom Wanderweg zur Ruine Schenkenburg.

Vom Ausgangspunkt bei der **Häberlesbrücke** 1 folgen wir der Kinzig bis zur Ruine **Schenkenburg** 2. Unterwegs wandern wir auf einem Stück des interessanten Flößerpfads. Schautafeln und Exponate erzählen hierbei von der Geschichte der Flößerei. Von der Ruine aus bietet sich ein schöner Blick auf die Kinzigschleife. Wir passieren das Freibad Schiltach-Schenkenzell, danach steigt unser Weg an.

Am **Brandsteig** 3 finden wir sehenswerte römische Ausgrabungen, außerdem hat man eine herrliche Aussicht. Hier lag einst eine römische Straßenstation der 74 n. Chr. erbauten Verbindung zwischen Schiltach über den Kaibach bis nach Rottweil.

Rechts: In der Ruine Schenkenburg.

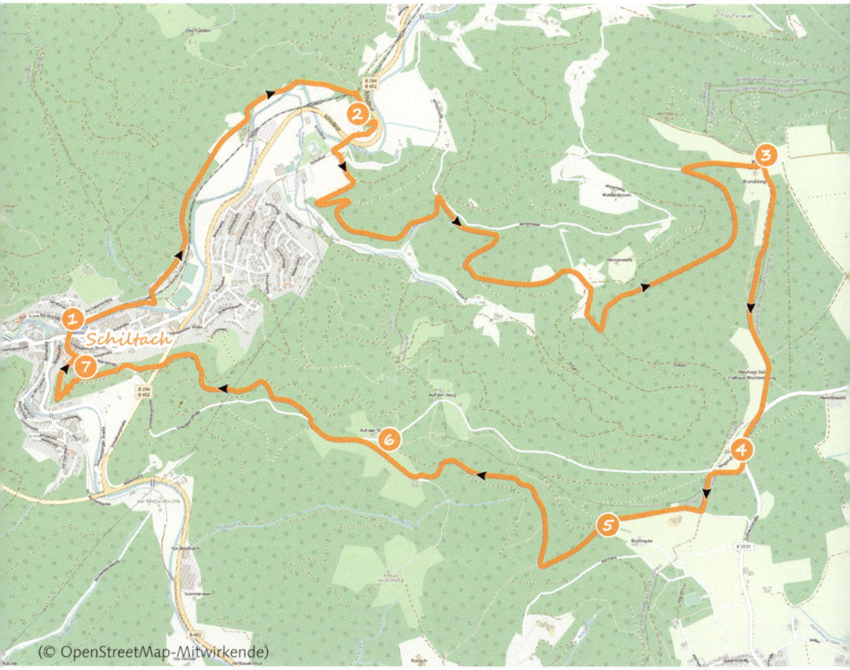

Schiltach

(© OpenStreetMap-Mitwirkende)

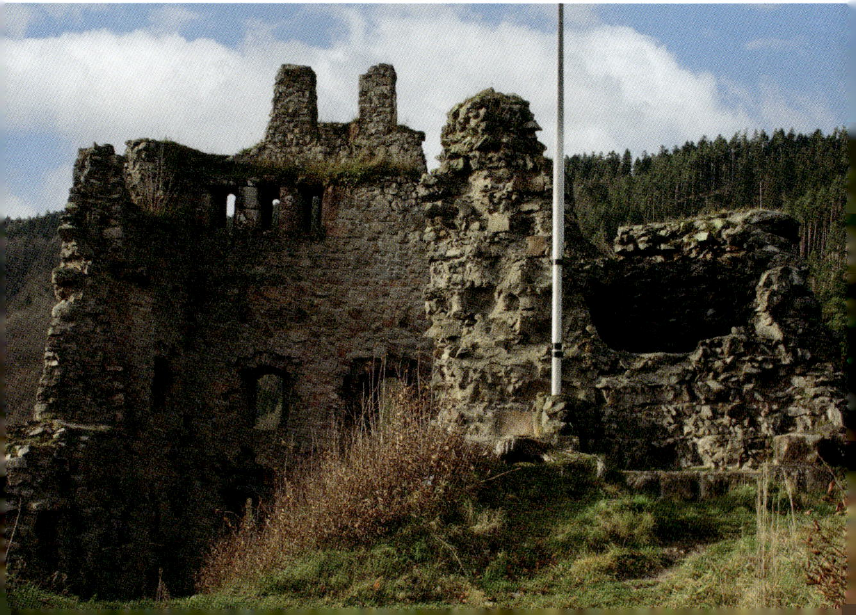

INFOS

Wanderkarte W240 Oberndorf am Neckar, 1:25000, Landesamt für Geoinformation und Landentwicklung Baden-Württemberg (LGL) in Zusammenarbeit mit dem Schwarzwaldverein e. V. und dem Schwäbischen Albverein e. V.

schiltach.de

Bus bis Haltestelle Schiltach Bahnhof

Ausgangspunkt: Schiltach, Häberlesbrücke bei P 1 Lehwiese GPS 48.290908, 8.342946 bzw. Bahnhof Schiltach Mitte
Weitere Ausgangspunkte:
Es gibt verschiedene öffentliche Parkplätze in Schiltach (u. a. bei der Hansgrohe Aquademie, Auestraße 9). Ein guter Ausgangspunkt für Autofahrer ist auch der Parkplatz beim Freibad Schiltach/Schenkenzell, Schlosshof 96, Schenkenzell.

Wir passieren **Zollhaus** 4, wo sich uns ein prächtiger Blick hinab ins Kinzigtal bietet. In der Nähe finden wir eine Walderholungsanlage, die sich zu einer Rast anbietet. Danach kommen wir zur **Breitreute** 5. Hier befindet sich nicht nur der höchste Punkt der Tour, sondern wir können hier in der Gegend auch alte Grenzsteine zwischen den ehemaligen Staaten Baden und Württemberg betrachten.

Danach lädt die beliebte und traditionelle Vesperstube **Schwenkenhof** 6 zu einer Rast ein; dann wandern wir vor allem auf Pfaden hinab in Richtung Schiltach. Bei der Burgruine am Schlossberg erreichen wir den **AugenBlick** des Naturparks Schwarzwald Mitte/Nord 7, wo man sich auch auf einer Sitzgruppe erholen kann. Außerdem findet man auf einer Tafel ein Panoramabild, auf dem besondere Punkte im Naturpark markiert sind, die man sehen kann. Ebenso hat man von hier aus einen grandiosen Blick hinab nach Schiltach.

Abschließend spazieren wir durch die historische **Altstadt** von Schiltach mit ihren Einkehrmöglichkeiten zurück zum Ausgangspunkt.

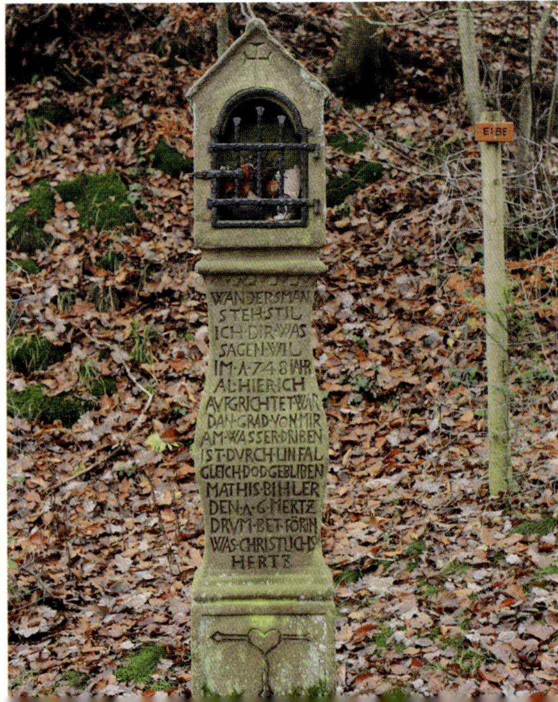

Bildstock im dichten Wald.

3b *Der Rundweg „Paradiestour Katzenpfad“ beschert dem Wanderer viele prächtige Aussichten über die Höhen des Mittleren Schwarzwalds, und bei guten Sichtverhältnissen hat man sogar einen Blick zur Hornisgrinde im Nordschwarzwald. Allerdings erkauft man sich die vielen Aussichten mit anspruchsvollen Pfaden und mit einigem Höhenunterschied. Für Abwechslung unterwegs sorgen malerische Bauernhöfe und zwei Burgruinen.*

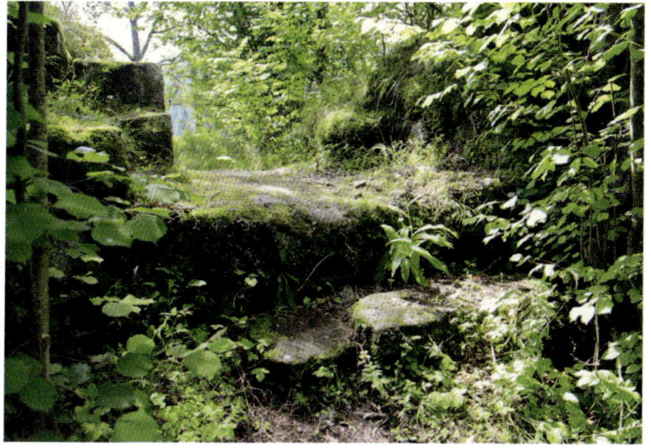

 **4 Std.**

 **11,7 km**

 **580 Hm**

Hardt/Gasthof Grüner Baum – Kalkhof – Ruine Ramstein – Ramsteiner Höhe – Ruine Berneck – Tischneck – Hardt

Die Wanderung verläuft auf festen Wegen und Pfaden, die teilweise steil und schmal sind. Trittsicherheit ist nötig

Ruine Ramstein, Ruine Berneck, Hardter Urhöfe, Heimathaus Tennenbronn

Hardt und Tennenbronn

Ruine Ramstein.

Vom Parkplatz beim **Gasthaus Grüner Baum** (1) aus geht es zuerst hinauf. Nach dem **Mittlerbauernhof** halten wir uns beim Obertischneckweg halblinks zum **Kalkhof** (2). Über das Schleifenloch wandern wir hinab ins **Bernecktal** (3). Nach dem Überqueren der L175 steigen wir hinauf zur **Burgruine Ramstein** (4), wo wir für den steilen Anstieg mit einem wunderschönen Ausblick auf den Tischneck und hinab ins Bernecktal belohnt werden.

Wir kommen zur Kapelle, danach zum Bühl, wo sich uns ein Blick nach Tennenbronn bietet. Von hier aus wäre auch ein Abstecher nach Tennenbronn möglich. Halbrechts geht es weiter zur **Ramsteiner Höhe**, dem höchsten Punkt der Tour (5). Hier bietet sich eine Aussicht über Aichhalden und Schramberg-Sulgen bis in den Nordschwarzwald.

Über Wiesen und durch den Wald erreichen wir die in Richtung Ramstein führende Straße; von hier geht es nach links zum **Harzerhof** (6). Nun geht es steil hinab ins Bernecktal. Wir überqueren wieder die L175 und folgen dem Fußweg nach links zur ehemaligen **Burg Berneck** (7).

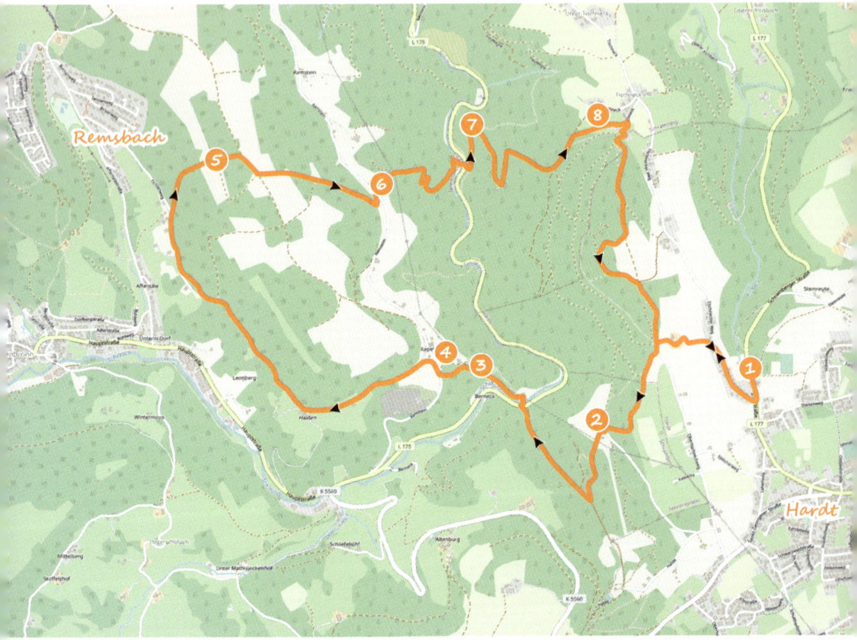
Remsbach
Hardt
1
2
3
4
5
6
7
8
L 175
L 177
K 5560

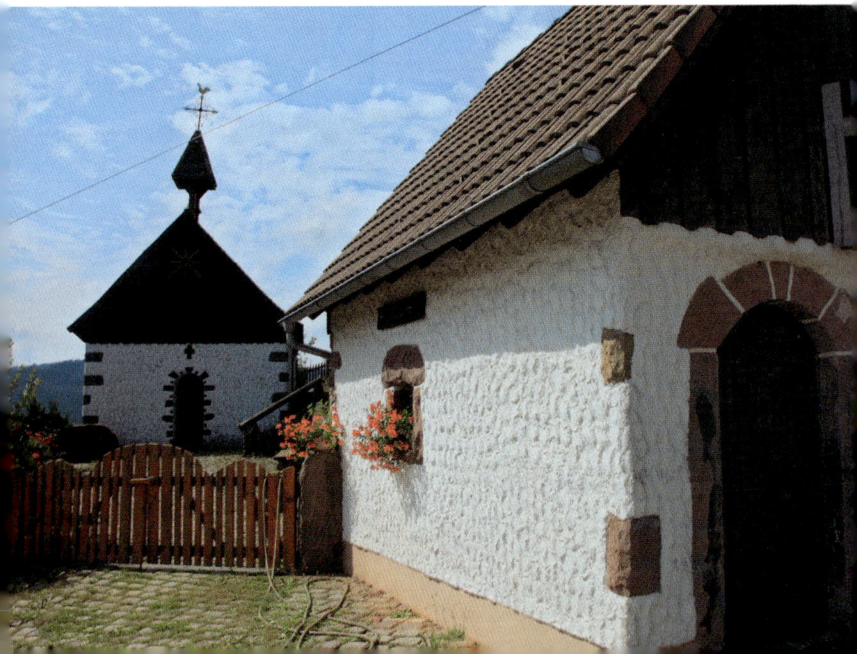

Der Weg führt rechts weiter zum **Tischneck** 8. Hier haben wir wieder einen prächtigen Blick – bei guten Sichtverhältnissen sieht man sogar bis zur Hornisgrinde im Nordschwarzwald. Beim Haus Mey halten wir uns rechts in Richtung Benediktenhöhe; nun folgt ein letzter steiler Anstieg. Der Weg führt uns durch den Wald, wir kommen wieder zum bekannten **Mittlerbauernhof** und danach zurück zum Ausgangspunkt.

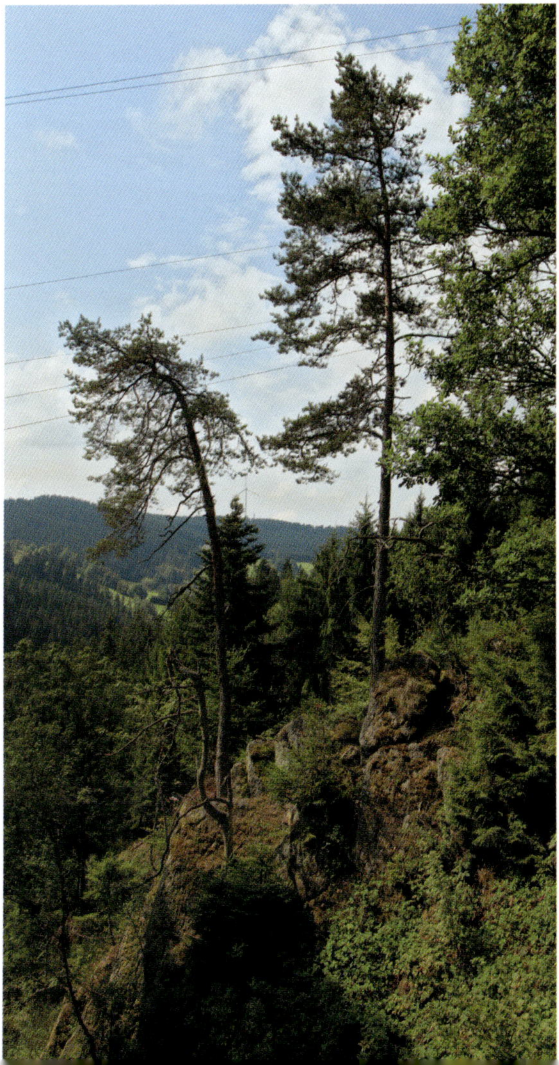

INFOS

Wanderkarten W248 Furtwangen i. Schw. und W249 Villingen-Schwenningen, 1:25 000, Landesamt für Geoinformation und Landentwicklung Baden-Württemberg (LGL) in Zusammenarbeit mit dem Schwäbischen Albverein e. V. und dem Schwarzwaldverein e. V.

hardt-online.de

Bus nach Hardt

Hardt, Parkplatz beim Gasthaus „Grüner Baum", Schramberger Straße 71, GPS 48.189592, 8.403277

Typisch Schwarzwald mit Blick auf die fernen Höhen.

Links: Namensgebend für den Kapellhof ist die Kapelle.

Start am Staffelbachsee bei Fluorn-Winzeln

4

Seeidylle und uriger Wald

2 ½ Std.

8 km

100 Hm

Staffelbachsee – Wald – Felder – Pochenmühle – Tal – Fluorn – Felder – Staffelbachsee

Die Wanderung verläuft anfangs auf Waldwegen, ansonsten auf Asphaltwegen. Da sie auch als rollstuhlgeeignet bezeichnet wird, hier ein Hinweis: Die Wege im Wald sind teilweise schwer zu befahren, uneben, ab und zu mit größeren Steinen und Wurzeln durchsetzt und bei Nässe unter Umständen matschig und durchwühlt. Zudem gibt es unterwegs immer wieder eine stärkere Steigung. Ein stabiler Rollstuhl ist nötig und eine Begleitperson wird empfohlen.

Diese Wanderung beginnt beim idyllischen Staffelbachsee. Danach wandert man durch einen Wald mit recht urigen Szenerien. Idyllisch sind auch die beiden Täler, durch die man wandert.

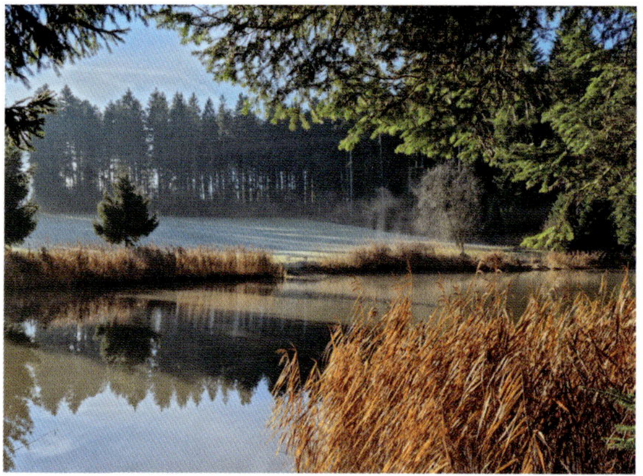

Wir gehen von den Parkmöglichkeiten am **Staffelbachsee** 1 kurz am See entlang bis zum Wald, dann an dessen Rand nach rechts etwas ansteigend zum Waldrand. Nun wandern wir im Wald weiter. Wir sehen immer wieder recht wilde Szenen mit bemoostem Totholz und auch das eine oder andere Bächlein.

Bald beschreibt der Weg einen Links-Rechts-Knick; dann wandern wir geradeaus weiter. Nachdem wir die L422 überquert haben, geht es in derselben Richtung im Dachsbauweg weiter. An einer Kreuzung behalten wir unsere Richtung bei und kommen zu einer **Hütte** 2. Dort biegen wir rechts ab in den Brentenweg. Auf ihm verlassen wir bald den Wald und wandern durch die Felder bis zur Hauptstraße 3. Auf ihrer anderen Seite geht es etwas nach links versetzt im Bruderhausweg in derselben Richtung weiter.

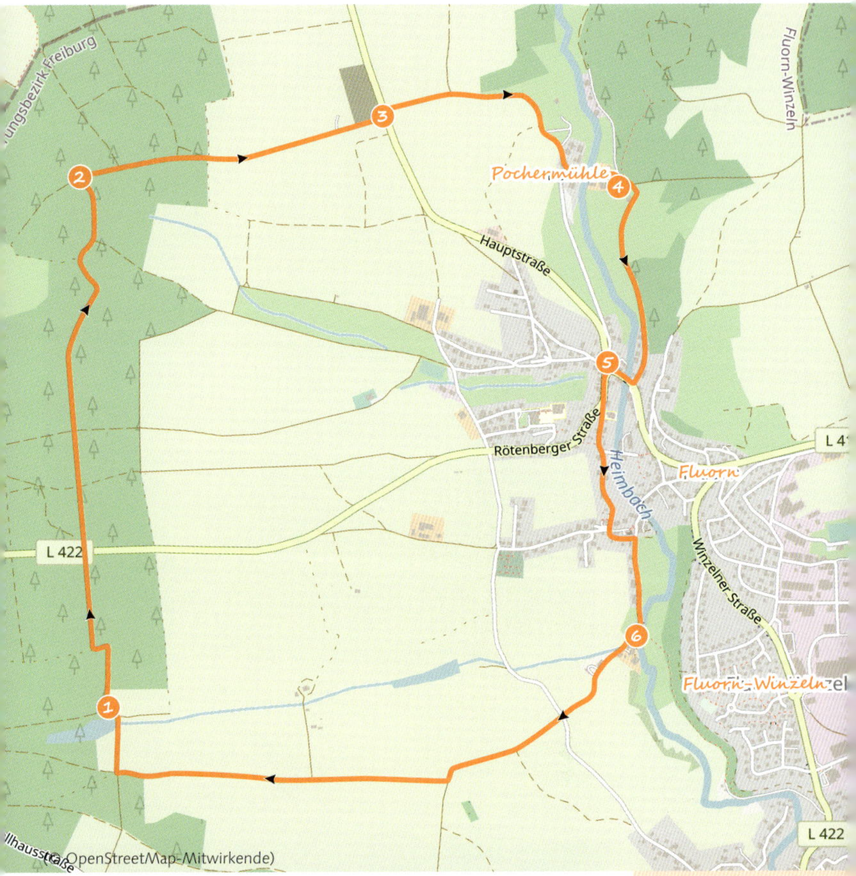

Pochermühle

Hauptstraße

Rötenberger Straße

Heimbach

Fluorn

Winzelner Straße

Fluorn-Winzeln

L 422

(© OpenStreetMap-Mitwirkende)

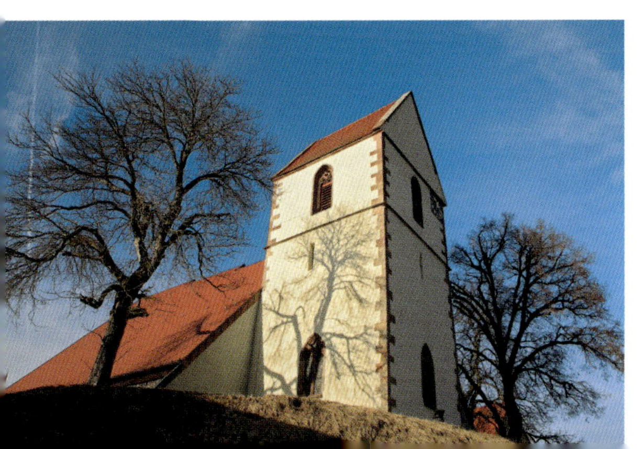

See, Wald, Landschaft

Fluorn

Links: Leuchtender Herbst am Staffelbachsee.

Die Kirche von Fluorn.

INFOS

Wanderkarte W240 Oberndorf am Neckar, 1:25000, Landesamt für Geoinformation und Landentwicklung Baden-Württemberg (LGL) in Zusammenarbeit mit dem Schwarzwaldverein e.V.

fluorn-winzeln.de

Bus bis Fluorn – Haltestelle Brücke

Fluorn-Winzeln, Staffelbachsee, GPS 48.292571, 8.462420 Ausweichparkplätze gibt es in Fluorn, z.B. in der Rötenberger Straße

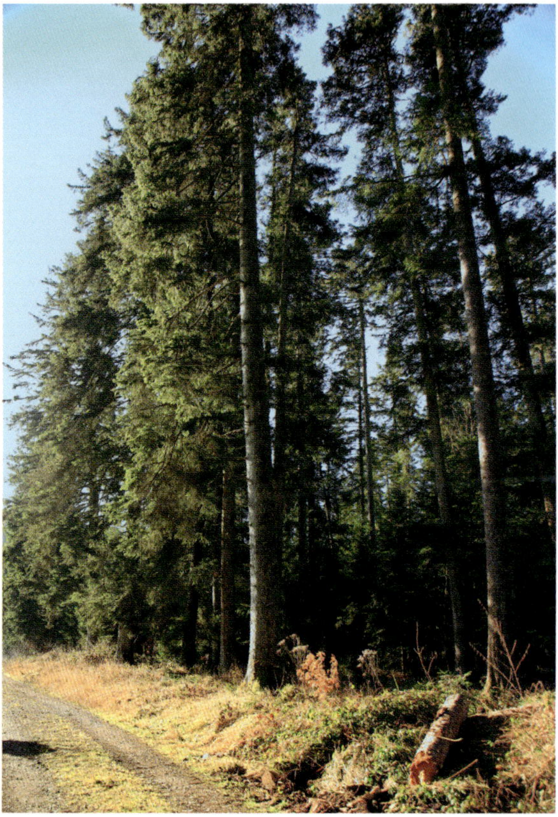

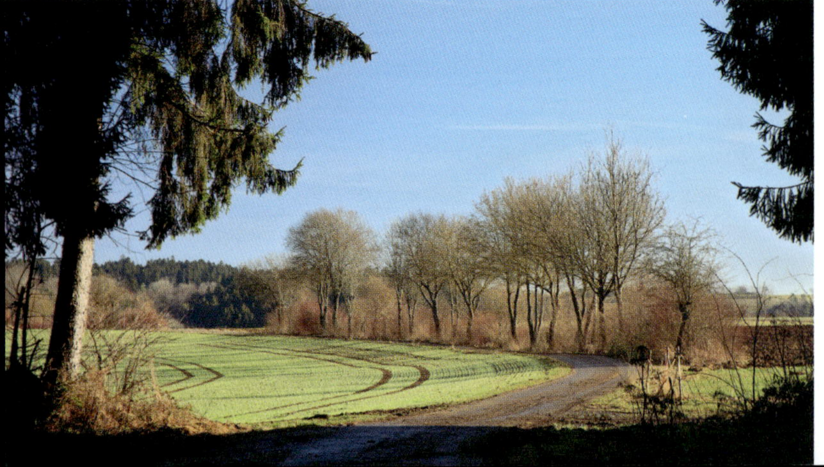

Wir passieren das Wanderschild „Kohlweg" (650 m). Dann fällt der Weg, der uns schließlich hinab zur **Pochenmühle** bringt. Wir durchqueren die Anlage und kommen danach zu einer Kreuzung. Hier biegen wir am Schild **„Pochenmühle"** (625 m) 4 rechts ab. Nun wandern wir erst über, dann in einem idyllischen Bachtal bis zum Ortsanfang von Fluorn. Wir gehen durch das Wohngebiet zur querenden Hauptstraße, wo wir uns rechts halten. Am **Kreisverkehr** 5 biegen wir links ab in die Rötenberger Straße, zweigen aber kurz danach links ab in die Kirchsteige.

Sie steigt nach einiger Zeit etwas stärker an, bis wir auf die Bergstraße treffen. Wir halten uns links und gehen rechts der Kirche hinab zu einer querenden Straße, die nach rechts als Bachstraße weiterführt. Ihr folgen wir nun wieder durch ein idyllisches Wiesental. Bei der **Unteren Mühle** 6 zieht die Straße nach rechts und steigt an. Bald verlassen wir den Ort und wandern nun eben durch die Felder. Nach einem Links-Rechts-Knick geht es in derselben Richtung weiter bis zum Schild „Äußerer Staffelbach" (660 m). Hier spazieren wir nach rechts hinab zum Ausgangspunkt.

Links oben: Ein Waldrand bietet immer ein abwechslungsreiches Bild.

Links unten: Ohne Höhenunterschiede führt uns der Weg auch auf Sträßchen.

Immer schön ist es, wenn die Sonnenstrahlen durch die Bäume brechen.

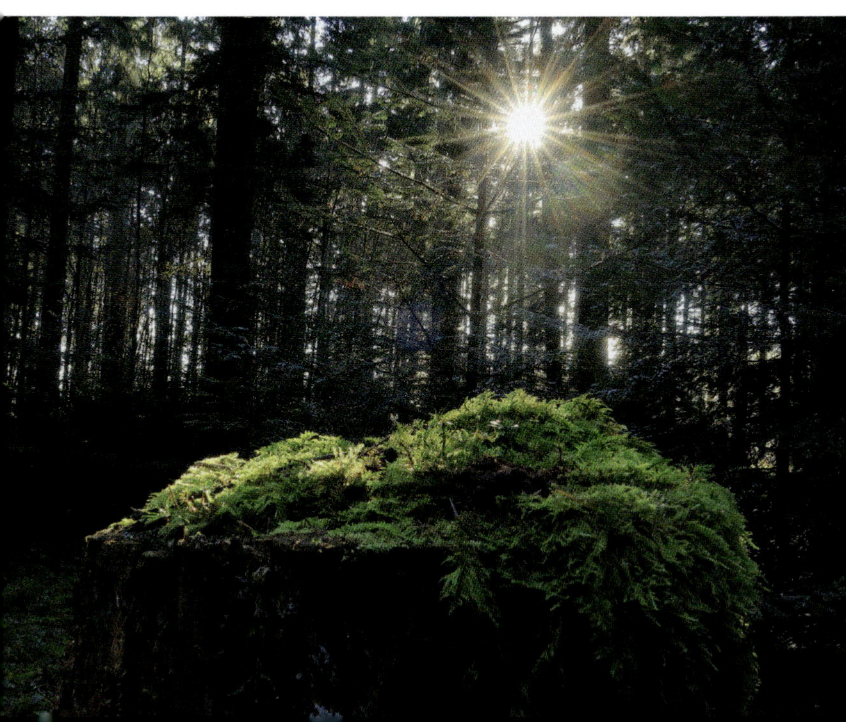

Aichhalder Grenztour

5

Wald und Aussicht

 4 Std.

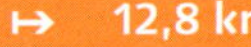 12,8 km

390 Hm

Aichhalden – Haselbrunnen – Aichhalden – Storchenreute – Mühlbergweg – Loch 8 – Aichhalden

Die Wanderung verläuft zu großen Teilen auf Pfaden, die mitunter steil und bei Feuchtigkeit auch rutschig sein können. Bei Nässe, Eis und Schnee ist die Wanderung nicht zu empfehlen. Wanderstöcke sind bei manchen Passagen hilfreich.

Wald, Aussicht, Grenzsteine

Aichhalden, Vesperstube Rohrbachstüble

Diese Wanderung ist zwar anstrengend, weil sie einen größeren Höhenunterschied mit sich bringt und teilweise auch auf steilen Pfaden verläuft, dafür wandern wir aber durch schöne, unberührt wirkende Wälder, zudem bietet sich uns immer wieder ein weiter Ausblick über die Schwarzwaldhöhen. Wir wandern größtenteils auf der Paradiestour „Aichhalder Grenztour". Sie nennt sich so, weil wir uns hier im Grenzgebiet zwischen Baden und Württemberg befinden, wovon ein paar alte Grenzsteine zeugen.

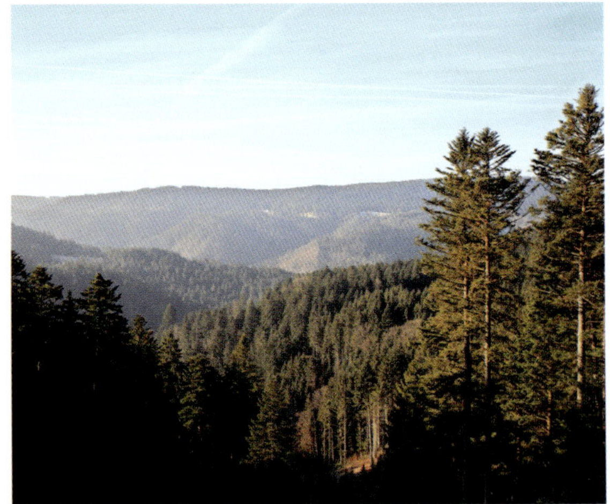

Weiter Blick über die Schwarzwaldhöhen.

Wir gehen vom **Parkplatz** 1 aus zuerst zum Rathaus, wo sich auch eine Wandertafel mit einer Karte und Erklärungen zur Tour findet. Danach folgen wir der Hauptstraße kurz nach links und biegen gleich nach der Kirche rechts ab in die Rathausstraße. Am Wanderschild „Allmend" (687 m) halten wir uns rechts in die Brunnenstraße.

Jetzt haben wir zwei Möglichkeiten. Die leichtere Variante, bei der wir uns den steilen Abstieg und Wieder-

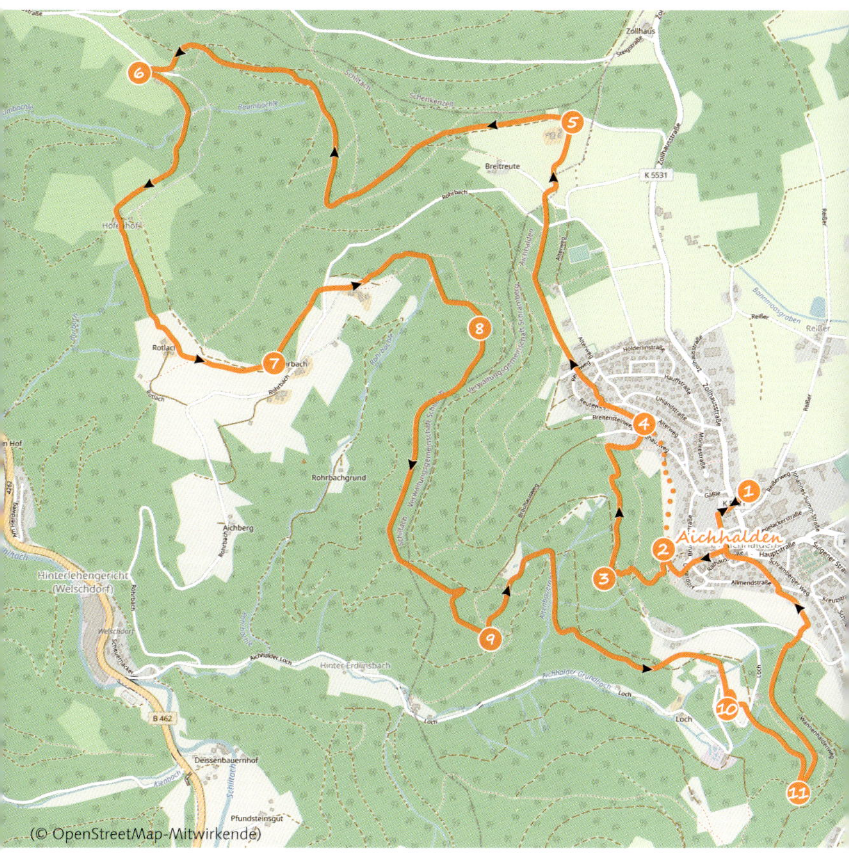

anstieg ersparen, führt geradeaus weiter. Die Brunnenstraße geht in den Bräuhausweg über, danach zweigen wir rechts ab in den Alterweg und erreichen das Wanderschild **„Alterweg"** (705 m) 4, wo sich beide Varianten wieder vereinen.

Der offizielle Weg weist uns nach dem Wanderschild **„Allmend"** (687 m) 2 nach links in die Straße Unterdorf. Gleich danach, zwischen den Häusern mit den Nr. 22 und 20, biegen wir rechts ab. Ein steiler Grasweg bringt uns zum Wald und in diesem steigen wir weiter steil hinab bis zu einer Freifläche beim Schild **„Haselbrunnen"** (579 m) 3. Hier hat man die erste schöne Aussicht der Wanderung. Wir folgen nun dem breiten, nach rechts führenden Weg.

INFOS

Wanderkarte W240 Oberndorf am Neckar, 1:25000, Landesamt für Geoinformation und Landentwicklung Baden-Württemberg (LGL) in Zusammenarbeit mit dem Schwarzwaldverein e.V.

aichhalden.de

Bus bis Aichhalden – Haltestelle Rathaus

Aichhalden, Rathaus, Reißerweg, Parkmöglichkeiten vor der Festplatzanlage, nach dem Rathaus, GPS 48.269728, 8.400583

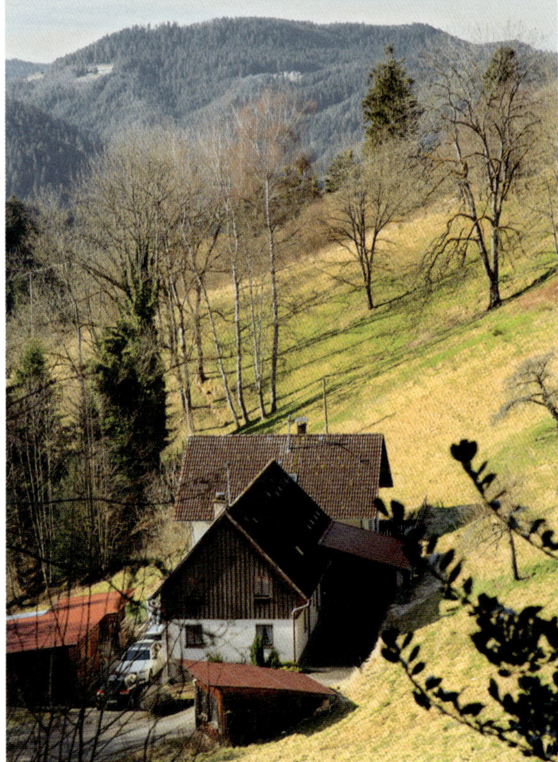

Einsamer Hof am Waldrand.

Etwas später erreichen wir eine Schneise im Wald, in der ein Bach den Weg quert. Hier müssen wir aufpassen, denn unser Wanderweg knickt unscheinbar rechts ab und führt uns auf einem Pfad wieder hinauf. Nach dem Wald und unterhalb der Häuser halten wir uns an einem Querweg kurz rechts, dann geht es weiter auf einem Grasweg hinauf zu den Häusern. Dort überqueren wir am Schild „Bräuhausbrunnen" (700 m) den Bräuhausweg und gehen weiter auf einem Wiesenpfad hinauf bis zum Schild **„Alterweg"** (705 m) 4 am querenden Alterweg, wo auch die einfache Wegvariante einmündet.

Wir folgen nun dem Alterweg nach links bis zu einer Wegspinne bei **Haus Nr. 27**. Hier führt der Alterweg leicht nach rechts versetzt weiter. Vorbei am Schild „Alter" (725 m) bei Haus Nr. 38 verlassen wir das Wohngebiet.

Rechts unten: Immer wieder entdeckt man wilde Szenen im Wald.

Nach einer Freifläche geht es noch einmal an Häusern vorbei, bis wir schließlich wieder in den Wald kommen. Rechts liegen der Waldsportplatz und der dazugehörige Parkplatz. Danach geht es weiter bis zum Waldrand, wo wir geradeaus weitergehen.

Links der Rechtskurve sehen wir den ersten der alten Grenzsteine. Danach werden wir mit dem Zeichen für die Grenztour nach links zum Waldrand verwiesen. Unterwegs kommen wir am nächsten Grenzstein vorbei. Am Waldrand biegen wir beim Schild **„Breitreute"** (742 m) 5 links ab. Wie wir auf einer Tafel lesen können, haben wir von hier aus bei guten Sichtverhältnissen einen Blick bis zu den Schweizer Alpen; zu sehen sind die rund 140 Kilometer entfernten Churfirsten und der Alpstein.

Wir wandern am Waldrand entlang, zwischen dem links stehenden Hof und dem rechts liegenden Wasserbehälter, und kommen etwas später in den Wald.

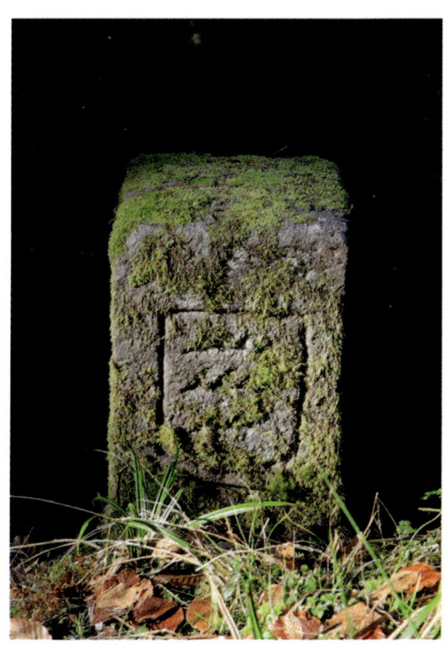

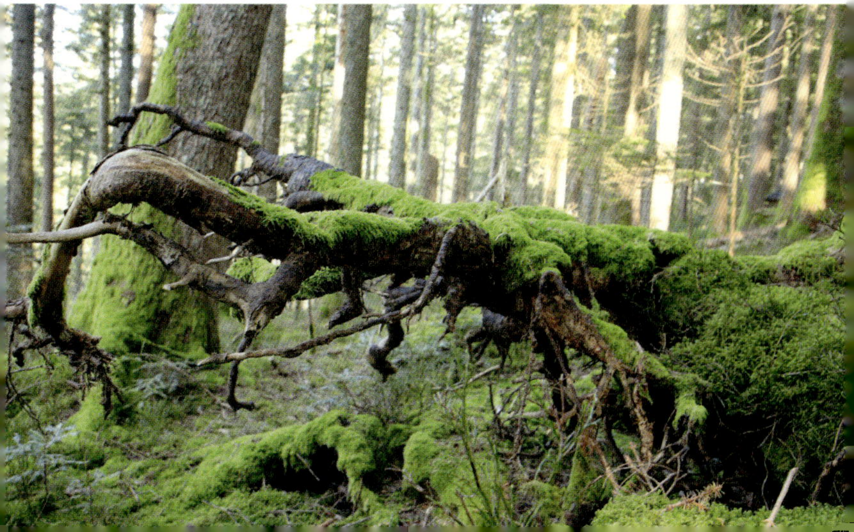

Der Grenzstein trägt auf der einen Seite das württembergische Wappen und auf der anderen das badische.

Nun folgen wir meist dem Wanderzeichen **gelbe Raute**. An der ersten Verzweigung gehen wir geradeaus weiter, an der zweiten halten wir uns links. Nach einer ausgeprägten Rechtskurve folgen wir dem markierten unbefestigten Wanderweg weiter bergab, teilweise in einen Hohlweg. Er mündet in einen breiten Forstweg, dem wir kurz nach rechts folgen.

Gleich danach werden wir am Schild „Schlössle" (600 m) nach links verwiesen. Nun geht es auf einem Pfad steil hinab zum **Schwenkenhof** (559 m) 6. Wir wandern zwar am Schild nach links weiter, sollten aber zuerst kurz nach rechts gehen, weil wir dort eine prächtige Aussicht haben. Danach folgen wir dem markierten Wanderweg weiter.

Wo es nach dem Hof in den Wald geht, nehmen wir an der Verzweigung den rechten, etwas abwärts führenden Weg. Wir kommen im Wald an einem Löschteich vorbei und verlassen bald darauf den Wald wieder. Nun können wir uns eine Zeit lang an einem wunderbaren Panoramaweg erfreuen. Wir wandern auf den Höfenhof zu, den wir aber links auf einem Wiesenweg umgehen müssen. Danach wandern wir am Waldrand an der Verzweigung rechts des Waldes weiter.

Bald sehen wir rechts unten die Ansiedlung Rotlach, bleiben aber immer oben auf dem Wiesenweg. Bald geht es etwas abwärts und wir kommen nach **Rohrbach** (558 m) 7. Am Wanderschild halten wir uns an den links abgehenden Weg. Bald gehen wir etwas hinab und wandern an der Vesperstube Rohrbachstüble vorbei.

Danach kommen wir wieder in den Wald. Etwas später dürfen wir den Weg nicht verpassen, der mit der **gelben Raute** nach links ansteigt. Er bringt uns zu einem querenden Weg, an dem wir das Wanderschild **„Storchenreute"** (609 m) 8 sehen. Vor ihm nehmen wir den rechten, abwärts führenden Weg. Nach einiger Zeit sehen wir links einen weiteren Grenzstein mit dem badischen Wappen, das württembergische ist auf der anderen Seite zu sehen. Etwas später steht rechts des Weges ein Grenzstein, nun mit dem württembergischen Wappen auf der Wegseite.

Am Schild „Ebele" (599 m) führt geradeaus ein Asphaltweg weiter. Hier biegen wir rechts ab und nehmen an der Verzweigung gleich danach den linken Weg. Nun geht es steil hinab zum Schild **„Mühlbergweg"** (571 m) 9, wo sich uns wieder eine schöne Aussicht bietet.

Wir halten uns links. Etwas später steht links ein Brunnen, bei dem das Wasser aus einem geschnitzten Holzkopf kommt. Danach beschreibt der Weg eine scharfe Rechtskurve. Nun steigt er sanft an. Wir verlassen später den Wald und passieren ein links oben stehendes Haus. Bald erreichen wir eine Straße. Hier bietet sich erneut ein weiter Blick.

Wir gehen zu dem Haus und dem Schild **„Loch 8"** (580 m) 10. Hier folgen wir dem nach rechts ziehenden Pfad. Wir kommen in den Wald und passieren die verschlossene Quellfassung Vällesbuer-Brunnen. Kurz danach müssen wir an einer Verzweigung mit dem Wanderzeichen gelbe Raute den rechten schmalen Pfad nehmen. Es folgt die ebenfalls verschlossene Quellfassung Schundelbrunnen. Danach kommen wir zu einem breiten Forstweg und dem Schild **„Wannhalde"** (629 m) 11. Hier orientieren wir uns links.

Unser Weg steigt weiter an bis zur Straße Aichhalder Loch. Hier gehen wir geradeaus weiter, erst auf einer Treppe, dann auf einem Wiesenweg bis zu den Häusern und dem dahinter verlaufenden Schramberger Weg. Wir biegen links ab und folgen ihm hinauf zur Kirche. Nun gehen wir auf bekanntem Weg zurück, erst auf der Hauptstraße, dann nach rechts im Reißerweg.

Lauterbacher Hochtalrunde 6

Ein Aussichtsturm und immer wieder Panorama

3 Std.
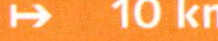
10 km
190 Hm

Fohrenbühl/Gedächtnishaus – Mooswald – Kapfhäusle – Rotwasser – Bruckhof – Spittel – Gedächtnishaus

Die Wanderung verläuft auf Pfaden, geschotterten und asphaltierten Wegen.

Landschaft, Grenzsteine, Aussicht vom Aussichtsturm und von den Panoramawegstücken

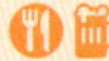
Gedächtnishaus, Fohrenbühl, Bruckhof (Getränkestation)

Aussicht ist wohl das beherrschende Thema dieser Wanderung. Zuerst immer wieder vom Wanderweg aus, der streckenweise ein wunderbarer Panoramaweg ist, auf jeden Fall aber vom Aussichtsturm beim Gedächtnishaus des Schwarzwaldvereins. Sehenswert unterwegs sind das Kapfhäusle und immer wieder der ein oder andere Schwarzwaldhof.

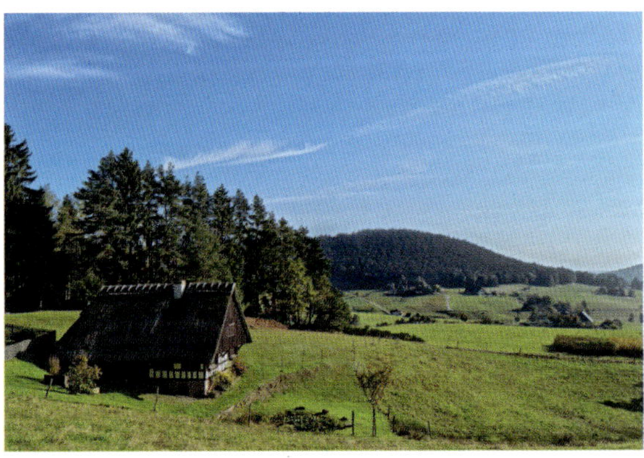

Wir durchwandern meist eine weite Wiesenlandschaft, die wie hier beim Kapfhäusle großartige Blicke in die Umgebung ermöglicht.

Wir gehen vom Parkplatz mit dem beim Gedächtnishaus stehenden Schild **„Fohrenbühl Gedächtnishaus"** (879 m) 1 aus etwas zurück, dann zweigen wir vor der Linkskurve rechts ab 2; als Zeichen sehen wir die Beschilderung der Hochtalrunde sowie vorerst die rote Raute mit weißem Strich für den Mittelweg des Schwarzwaldvereins. Nun folgen wir dem Waldweg eine Weile bis zum Wanderschild **„Kohlplatz"** (830 m) 3. Hier biegen wir rechts ab und gehen steil hinab zum Waldrand. Dort halten wir uns am Schild **„Mooswald"** (788 m) links 4. Nun wandern wir ein Stück auf dem ersten Panoramaweg dieser Wanderung, denn nach rechts haben wir einen wunderbaren Blick über das Tal und die Bauernhöfe in der Landschaft.

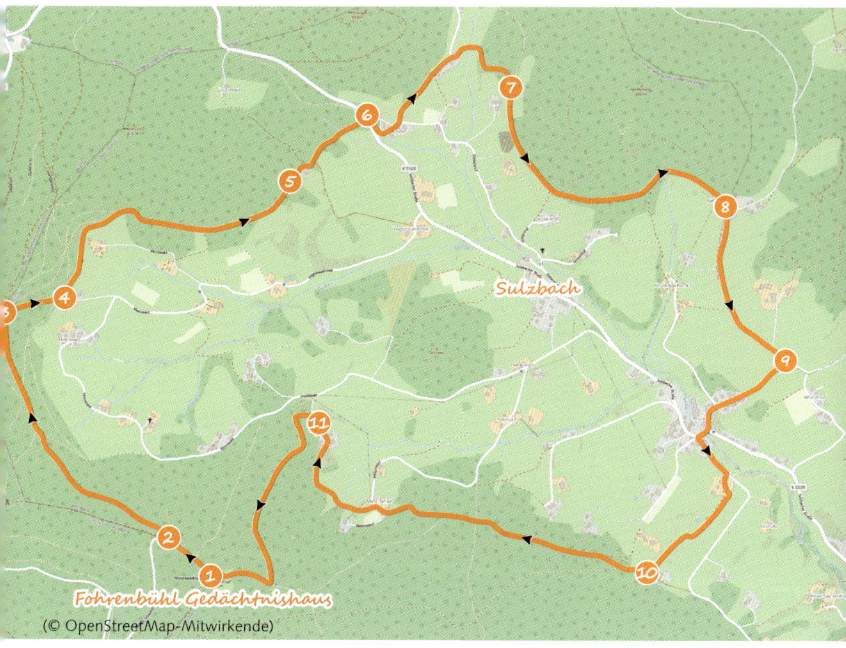

Bald passieren wir eine Getränkestation. Der Weg führt nun nach rechts und bringt uns wieder in den Wald. Nach einiger Zeit stoßen wir auf das **Kapfhäusle** 5, ein schönes Fachwerkhaus mit Schilfdach, Bauerngarten und einem Löschteich, der mittlerweile mit Seerosen bewachsen ist.

Dort gehen wir am Schild „Kapfhäusle" (755 m) noch kurz geradeaus weiter, dann werden wir aber vor dem Waldrand nach links verwiesen. Es geht kurz steil hinab, dann erwartet uns ein kleines Stück Bohlenweg. Vorbei am Schild „Grusenloch-Steg" (735 m) erreichen wir die Landstraße. Wir überqueren sie und kommen zum Schild **„Rotwasser Parkplatz"** (732 m) 6, dem genannten Ersatzparkplatz.

Hier halten wir uns rechts – ab jetzt folgen wir dem Wanderzeichen **gelbe Raute** –, dann geht es am Ende des Parkplatzes nach links weiter. Wir passieren das Schild „Rotwasser" (725 m) und kommen zum Schild „Hasen" (735 m). Hier zweigen wir rechts von der Straße ab und gehen Richtung Wald. Am Waldrand gehen wir auf dem nach rechts führenden Weg in den Wald hinein. Beim Schild **„Rotwasserwald"** (748 m) 7 verlassen wir den Wald wieder.

INFOS

Wanderkarte W248 Furtwangen i. Schw., 1:25 000, Landesamt für Geoinformation und Landentwicklung Baden-Württemberg (LGL) (Hrsg.) in Zusammenarbeit mit dem Schwarzwaldverein e. V.

lauterbach-schwarzwald.de

Bus bis Haltestelle Fohrenbühl Adler. Dann muss man aber noch hinauf bis vor das Gedächtnishaus wandern. Eine Haltestelle direkt am Wanderweg findet man in Bruckhof, Sulzbacher Straße, Haltestelle Gasthof Neue Brücke

Lauterbach/Fohrenbühl, Fohrenbühl 12, Gedächtnishaus des Schwarzwaldvereins/Gasthaus Der Turm, GPS 48.241172, 8.300587

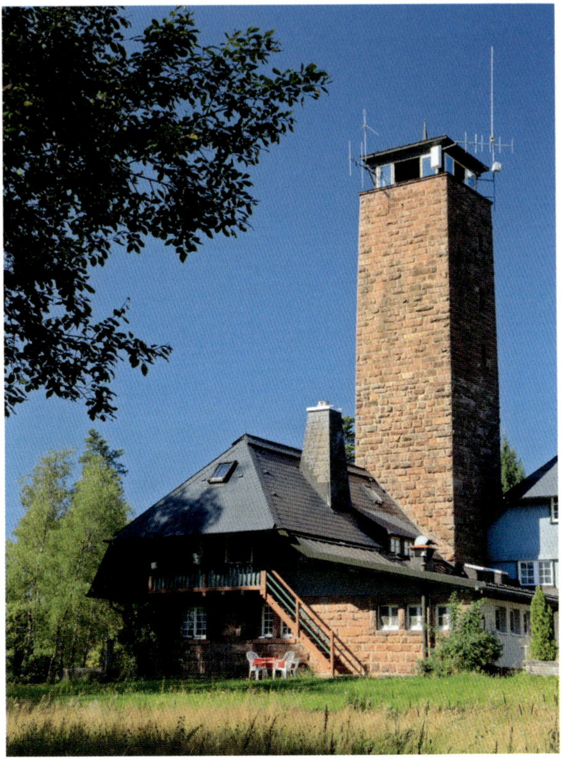

Vom Aussichtsturm des Gedächtnishauses bietet sich ein weiter Blick über die Landschaft.

Nun wandern wir wieder auf einem Panoramaweg mit schönem Blick nach rechts. Wir kommen später erneut für ein Stück in den Wald, danach wieder auf einen Panoramaweg, der uns zu der Ansiedlung Kahlenberg/Kienbronn bringt. Das Sträßchen führt nach rechts hinab zum Schild **„Kienbronn"** (731 m) 8 und dem Löschteich. An diesem wandern wir rechts vorbei. Gleich danach sehen wir einen schönen Grenzstein mit dem badischen und dem württembergischen Wappen. Wir folgen dem Sträßchen bis zum Schild **„Kienbronn Bruckdobel"** (720 m) 9. Dort biegen wir rechts ab und kommen, vorbei am Schild „Finsterbachhof" (688 m), nach **Bruckhof**. An der querenden Sulzbacher Straße sehen wir die Bushaltestelle Gasthof Neue Brücke. Wir halten uns kurz rechts zum Schild „Bruckhof" (680 m). Hier biegen wir links ab. Es geht an einem alten hölzernen Schwarzwaldhaus vorbei, danach werden wir nach links auf einen Privatweg verwiesen. Als Pfad führt er uns durch die Wiesen zu einem Hof, wo der Wanderweg links abknickt und etwas ansteigt. Dann geht es nach rechts weiter.

Wir wandern zwischen den Weiden hinauf zum **Waldrand** 10, wo der Privatweg endet. Nachdem wir den Blick über das weite Tal genossen haben, wandern wir nach rechts weiter. Der Weg führt uns an den Schildern „Mooserhof" (748 m) und „Welschdorf" (764 m) vorbei. Nach dem Verlassen des Waldes und einem Flurkreuz führt der Weg bei einem Hof nach links, gleich danach folgen wir aber dem Zeichen **gelbe Raute** nach links.

In einem weiten Bogen zieht der Weg nun hinauf in die Ansiedlung Spittel. Wir durchqueren die Häusergruppe, der Weg zieht nach links und wir kommen zum **letzten Haus** 11. Hier können wir entweder geradeaus zur nächsten Querstraße gehen, wo wir schon ein Wanderschild sehen (dort geht es nach links weiter), oder wir gehen beim letzten Haus mit der gelben Raute nach links in den Wald und stoßen kurz darauf auf die Straße, auf der man von rechts vom Wanderschild her kommt.

Hier biegen wir am Schild „Spittel" (765 m) links ab auf den Forstweg und kommen in den Wald. Kurz darauf sehen wir links Hausdächer. Hier zweigen wir mit der gelben Raute rechts ab und wandern steil hinauf bis zu einem Querweg mit dem Schild „Mooswaldkopf" (858 m). Nach rechts gehend, kommen wir in wenigen Minuten zurück zum Gedächtnishaus und unserem Ausgangspunkt.

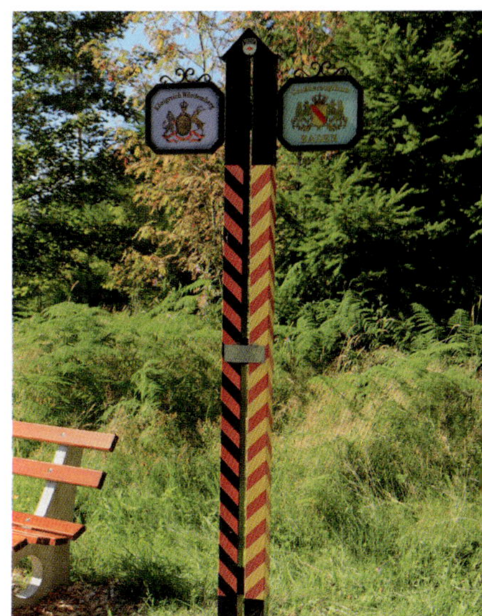

Der Grenzpfahl beim Gedächtnishaus weist auf die ehemaligen Länder Baden und Württemberg hin.

Idylle am Wegrand.

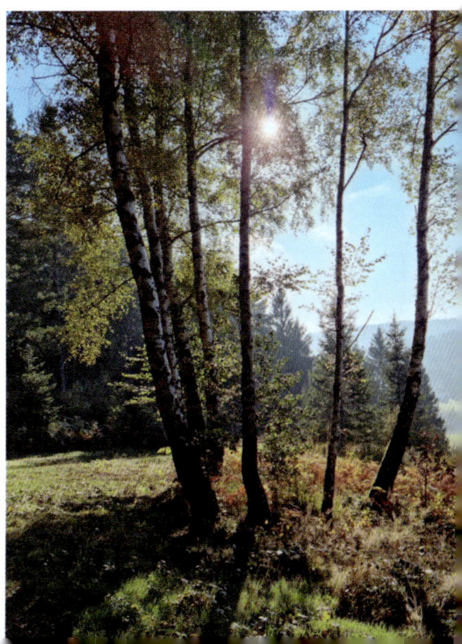

Schramberger Burgenpfad 7

Wilder Wald und herrliche Aussicht

4 ½ Std.

12 km

650 Hm

Schramberg – Park der Zeiten – Dreiburgenblick – Schlangenbühl – Falkensteiner Kapelle – Ruine Unterfalkenstein – Ruine Oberfalkenstein – Lauterbach-Wasserfälle – Ruine Hohenschramberg – Schramberg

Durch das mehrmalige Auf und Ab handelt es sich um eine anstrengende Wanderung. Sie verläuft teilweise auf steilen, abschüssigen und rutschigen Pfaden. Hierzu sollte man trittsicher und schwindelfrei sein. Bei Nässe, Eis und Schnee sollte man die Tour nicht unternehmen.

Diese Wanderung verläuft auf dem relativ anstrengenden Schramberger Burgenpfad, der recht kräftige Anstiege mit sich bringt, die durch Abstiege unterbrochen werden – eigentlich ein Ärgernis für den Wanderer. Aber im taldurchfurchten Schwarzwald kann das schon mal so sein. Dafür besuchen wir aber drei Burgruinen und eine alte Kapelle mit einem prächtigen Schnitzaltar, wandern durch teilweise recht urtümlich wirkende Waldstücke und haben immer wieder eine tolle Aussicht ins Tal und auf die Schwarzwaldhöhen. Zudem überqueren wir einen typischen Schwarzwaldbach und kommen an den Lauterbach-Wasserfällen vorbei. Insgesamt also eine abwechslungsreiche, interessante und schöne Tour.

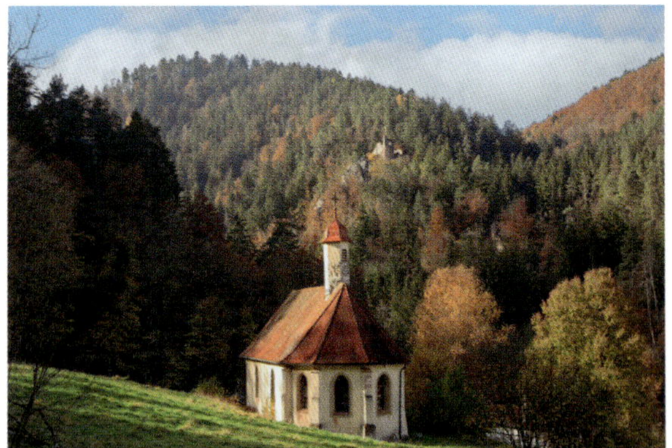

Wir gehen von unserem Ausgangspunkt aus zuerst zum **Rathaus** 1. Vor ihm stehend, spazieren wir rechts an ihm vorbei und gehen nach ihm quer über den Platz zur weiter oben liegenden Straße, wo wir bereits das Zeichen der Genießerpfade sehen. Hier überqueren wir die Straße und gehen durch das Eisentor und vorbei am ehemaligen Kassenhäuschen (heute WC) in den **Park der Zei-**

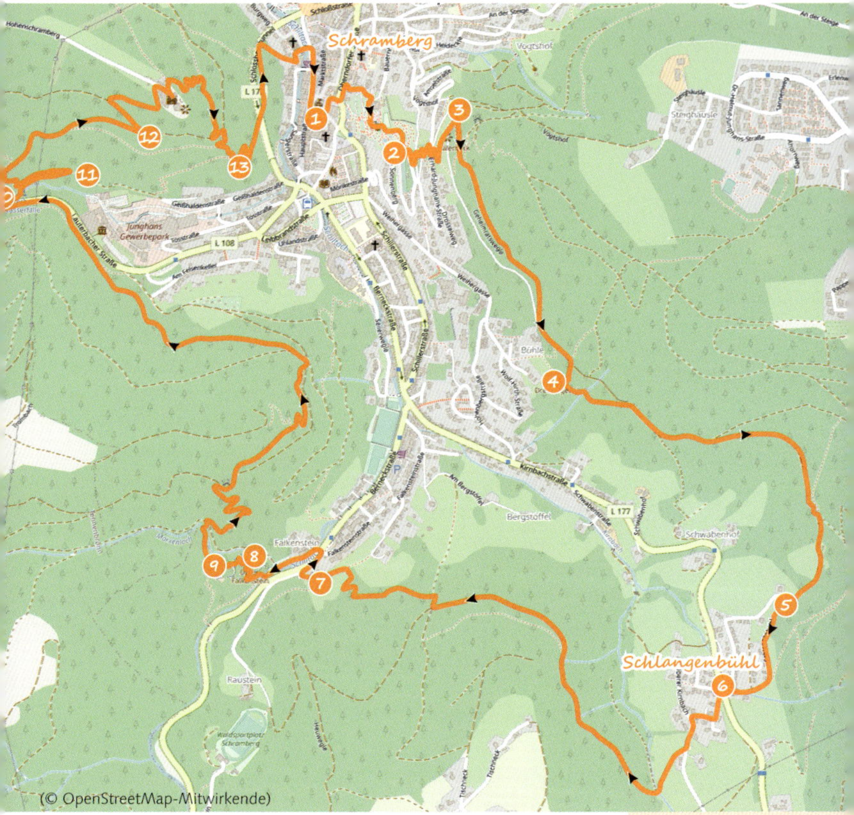

(© OpenStreetMap-Mitwirkende)

ten hinein. Nun ist der Wegverlauf etwas verwirrend und wir müssen gut auf die blauen Schilder der Genießerpfade achten. Die folgenden Angaben sind bis nach dem Park nur Anhaltspunkte.

Wir spazieren also in den Park hinein und folgen dem Sträßchen aufwärts. An seiner Linkskurve gehen wir geradeaus weiter, biegen aber gleich links ab. Nun geht es auf verschiedenen Treppen weiter bergauf. Später werden wir nach links wieder zur Straße und dem bereits sichtbaren Haus verwiesen. Vor ihm steigen wir auf Stufen hinauf und halten uns vor dem **Gebäude** rechts. Vor der **Freilichtbühne** geht es nach links hinauf.

Später kommen wir an einem mächtigen Ginkgobaum vorbei. Nach ihm orientieren wir uns am Schild „Park der

Wald, Bach und Lauterbach-Wasserfälle, Ruinen, Schramberg, Aussicht

Schramberg

Links: Falkensteiner Kapelle mit Blick zur Ruine Oberfalkenstein.

INFOS

Wanderkarte W249 Villingen-Schwenningen, 1:25000, Landesamt für Geoinformation und Landentwicklung Baden-Württemberg (LGL) in Zusammenarbeit mit dem Schwäbischen Albverein e. V. und dem Schwarzwaldverein e. V.

schramberg.de

Bahn bis Rottweil, Bus bis Schramberg, Busbahnhof.
Info: efa-bw.de

Schramberg, Rathaus, Hauptstraße 25, GPS 48.225649, 8.384984
Man findet einige kostenpflichtige Parkplätze im Zentrum. Ansonsten kann man auch in der Berneckstraße beim Berneckstrand kostenlos parken. Hier kann man in parkartiger Umgebung auch die Tour anschließend gemütlich Revue passieren lassen. Von hier aus beginnt man die Wanderung mit dem Aufstieg nach Unterfalkenstein und trifft nach der Falkensteiner Kapelle hier wieder ein.

Zeiten" (490 m) links. Immer den Wanderzeichen folgend, kommen wir zum Zaun und dem Ende des Parks der Zeiten. Wir folgen nach dem Zaun dem Weg nach rechts, zweigen aber gleich links ab auf einen Pfad. Es geht hinauf zu einer Straße. Dort halten wir uns rechts 2, zweigen aber gleich auf den links von der Straße abgehenden Pfad ab. Er bringt uns hinauf zu einem asphaltierten Weg. Wir biegen links und gleich darauf scharf rechts auf den Waldweg ab, der durch zwei Pfosten gesichert ist 3. Nun wandern wir auf dem Geheimratswegle. Nach einer Linkskurve halten wir uns am Schild „Charlottenhöhe" (551 m) rechts.

Bald treffen wir vor Häusern auf einen Asphaltweg, dem wir nach links weiter folgen. Kurz darauf werden wir nach rechts auf einen Pfad verwiesen. Er bringt uns hinab zum **Bühle Dreiburgenblick** (567 m) 4. Vor ihm können wir uns vom bisherigen Anstieg auf einer steinernen Bank erholen. Rechts sieht man zur Ruine Hohenschramberg und vor uns sehen wir die beiden Ruinen Falkenstein, herausragend davon die Ruine Oberfalkenstein.

Wir biegen am Wanderzeichen links ab. Der Weg steigt an bis zu einem querenden, breiten Forstweg, an dem wir uns rechts halten. An der Verzweigung beim Schild „Schwabenhof" (623 m) halten wir uns ebenfalls rechts und an der nächsten Verzweigung sehen wir nur Wanderzeichen, die nach links weisen.

Wir passieren einen einzelnen Hof und gehen bergab bis zum ersten Haus von Schlangenbühl 5. Dort gehen wir links an der hölzernen Scheune vorbei und wandern hinab zur Ansiedlung **Schlangenbühl**. Beim Schild „Schlangenbühl" (585 m) überqueren wir die Straße (L177) 6. Danach führt der Thaddäusweg geradeaus weiter, wir werden aber von den Wanderzeichen gleich nach links verwiesen. Bei nächster Gelegenheit biegen wir rechts ab in den Theresenweg, halten uns aber gleich danach links.

Am bald folgenden Schild „Oberer Kirnbach" (560 m) biegen wir rechts ab und wandern entlang einer Streuobstwiese hinab zum Bach. Nach ihm nehmen wir den breiten Weg, der im Wald nach rechts hinauf führt. Wo er an einer ausgeprägten Kurve nach links führt, gehen wir geradeaus weiter. Wir passieren die Winterbergquelle, dann kommen wir zu einer Kreuzung beim Schild „Tischnecker Berg" (570 m).

Hier orientieren wir uns rechts, dürfen aber kurz danach nicht verpassen, dass unser markierter Weg als schmaler Pfad links abzweigt. Dieser bringt uns im Zickzack hinab zur **Falkensteiner Kapelle** (474 m) 7. Die gleichnamige Burgruine sehen wir hinter der Kapelle aus dem Wald hervorragen.

Nach der Kapelle gehen wir hinab zur L175/Berneckstraße. Rechts liegt der als alternativer Ausgangspunkt genannte Parkplatz. Die **Freizeitanlange Berneckstrand**, die zum Ausruhen einlädt, liegt hinter der Schiltach.

Ansonsten halten wir uns auf der Straße kurz rechts, werden aber gleich über die Brücke in die Straße Falkenstein verwiesen. Wir wandern links der Gebäude entlang der Schiltach, dann ignorieren wir beim Wanderschild „Marxenloch" (466 m) den ersten Wegweiser, der zur Ruine Falkenstein verweist. Etwas später jedoch halten wir uns rechts. Nun steigen wir in Serpentinen auf und erreichen bald die rechts des Weges liegende **Ruine Unterfalkenstein** 8.

Nach ihrer Besichtigung steigen wir weiter aufwärts, bis wir die **Ruine Oberfalkenstein** 9 erreichen. Auch sie sollten wir besteigen, weil man von ihr aus einen schönen Blick ins Tal und nach Schramberg hat. Danach wandern wir bergab. Bei einer Brücke überqueren wir einen typischen gluckernden und rauschenden Schwarzwaldbach.

Zu den Ruinen steigt es steil an.

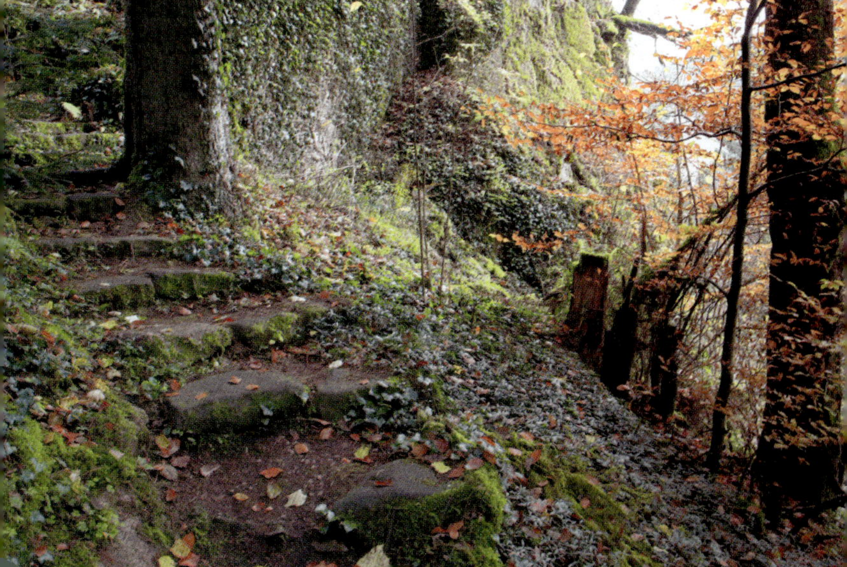

Gleich danach sehen wir einen alten Grenzstein mit dem württembergischen und dem badischen Wappen, das sich auf der Rückseite befindet. Anschließend halten wir uns an einem querenden Weg links, passieren das Schild „Ramsteiner Loch" (490 m) und biegen danach rechts ab.

Nun steigen wir im Zickzack bergauf bis zum Schild „Geigeshalde" (590 m). Hier bietet sich uns ein schöner Blick über die Schwarzwaldhöhen. Wir halten uns rechts, dann gleich wieder links in den Stuttgarter Weg. Die Schutz- und Aussichtshütte lassen wir links liegen und wandern auf einem Pfad, später etwas Bergab, bis zu einem querenden Forstweg. Dort halten wir uns am Schild „Töswald" (550 m) links, dann gleich noch einmal. Gleich danach halten wir uns an der Verzweigung rechts. Wir wandern am Hang entlang, später oberhalb der Straße.

An einem querenden Forstweg biegen wir rechts ab und wandern hinab zur **Lauterbacher Straße** 10. Auf der anderen Straßenseite (L108) am Schild „Sammelweiher" (507 m) biegen wir rechts ab. Es geht an den **Lauterbach-Wasserfällen** vorbei; danach überqueren wir das Gewässer 11 nach links. Anschließend wandern wir am Junghansdenkmal vorbei und kommen zum Schild „Geißhalde" (485 m). Hier biegen wir scharf links ab. Nun passieren wir die Schilder „Felsenmeer" (517 m), Elisabethenfelsen (520 m) und Naturlehrpfad (551 m) und kommen zum Schild „Nippen-

Die Ruine Hohenschramberg ist ein mächtiges Bauwerk.

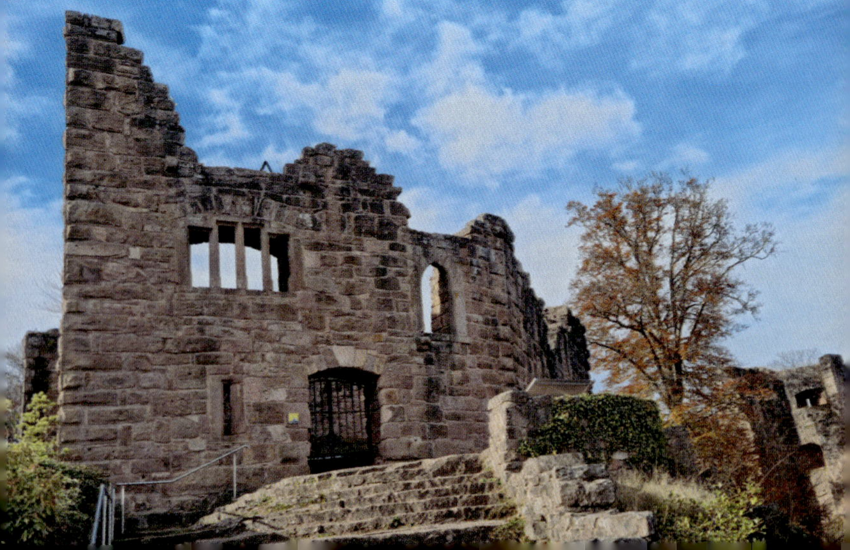

burg“ (581 m). Hier halten wir uns scharf links. Am Schild „Schloßwald“ (591 m) biegen wir rechts ab. Bald erreichen wir die Ruine Hohenschramberg. Wir halten uns nach dem Rundturm rechts und kommen in die **Ruine** 12. Von ihr aus haben wir einen prächtigen Blick hinab nach Schramberg.

Danach gehen wir zurück und biegen vor dem ehemaligen Gasthaus rechts ab. Nun geht es auf einem Pfad steil hinab, wobei wir bei den vielen Verzweigungen immer gut auf das Schild der Genießerpfade achten müssen.

Wir passieren die Schilder „Burgweg“ (590 m) und „Elefantenkopf“ (549 m), wo wir links auf einen Forstweg abbiegen. Gleich danach halten wir uns am Schild **„Beim Aussichtshäusle“** (540 m) 13 rechts auf einen steil abwärts führenden schmalen Pfad. Danach kommen wir zum Aussichtshäusle (505 m), einem luftigen runden Pavillon hoch über Schramberg, der uns einen schönen Blick über die Stadt bietet. Hier geht es nach links weiter. Beim Schild „Überm Schlossbergtunnel“ (461 m) geht es nach rechts hinab. Unten in der Stadt halten wir uns vor den ersten Häusern links in die Straße Am Brestenberg, dann gehen wir nach rechts zwischen der katholischen Stadtpfarrkirche St. Maria und dem alten Glockenturm zum Schild „Schramberg St. Maria-Kirche“ (424 m), überqueren die Schiltach und halten uns nach ihr rechts. Bald liegt links das Rathaus (426 m), unser Ausgangspunkt.

Von dem Pavillon bietet sich uns ein herrlicher Blick hinab nach Schramberg.

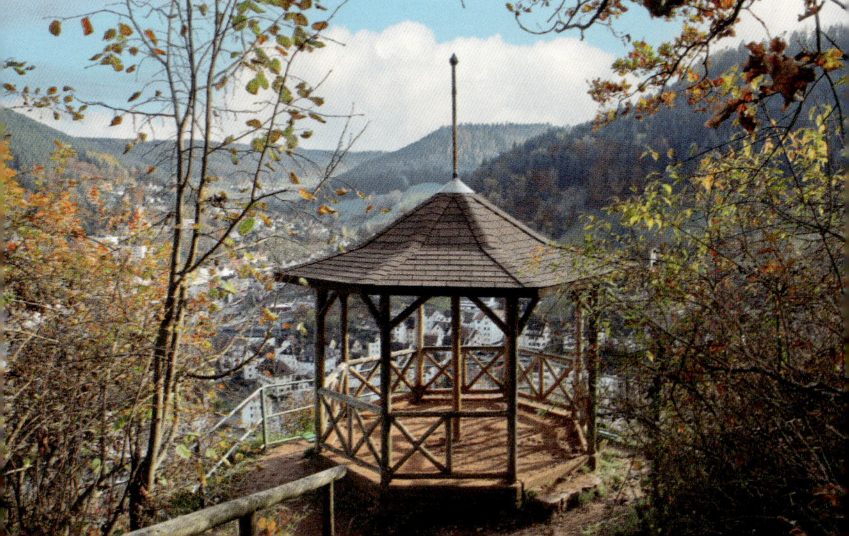

Genießerpfad Auerhahnweg

8

Alte Grenzsteine und schöne Aussicht

3 Std.

10 km

280 Hm

Tennenbronn – Augenblick – Grenzsteine – Weide – Schlafplatz – Eichbach – Tennenbronn

Die Wanderung verläuft meist auf Pfaden, teilweise auch auf Forstwegen. Wir orientieren uns immer am blauen Wanderzeichen für die Genießerpfade.

Wald, Aussicht

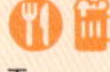

Tennenbronn

Die dichten und urigen Wälder, durch die diese Wanderung führt, sind der Grund dafür, dass hier viel Auerwild lebte. Auf sie bezieht sich der Auerhahnweg, der mit einigen Informationsstationen an die großen Vögel erinnert. Immer wieder führt uns der Weg auch an Aussichtspunkten vorbei, zum Beispiel am AugenBlick des Naturparks Schwarzwald Mitte/Nord. Geschichtsinteressierte Wanderer werden sich für die alten Grenzsteine mit dem badischen und dem württembergischen Wappen interessieren, die wir an einer Stelle finden.

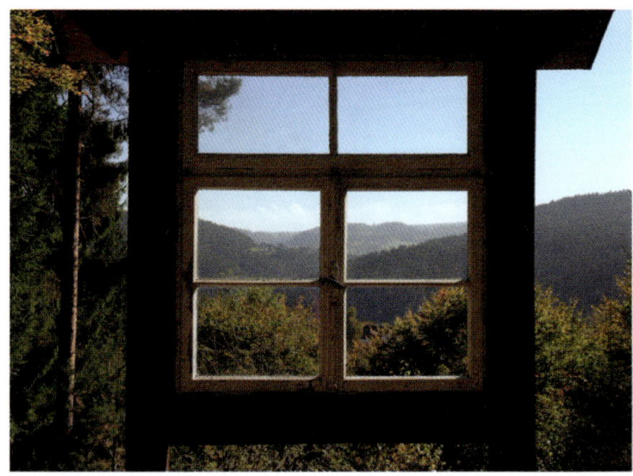

Bei dieser Installation mitten im Wald zeigt sich die Landschaft durch das Fensterkreuz in einem ganz anderen Licht.

Rechts: Auf der Höhe lichten sich die Morgennebel.

Auf der Höhe von Tennenbronn gibt es links der Straße drei Parkplätze. Am oberen Parkplatz steht das Wanderschild **„Bei Remsbach Ferienpark"** (805 m) 1. Wir beginnen die Tour am mittleren Parkplatz, wo auf der anderen Straßenseite der Buchenweg abgeht. Ihm folgen wir kurz, werden aber gleich danach nach links auf einen Pfad verwiesen. Etwas später treffen wir auf eine Asphaltstraße, halten uns rechts und gleich wieder links. Nun führt uns der Weg eine ganze Weile geradeaus.

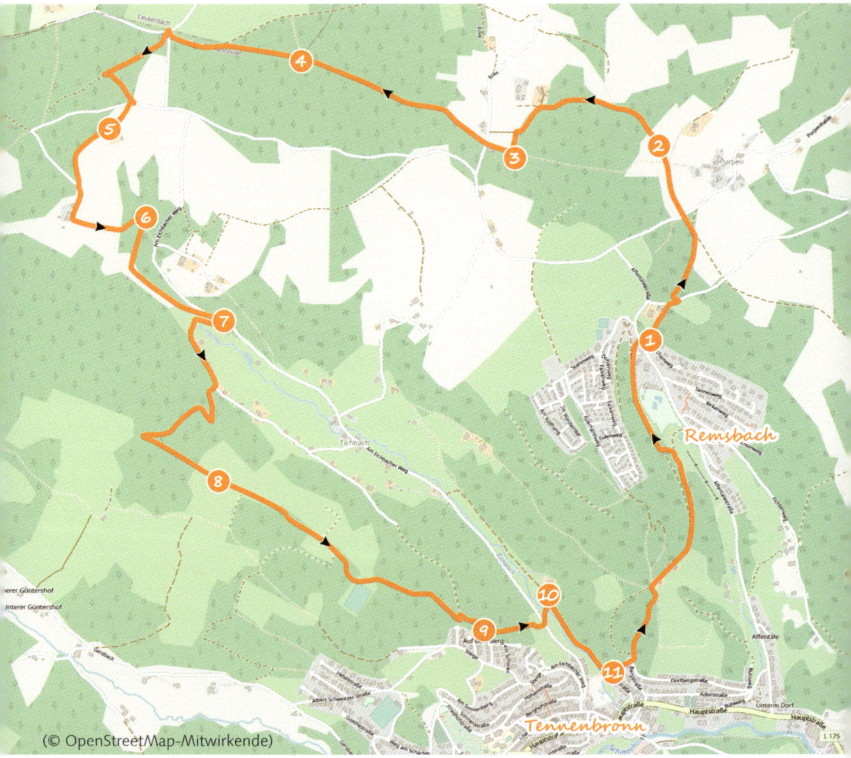

Remsbach

Tennenbronn

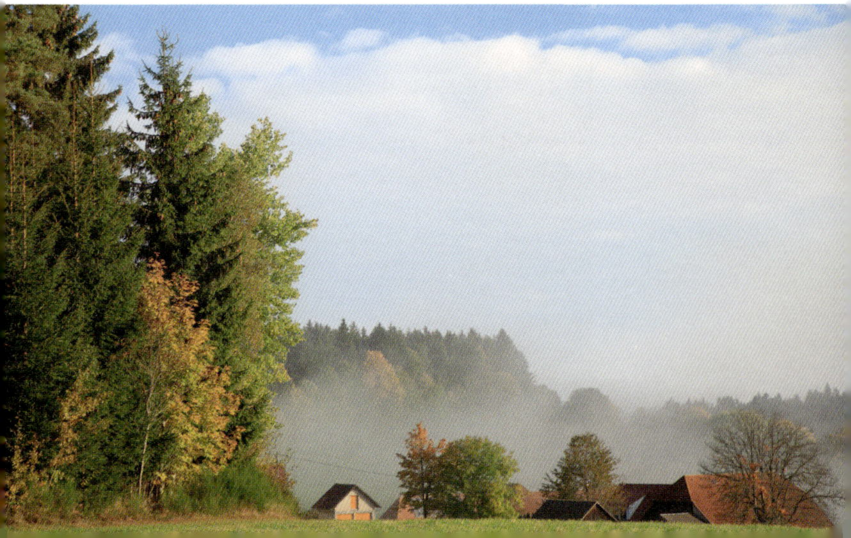

INFOS

Wanderkarte W248 Furtwangen i. Schw., 1:25000, Landesamt für Geoinformation und Landentwicklung Baden-Württemberg (LGL) (Hrsg.) in Zusammenarbeit mit dem Schwarzwaldverein e. V.

schramberg.de

Bahn bis Oberndorf oder Rottweil, Bus bis Tennenbronn, Haltestelle Ferienpark

Schramberg-Tennenbronn, Wanderparkplatz Remsbach beim Ferienpark Tennenbronn oder Parkplatz Auerhahnweg (direkt davor), Ende der Affentälestraße, GPS 48.204706, 8.353600

Nach dem Verlassen des Waldes kommen wir an einer Bank mit geschnitzten Eulen vorbei und erreichen das Wanderschild „Purpen" (814 m). Hier werden wir nach links in den Wald verwiesen. Nach dem Waldstück gehen wir am Schild „Purpen" (813 m) geradeaus weiter, ebenso etwas später am Schild „Purpenmoos" (821 m). Kurz darauf erreichen wir den **AugenBlick Schramberg** 2 des Naturparks Schwarzwald Mitte/Nord. Es gibt Sitzgelegenheiten und eine Tafel erklärt die Aussicht.

Danach gehen wir rechts des Hauses in den Wald. Wir passieren das Schild „Auf der Ecke" (827 m), verlassen bald den Wald und biegen vor den Häusern links ab auf ein Asphaltsträßchen. Gleich darauf werden wir aber nach links wieder in den Wald verwiesen. Etwas später knicken Wald und Wanderweg rechts ab 3.

Wir wandern vorbei am Schild „Ecke" (823 m) und werden etwas später im Wald nach links verwiesen. Nun geht es eine Weile geradeaus weiter, auch da, wo die **Informationstafel** zu alten Grenzen des Großherzogtums Baden und des Königreichs Württemberg steht 4. Auf der Tafel

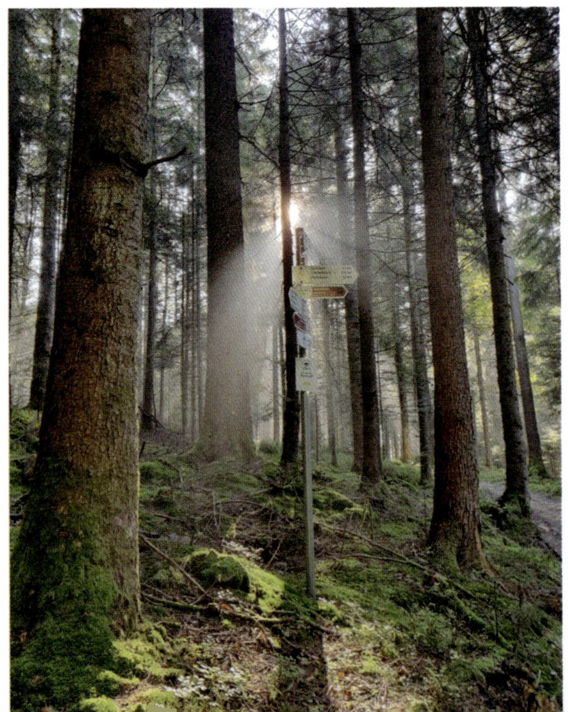

Wenn Sonnenstrahlen den dunklen Wald aufhellen, gibt es immer eine ganz besondere Stimmung.

ist zu lesen, was es mit den komplizierten Grenzen in Tennenbronn auf sich hat. Wenn wir dem Weg folgen, sehen wir noch weitere Grenzsteine. Am Waldrand beim Schild „Sulzbachblick" (825 m) steht der letzte von ihnen. Nun gehen wir nach links wieder in den Wald.

Etwas später überqueren wir ein Sträßchen zum dahinter stehenden Schild „Überm Vogtandres" (827 m). Hier wandern wir auf dem steinigen Weg nach links weiter. Am Schild „Beim Schnapsbrenner" (827 m) biegen wir links ab und kommen hinab zu einem Sträßchen. Hier gehen wir auf den Hof zu. Rechts von ihm am Waldrand befindet sich die Informationsstation **Auerhahnbalzplatz**.

Unser Weiterweg führt rechts des **Hofes** 5 in den Wald. Kurz danach kommen wir an einer Getränkestation und einer kleinen Schutzhütte mit Tisch und Sitzgelegenheit

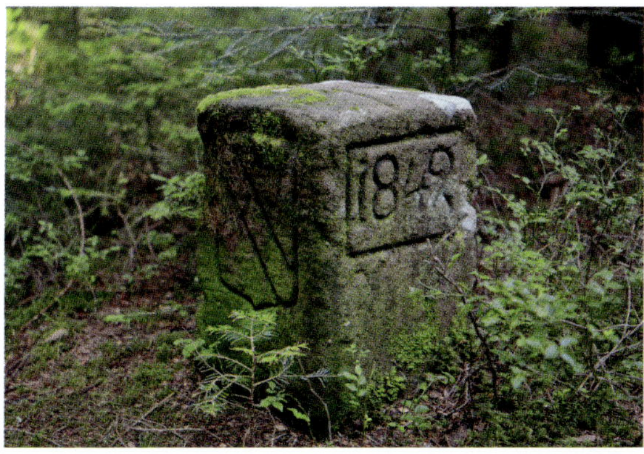

Zahlreiche Grenzsteine weisen auf die komplizierte Geschichte der Gegend hin.

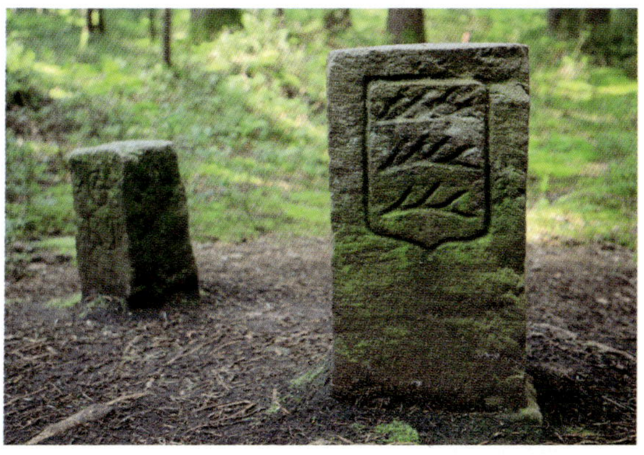

Die Grenzsteine werden auf einer Informationstafel ausführlich erklärt.

vorbei. Etwas später spazieren wir am Schild „Unterfalken" (816 m) auf dem asphaltierten Weg hinab zu einem **Hof**. Dort biegen wir links ab und kommen bald wieder in den Wald.

Wir überqueren einen **Bach** 6; dann führt der Weg nach rechts. An der Verzweigung beim Schild „Abzweig Klausenhof" (783 m) gehen wir auf dem rechten Weg geradeaus bergab. Am Waldrand biegen wir vor dem kleinen Häuschen links ab und wandern am Waldrand entlang bis zu einem **Hof** 7. Dort folgen wir dem Sträßchen nach rechts; es beschreibt eine Linkskurve. Etwas später werden wir nach rechts zu einer Treppe verwiesen.

Nun geht es steil hinauf bis zu einem querenden breiten Weg. Ihm folgen wir nach links, weiter bergauf. Später verlassen wir den Wald und wandern über eine weite **Weidefläche** 8; hier haben wir nach links einen schönen Blick auf die Umgebung. Danach werden wir nach rechts wieder in den Wald verwiesen. Bei einem Sportgelände sehen wir auch die **Informationsstation Auerhahnnest**.

Nun führt der Weg im Wald bergab bis zur Station **Auerhahnschlafplatz** 9. Wir halten uns links und gehen steil hinab zu einem ebenen Querweg, bei dem wir rechts Häuser sehen. Wir überqueren den Weg und gehen geradeaus weiter, bald in Serpentinen steil bergab bis zu einer Straße. Dort orientieren wir uns rechts, dann aber gleich links und kommen hinab zum **Eichbach**. Nach ihm halten wir uns an dem querenden Weg und dem Schild **„Eichbach"** (675 m) 10 rechts.

Ein kleiner Schwarzwaldbach ist immer eine willkommene Abwechslung.

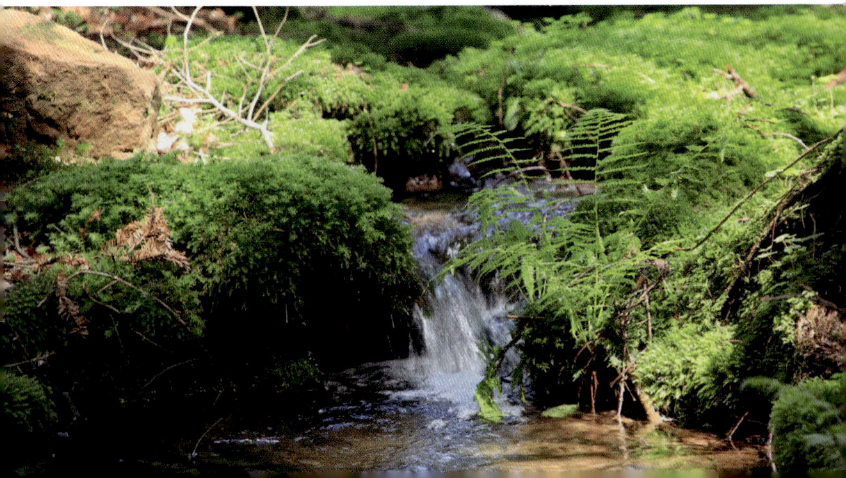

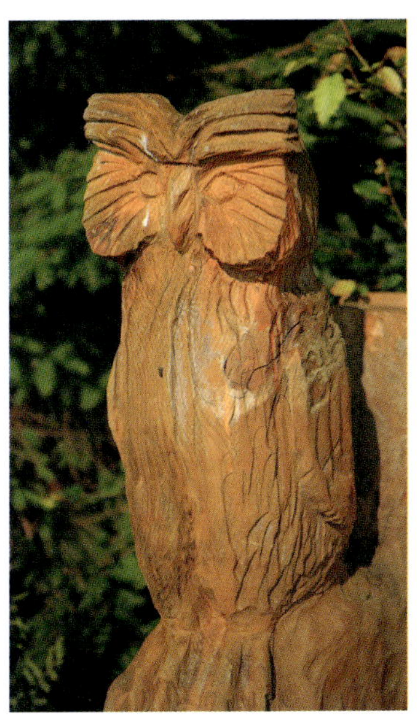

Wir wandern nun durch das idyllische Eichtal und vorbei an Informationsschildern des Schmetterlingspfads bis zum Schild **„Am Eichbachbrückle“** (665 m) 11 vor Häusern. Hier finden wir auch eine Informationstafel zum Auerhahnweg. Wir biegen links in den Wald ab, dann halten wir uns gleich rechts. Etwas später überqueren wir ein Sträßchen und wandern geradeaus weiter steil bergauf auf einem Pfad. Bald verlassen wir vor einem Haus den Wald und gehen nach links zum Schild **„Sommermoos“** (748 m). Wir biegen rechts ab und wandern eben und vorbei an Häusern, danach auf dem Sträßchen weiter.

Der Weg führt entlang des Waldrands und bietet uns eine prächtige Aussicht nach rechts. Nach einer Linkskurve kommen wir wieder in den Wald. Kurz danach biegen wir an der nächsten Linkskurve rechts ab. Wir erreichen eine **Wassertretanlage**, nach der wir nach links verwiesen werden. Über ein paar Treppenstufen, einen Pfad und wieder ein paar Treppenstufen geht es steil hinauf zu einem breiten Forstweg. Ihm folgen wir nach rechts. Etwas später wandern wir an einer Informationsstation vorbei, sehen ein schönes altes Fachwerkhaus und erreichen nach weiterem kurzen Anstieg wieder unseren Ausgangspunkt.

Bei dieser geschnitzten Eule lässt es sich auf der Bank gut ausruhen.

Viel Information gibt es am Auerhahnbalzplatz.

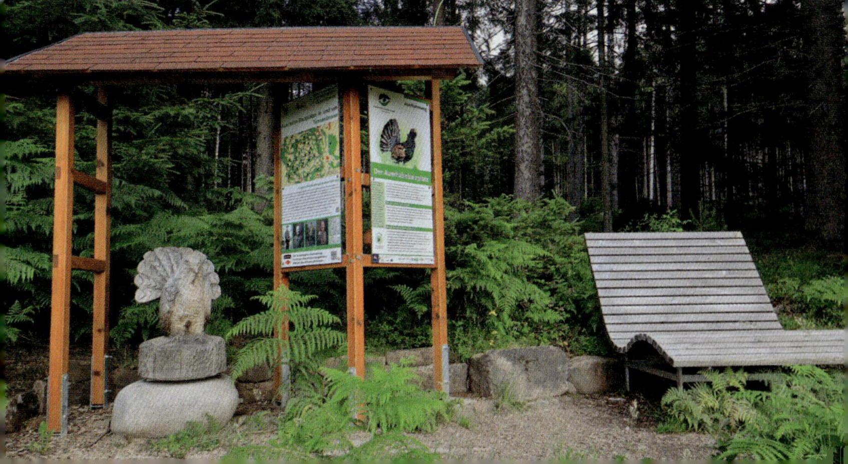

Zweimal Rast am See

9

Zwischen Eschbronn und Dunningen

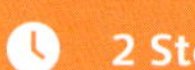

2 Std.

7,4 km

70 Hm

Eschbronn/Friedhof Locherhof – Seeblick – Heckenweiher – Eichhof – Wald – Gewerbegebiet – Friedhof

Wir wandern mit geringem Höhenunterschied auf festen Wegen.

Seen, Aussicht, Wald

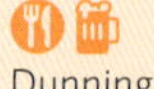

Dunningen

Kurz und schön ist mit Sicherheit das Fazit zu dieser Wanderung. Sie bietet uns prächtige Blicke über die Landschaft, wenn wir nicht gerade durch ein schönes Waldstück wandern. Zudem kommen wir an einem Rastplatz mit Blick auf einen kleinen Weiher und später an einem etwas größeren See vorbei, an dem ebenfalls Bänke zur Rast einladen – die richtige Tour also für einen entspannten halben Tag.

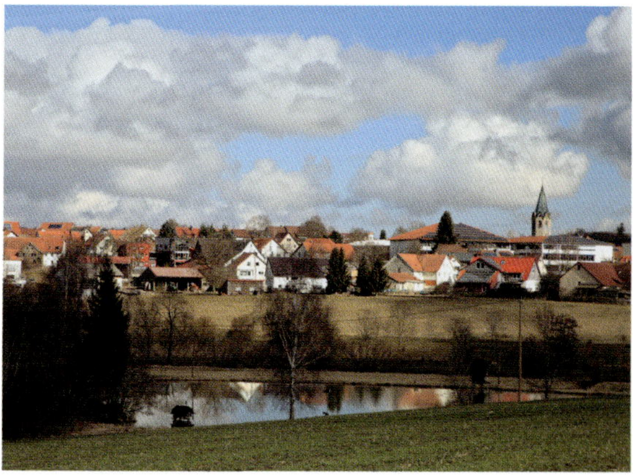

Hinter dem Heckenweiher liegt Dunningen.

Wir folgen am Wanderschild **„Locherhof Friedhof"** (702 m) 1 dem Lackendorfer Weg weiter ortsauswärts. Vor dem **Wald** biegen wir links ab 2. Wir kommen in den Wald, wo wir die Wegbezeichnung Bennenholzweg sehen. Rechter Hand sehen wir einen steinernen Gedenkstein von 1868, der an ein Unglück bei der Waldarbeit erinnert. Nach dem kleinen Waldstück geht es links am Waldrand entlang bis zu einem querenden **Asphaltweg** 3.

Hier halten wir uns links. Kurz danach liegt rechts ein schöner **Rastplatz**, an dem wir nicht nur einen weiten Blick auf die Umgebung haben, sondern auch auf den

Vom Hofbaum des Eichhofs hat man einen schönen Blick auf den Heckenweiher und die Umgebung.

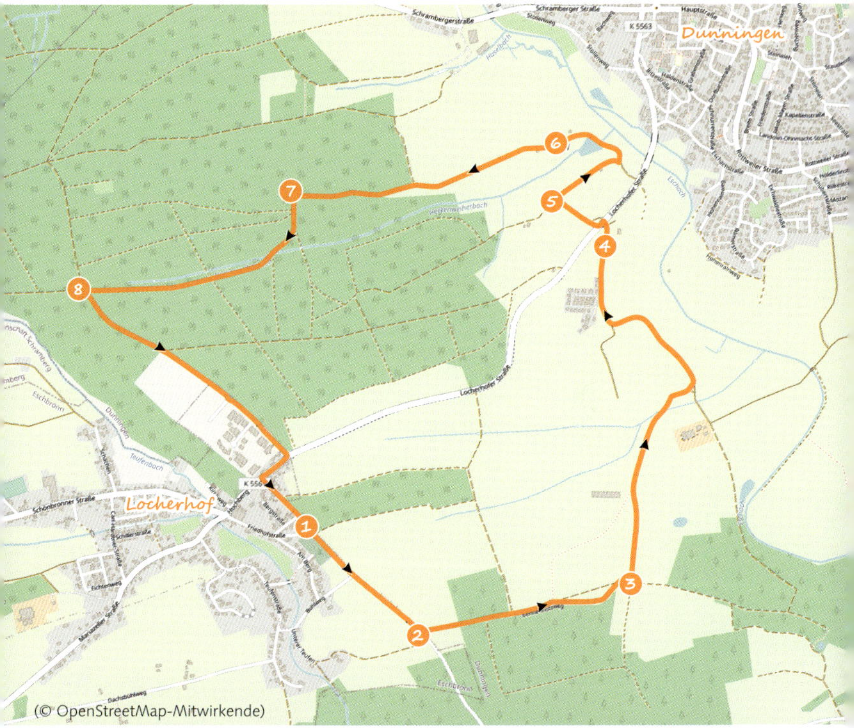

(© OpenStreetMap-Mitwirkende)

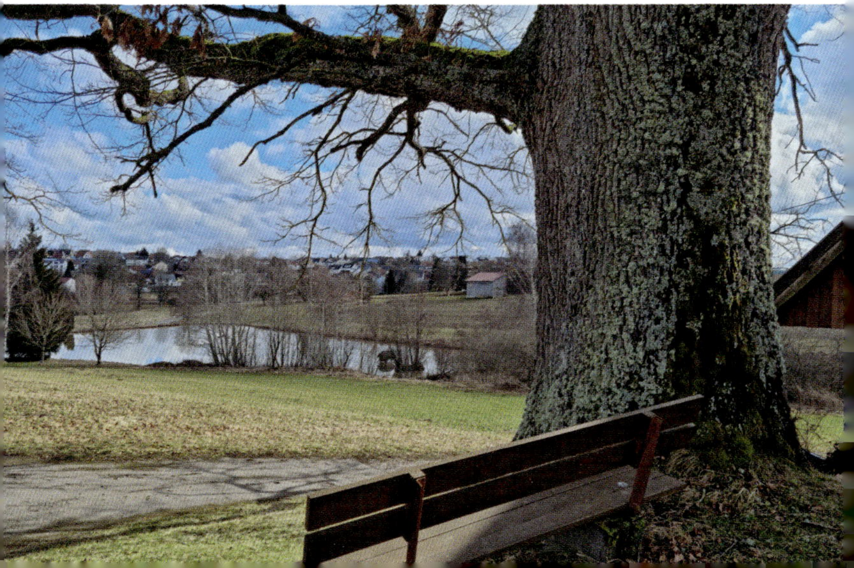

kleinen idyllischen Weiher unterhalb. Danach wandern wir weiter auf unserem Weg. Er führt links an einem Hof vorbei, danach bietet sich uns ein Blick auf die idyllischen Auen der Eschach.

Nach einer größeren Ansammlung von hölzernen Schuppen kommen wir zur **K5563/Locherhofer Straße** 4. Rechts vor ihr sehen wir einen weiteren steinernen Gedenkstein. Wir überqueren die Straße und gehen dahinter auf dem nach links ziehenden Weg bis zu einem Querweg 5. Rechts sehen wir bereits den Heckenweiher vor der Kulisse von Dunningen. Wir gehen rechts zu ihm hinab, halten uns nach ihm links und folgen dem Sträßchen nach links hinauf zum **Eichhof** 6. Vor ihm können wir einen mächtigen Hausbaum, eine alte Eiche, bewundern. Nach dem Hof wandern wir weiter zum Wald.

Dort nehmen wir den geradeaus links am Waldrand entlangführenden Eichweg. Er bringt uns in den Wald. Etwas später beschreibt der Weg eine nahezu rechtwinklige **Linkskurve** 7. An der nächsten Verzweigung nehmen wir den rechten Weg und gehen etwas Bergauf. Bald quert der Geigenbergweg 8, der uns nun eben zum Gewerbegebiet führt. Hier finden wir die erwähnten alternativen Parkmög-

INFOS

Wanderkarte W249 Villingen-Schwenningen, 1:25000, Landesamt für Geoinformation und Landentwicklung Baden-Württemberg (LGL) in Zusammenarbeit mit dem Schwäbischen Albverein e. V. und dem Schwarzwaldverein e. V.

dunningen.de, eschbronn.de

Bus bis Eschbronn – Haltestelle Hochberg, nur Mo. bis Fr.; ansonsten Bus bis Dunningen – Haltestelle Post, dann von dort aus weiter mit dem Anrufsammelbus. Dieser muss mindestens eine Stunde vor Abfahrt bestellt werden (Tel.: 01806 777 272). Einfacher ist es sicherlich, wenn man deshalb an dieser Haltestelle mit der Wanderung startet. Da die Tour relativ kurz ist, ist dies sicher kein großes Problem. Man folgt dazu ab der Haltestelle der Grabenstraße nach Süden, geht dann in der querenden

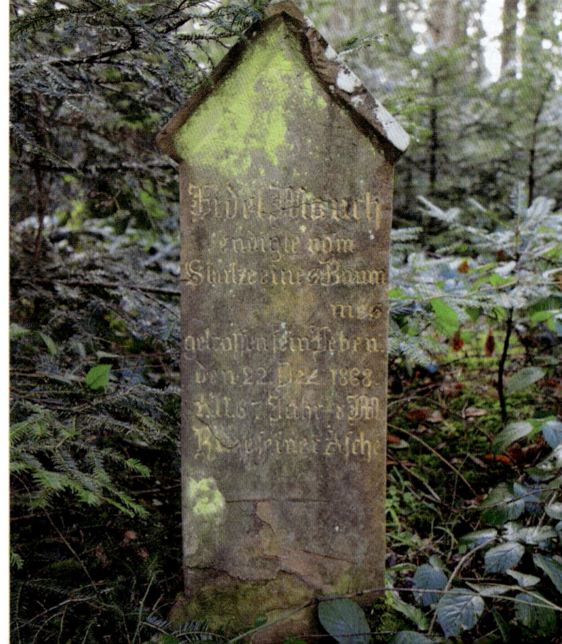

Der Gedenkstein erinnert an ein tödliches Unglück.

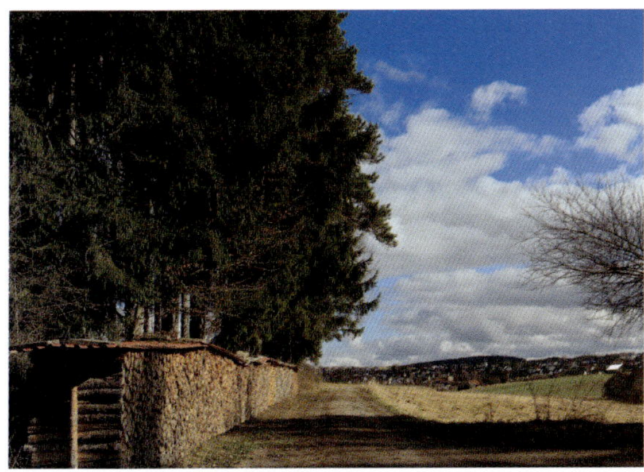

Vom Waldrand bietet sich ein weiter Blick über die Landschaft.

Dorfbachstraße nach rechts zur Locherhofer Straße und folgt ihr nach links aus dem Dorf hinaus. Nach der Eschach hält man sich rechts zum Heckenweiher.

Eschbronn, Lackendorfer Weg, Parkplatz am Friedhof, GPS 48.195042, 8.484944

lichkeiten. An der querenden Landstraße sollten wir nach links ein letztes Mal den prächtigen Fernblick genießen, bevor wir dann in der Straße Hochberg nach rechts in den Ort hineingehen.

Bald steht rechts das Wanderschild **„Locherhof Hochberg"** (703 m). Wir biegen links in den Lackendorfer Weg ein und sind bald darauf zurück am Ausgangspunkt.

Über der flachen Landschaft wirken Wolkenberge besonders eindrucksvoll.

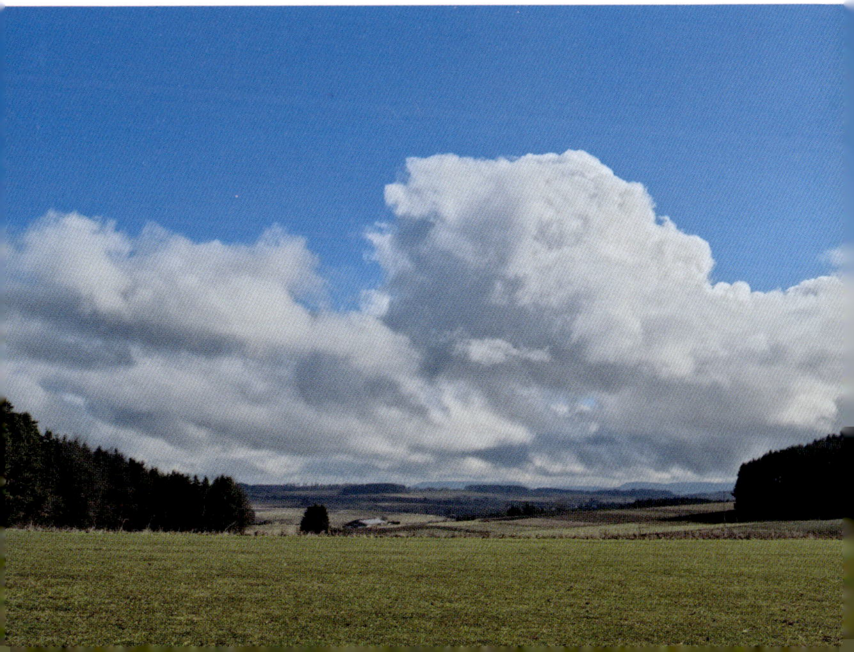

Erlebnisbauernhof und Römerkastell Waldmössingen

10

für alle Wanderer und in der Variante
mit Kinderwagen oder für Mobilitätseingeschränkte

2 Std.
7,5 km
90 Hm

Waldmössingen/ Kastellhalle – Erlebnisbauernhof – Römerkastell – Straße – Wald – 2 Flurkreuze – Waldmössingen

Die Wanderung ist unmarkiert und verläuft meist auf asphaltierten Wegen. Wer die Strecke über den Wald wählt, sollte etwas pfadfinderisches Geschick haben, dort verläuft die Strecke zum Teil auch auf Naturpfaden, die bei Nässe matschig sind.

Erlebnisbauernhof, Römerkastell, Landschaft, Wald, Flurkreuze

Erlebnisbauerhof, Waldmössingen

10a

Höhepunkte der Tour sind sicher der Erlebnisbauernhof und das Römerkastell. Beide werden natürlich auch Kinder interessieren. Schön und idyllisch sind auch die beiden von je zwei Bäumen flankierten Flurkreuze und die Strecke durch den Wald, der teilweise naturnahe Szenen bietet.

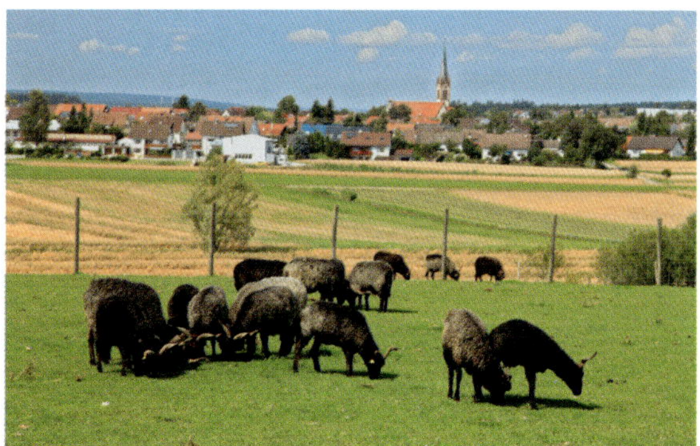

Wir folgen vom Parkplatz an der **Kastellhalle** (1) der Weiherwasenstraße aus dem Ort hinaus. Beim nächsten Parkplatz beginnt das Gelände des **Erlebnisbauernhofes** (2). Zuerst sollten wir uns den Plan des Bauernhofes ansehen und am Automat eine Eintrittskarte kaufen. Dann folgen wir dem linken Weg. Bald erreichen wir einen kleinen Weiher mit einer Insel. An dem Gebäude mit dem Kiosk und der Vesperstube müssen wir überlegen, ob wir nicht noch etwas im Gelände verbleiben. Danach oder ansonsten wandern wir links an dem Gebäude vorbei.

Nun steigt der Weg entlang des Wildgeheges an. Danach folgen wir auf der Höhe dem nach rechts verlaufenden Zaun und erreichen bald auf einem Wiesenweg das **Römerkastell** (3). Wir gehen zu dem Sträßchen vor ihm und danach mit dem Radwegschild nach „Seedorf" geradeaus

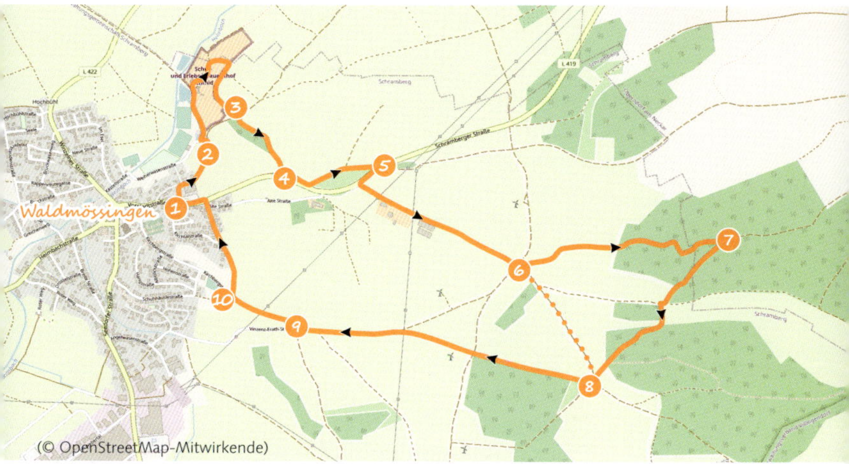

weiter. Bald erreichen wir die Schramberger Straße/**L419** 4. Vor ihr halten wir uns links, etwas später noch einmal, und wandern auf einem Schotterweg zu einem Parkplatz mit einem Flurkreuz 5.

Wir überqueren die Straße und halten uns nach ihr rechts. Bei nächster Gelegenheit biegen wir links ab. Nun führt uns der Weg durch Felder. Nach einem lang gestreckten Stallgebäude und einer Kreuzung haben wir zwei Möglichkeiten 6. Die kürzere und einfachere ist, dass wir einfach geradeaus weiter gehen. An einer Verzweigung halten wir uns links und gehen bis zu einem von zwei mächtigen Bäumen flankierten Flurkreuz 8.

Links: Blick auf Waldmössingen.

Das rekonstruierte Römerkastell liegt auf der Höhe und bietet eine schöne Aussicht.

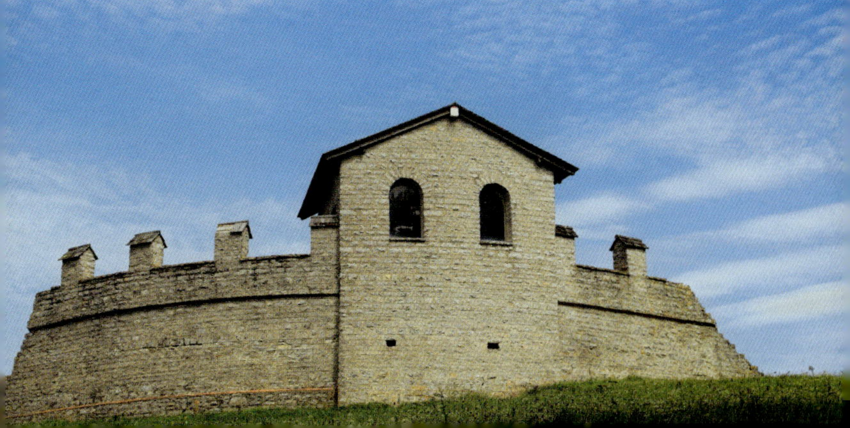

INFOS

Wanderkarte W240 Oberndorf am Neckar, 1:25000, Landesamt für Geoinformation und Landentwicklung Baden-Württemberg (LGL) in Zusammenarbeit mit dem Schwarzwaldverein e.V.

schramberg.de

Bus bis Waldmössingen Haltestelle Seedorfer Straße

Schramberg Waldmössingen, Kastellhalle, GPS 48.269447, 8.490176

Etwas länger und etwas komplizierter, weil man gut auf den Weg achten muss und etwas pfadfinderisches Geschick haben sollte, dafür aber interessanter, ist die folgende Variante. Hierzu biegen wir gleich nach der Kreuzung links ab. Bald erreichen wir den Wald. In ihm nehmen wir an der Verzweigung den mittleren Weg. Er führt uns durch den Wald auf einen Weg, der bei starkem Laubfall manchmal schwer zu erkennen ist. Später erreichen wir nach einer leichten Rechtskurve einen querenden Weg 7. Ihm folgen wir nach rechts.

Nach dem Wald geht es zwischen Waldrand und Feldern hinab zu einem Querweg. Dort geht es etwas nach rechts versetzt in derselben Richtung weiter. Nach einem Waldstück kommen wir zu einer breiten, lang gestreckten Lichtung. Bei ihrer anderen Seite wandern wir entlang des Waldrands etwas nach rechts, dann führt der Weg nach links in den Wald. Ihn verlassen wir aber bald wieder und wandern zwischen Feldern bis zu einem Flurkreuz zwischen zwei mächtigen Bäumen 8. Hier vereinigen sich beide Varianten wieder. Wir biegen rechts ab und folgen dem Sträßchen. Nach einiger Zeit passieren wir ein weiteres von zwei Bäumen flankiertes Flurkreuz. An der nächsten Verzweigung 9 nehmen wir den rechten Weg. Etwas später kommen wir zur nächsten Verzweigung 10, geradeaus sehen wir das Ortsschild, wir nehmen aber den rechten Weg. Als Kehlenstraße bringt er uns bald durch das Wohngebiet bis zur Vorstadtstraße. Gegenüber liegt die Kastellhalle. Wir folgen kurz dem Gehweg nach links, dann können wir nach rechts zu unserem Parkplatz gehen.

Die Tour führt durch eine schöne Wiesenlandschaft.

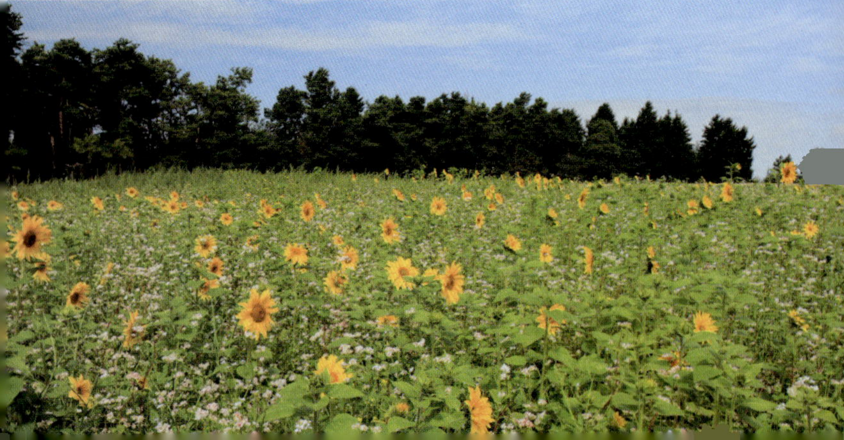

10b

Bei der für mobilitätseingeschränkte Personen und Familien mit Kinderwagen geeigneten Kurztour besuchen wir nur den Erlebnisbauernhof, eventuell das Römerkastell und können von dort entweder sofort oder mit einer kleinen Erweiterung zurückgehen.

 **1 Std.**

 **3,5 km**

 **40 Hm**

Waldmössingen/Kastellhalle – Erlebnisbauernhof – Römerkastell – Waldmössingen

Wir wandern auf festen Wegen, um das Römerkastell auf festem Naturweg. Mit Kinderwagen oder ohne Einschränkungen ist diese Tour problemlos machbar. Wer mit dem Rollstuhl unterwegs ist, muss sich überlegen, was er zwischen Erlebnisbauernhof und Römerkastell macht. Mit einer kräftigen Begleitperson müsste auch der kurze Anstieg zu schaffen sein. Diese ist auch nützlich für die Bordsteine am Ende der Tour.

Erlebnisbauernhof, Römerkastell, Landschaft, Wald, Flurkreuze

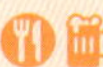

Erlebnisbauernhof, Waldmössingen

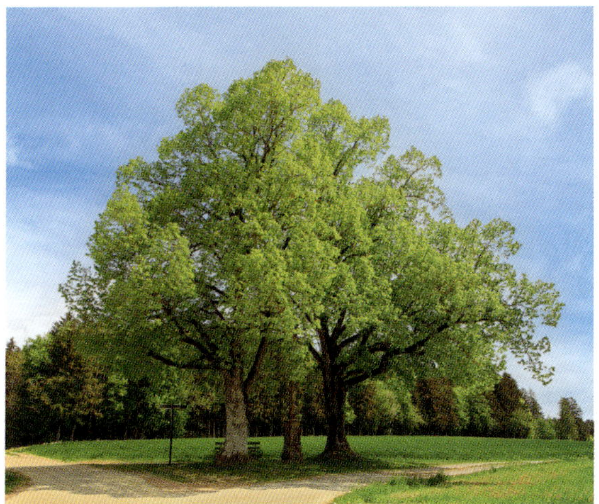

Von mächtigen Bäumen flankiertes Kruzifix.

Wir gehen wie oben beschrieben erst von der **Kastellhalle** 1 zum Anfang des Erlebnisbauernhofes 2. Dort müssen wir überlegen, was wir machen. Am einfachsten ist es, wenn wir nach links in den Erlebnisbauernhof hineingehen und uns das ansehen, was im Flachen liegt und bequem erreichbar ist (Der um die Anlage herumführende Weg steigt an und ist holprig). Dann geht man zurück zum Anfang des Bauernhofes. Das Sträßchen, das rechts vom Bauernhofgelände wegführt, geht hoch zum **Römerkastell** 3. Es ist relativ steil, vielleicht wagt man sich aber trotzdem hinauf. Danach geht man zurück und auf dem Herweg wieder zurück zum Parkplatz.

Etwas anstrengender ist die folgende Variante. Wie oben beschrieben, wandert man entlang des Wildgeheges zum **Römerkastell** 3, danach weiter zur Schramberger Straße/**L419** 4, dann nach links, etwas später noch einmal nach links, nun auf einem Schotterweg und etwas ansteigend bis zum Parkplatz mit dem Flurkreuz 5.

Wir biegen rechts ab zum Parkplatzende, dann müssen wir kurz der Straße folgen, gehen aber gleich auf ihre an-

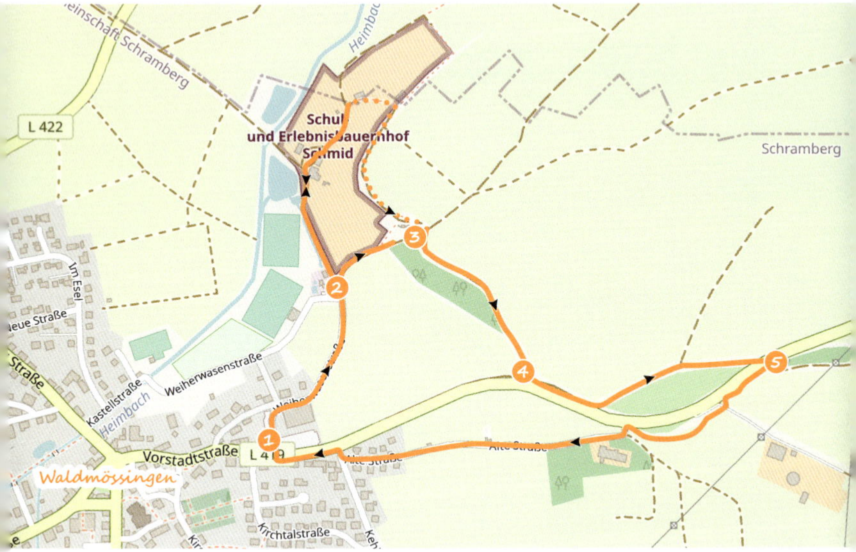

Rechts: Blick vom Erlebnisbauernhof zum Römerkastell.

Weiher im Erlebnisbauernhof.

dere Seite. Dort wandern wir auf dem Parkplatz nach rechts weiter. Wo dieser in die Landstraße mündet, folgen wir der links davon weiterführenden Alten Straße bis zur querenden Kehlenstraße. Wie oben beschrieben, geht es hier nach rechts, dann nach links zurück zum Parkplatz.

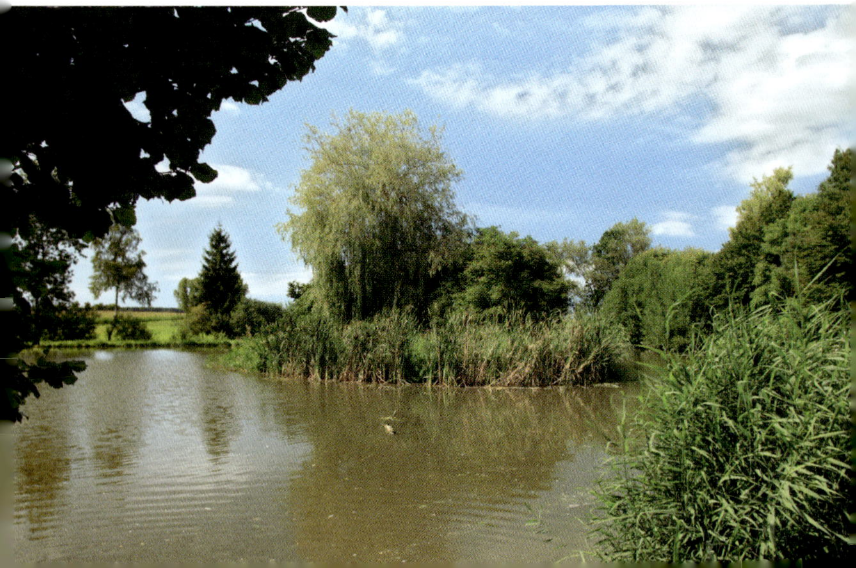

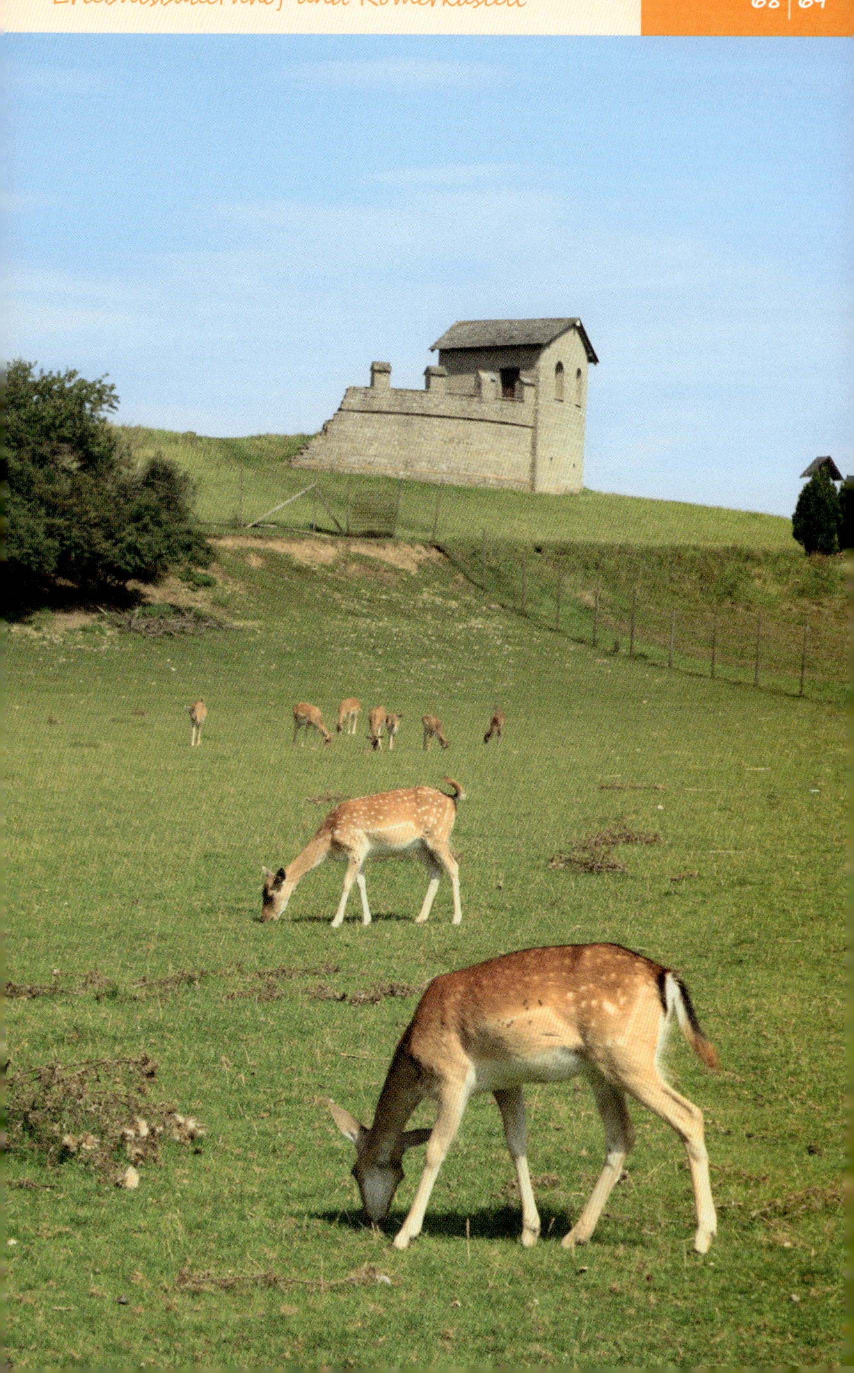

Zu den Weihern bei Seedorf

11

Weite Aussicht und Seeidylle

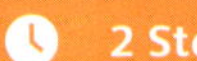

2 Std.

7,8 km

50 Hm

Seedorf – Feuchtgebiet Riedbrunnen – Stampfe – Seedorfer Fischweiher – Seedorf

Die Wanderung verläuft überwiegend auf asphaltierten Wegen, nur kurze Stücke auf Waldwegen und einem Naturweg.

Aussicht, Seen, Ried

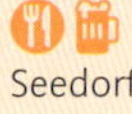

Seedorf

Aussicht könnte man als Überschrift über diese Wanderung schreiben, denn man hat fast ständig einen schönen Blick über die Landschaft, auch wenn man sich nicht auf einem hohen Berg bewegt, sondern in einem Gebiet mit nur mäßigen Höhenunterschieden. Idyllisch sind auch die Weiher, an denen man gegen Ende der Tour vorbeikommt, und die zu einer gemütlichen Rast einladen.

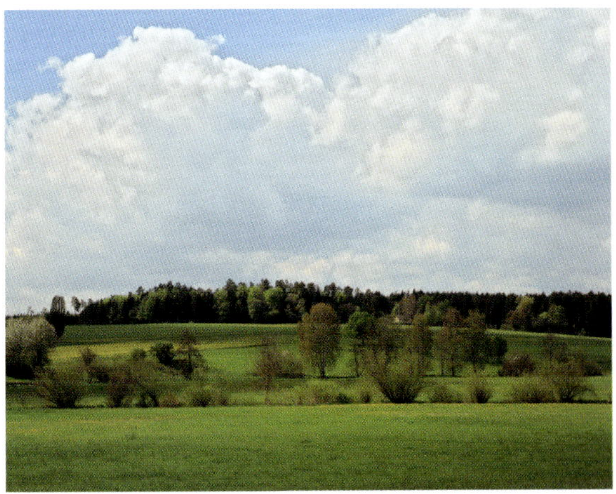

Bereits auf dem Weg durch die Wiesenlandschaft schweift der Blick zum Wald.

Wir starten an dem großen Parkplatz beim **Sportplatz** 1. Von dort aus gehen wir über den Rosenweg nach rechts zur Freudenstädter Straße, überqueren sie und folgen auf ihrer anderen Seite der Straße Roßwasen nach links. An der querenden Allgäustraße halten wir uns links, dann gleich wieder rechts in den Linzgauweg. Dieser geht später in den Langenfeldweg über. Danach biegen wir rechts in den Birkenweg ab und verlassen auf ihm den Ort 2.

Wir folgen nun einige Zeit dem Weg, auch wenn er einige Kurven und Knicke aufweist. Zunächst fällt er bald ein wenig, danach beschreibt er eine Links-, dann eine Rechts-

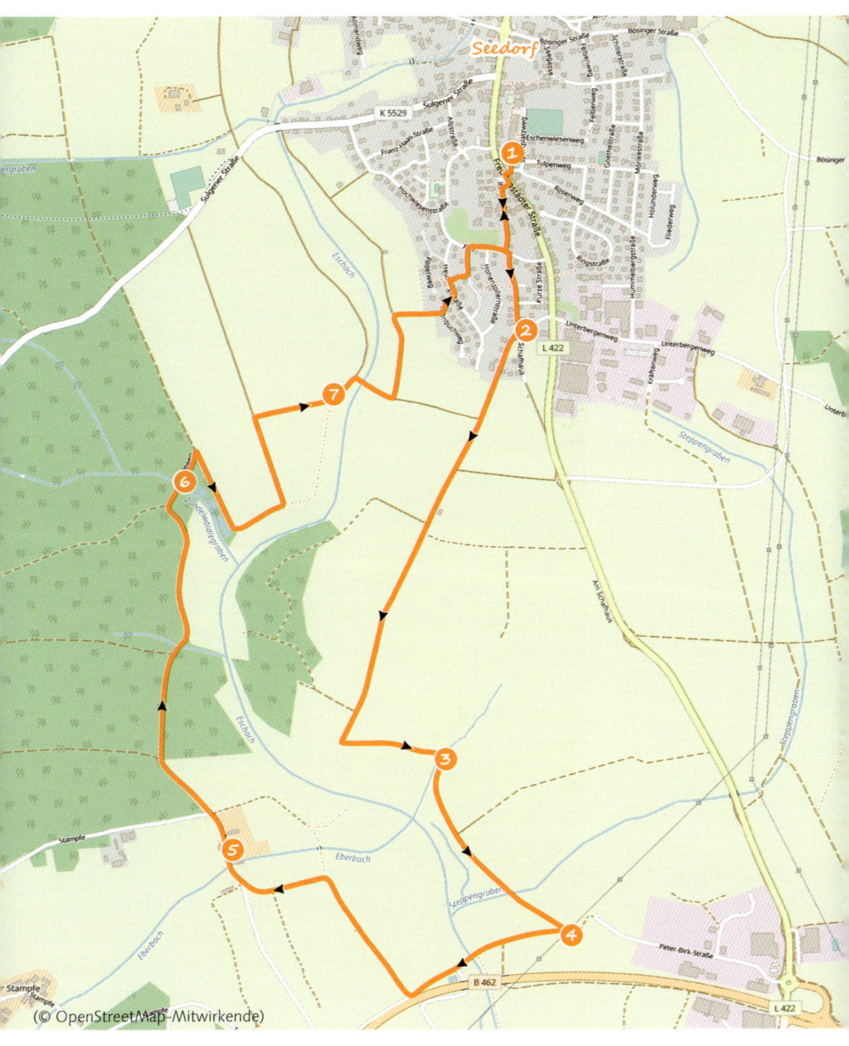

kurve. An dieser Rechtskurve sehen wir im **Feuchtgebiet Riedbrunnen** 3 ein Stück Naturidylle. Kurz danach liegen rechts zwei Weiher, die als Ausgleichsmaßnahme für Baumaßnahmen geschaffen werden mussten.

Vor **Elektroleitungen** biegen wir rechts ab 4 und wandern nun parallel zur B462. Wo der Weg nach etwas Anstieg fast auf diese trifft, halten wir uns rechts.

INFOS

Wanderkarten W240 Oberndorf am Neckar und W249 Villingen-Schwenningen, 1:25000, Landesamt für Geoinformation und Landentwicklung Baden-Württemberg (LGL) in Zusammenarbeit mit dem Schwäbischen Albverein e. V. und dem Schwarzwaldverein e. V.

dunningen.de

Bahn bis Rottweil, Bus bis Seedorf, Haltestelle Rathaus

Dunningen-Seedorf, Sportplatzweg, GPS 48.245872, 8.490340

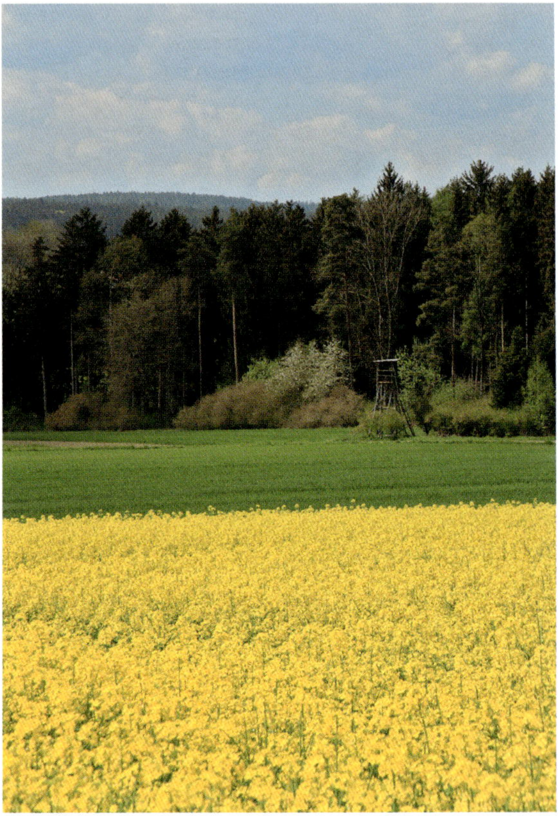

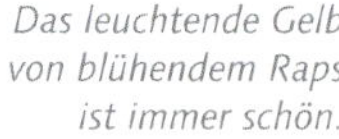

Das leuchtende Gelb von blühendem Raps ist immer schön.

Nach einer Links-, dann einer Rechtskurve durchqueren wir die Ansiedlung **Stampfe** 5 und kommen danach zu einer Kreuzung, wo das Sträßchen nach links führt. Wir gehen, vorbei an dem kleinen Kruzifix, geradeaus weiter. Bald kommen wir in den Wald, wo wir unsere Richtung beibehalten.

Nach dem Wald geht es kurz am Waldrand entlang, bevor wir wieder in den Wald kommen. Nach einer Rechtskurve sehen wir rechts den ersten der drei **Seedorfer Fischweiher** 6. Der Weg steigt etwas an, dann biegen wir am Waldrand rechts ab. Rechts unten liegen die drei Weiher. Dort angekommen, können wir eine letzte Rast einlegen. Man findet dort Tische und Bänke zum Ausruhen und für Durstige gibt es eine Getränkestation.

Nach dem letzten Weiher biegen wir links ab. Etwas später führt der Weg nach links. Nach etwa 150 Metern halten wir uns bei nächster Gelegenheit rechts. Bald erreichen wir ein Sträßchen 7, dem wir kurz nach links folgen. Dann halten wir uns auf ihm rechts, überqueren die **Eschach** und biegen nach ihr links ab.

Nach ein paar Minuten halten wir uns rechts und steigen hinauf in das Wohngebiet. Dort biegen wir links in den querenden Schönbuchweg ein. Er bringt uns zur querenden Heubergstraße. Wir biegen links ab, halten uns aber kurz darauf rechts an den Fußgängerweg. Er bringt uns zur querenden Hohenlohestraße. Ihr folgen wir nach links zur querenden Allgäustraße. Wir biegen rechts ab und gehen weiter, bis kurz vor dem rechts abgehenden Linzgauweg links ein Fußgängerweg abgeht. Er bringt uns auf bekanntem Weg zurück zum Ausgangspunkt.

Naturidylle im Feuchtgebiet Riedbrunnen.

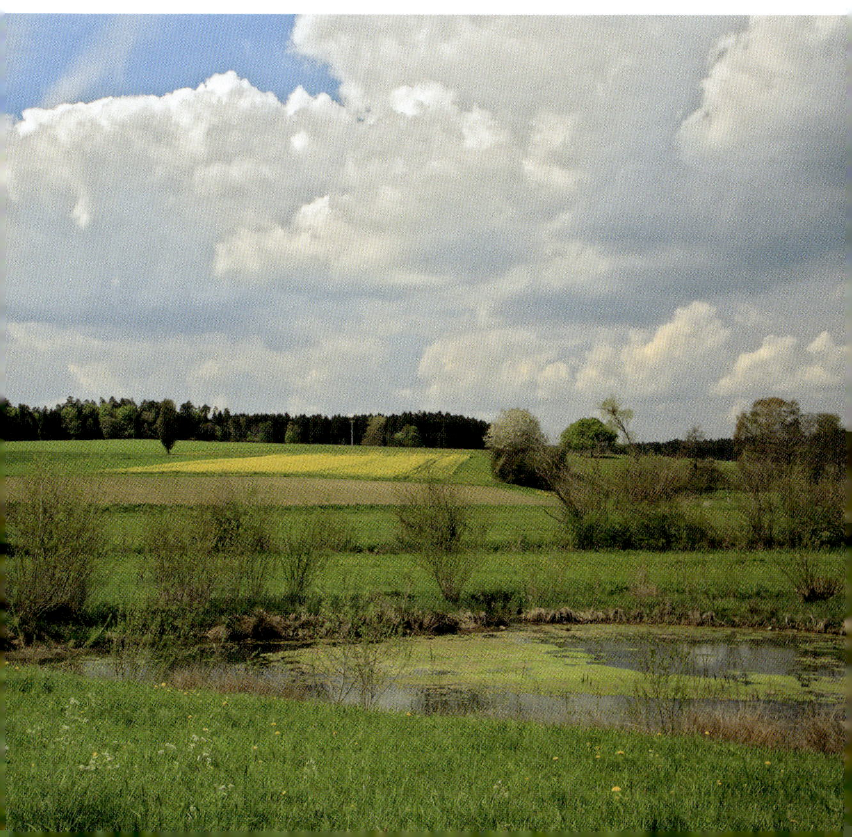

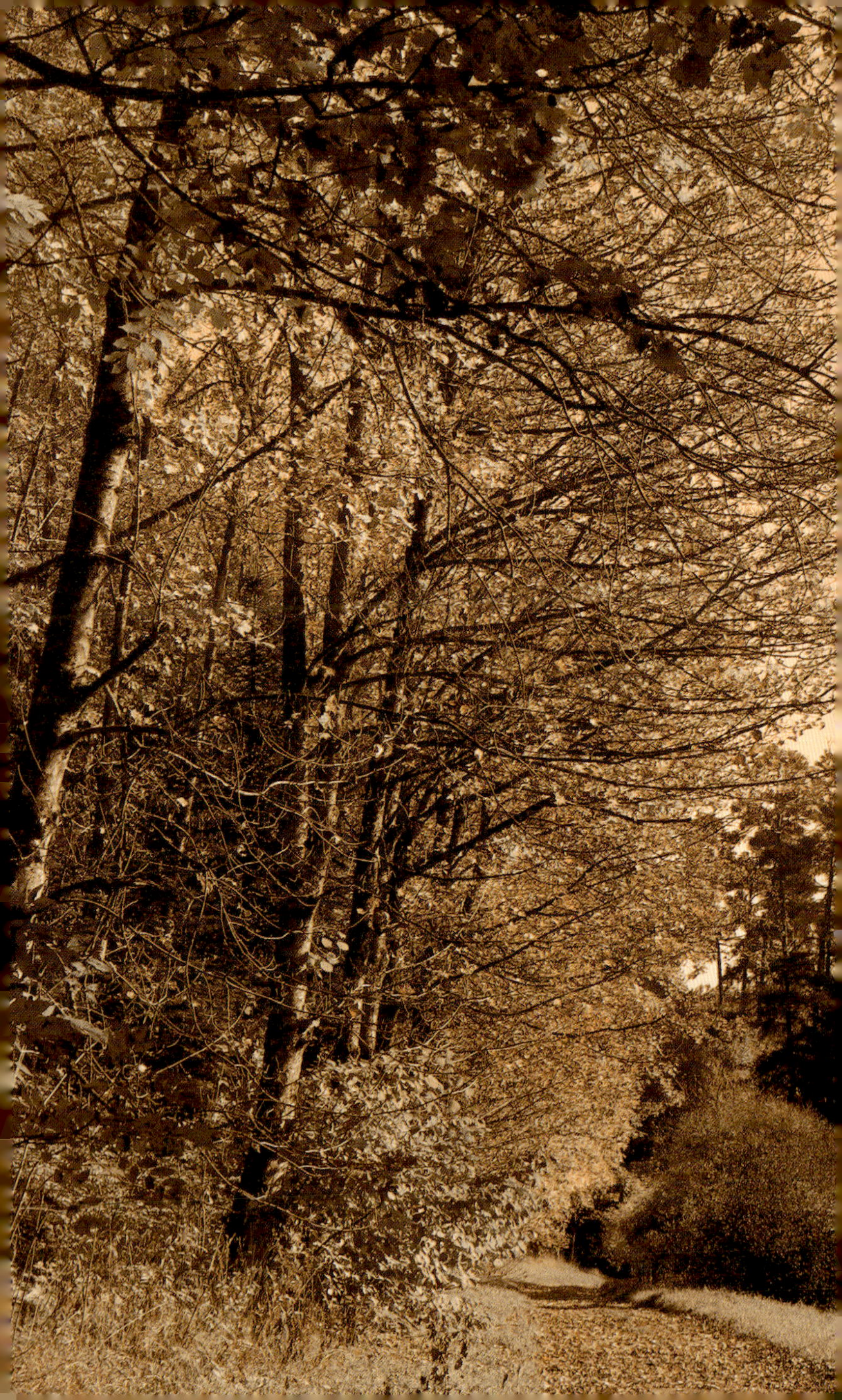

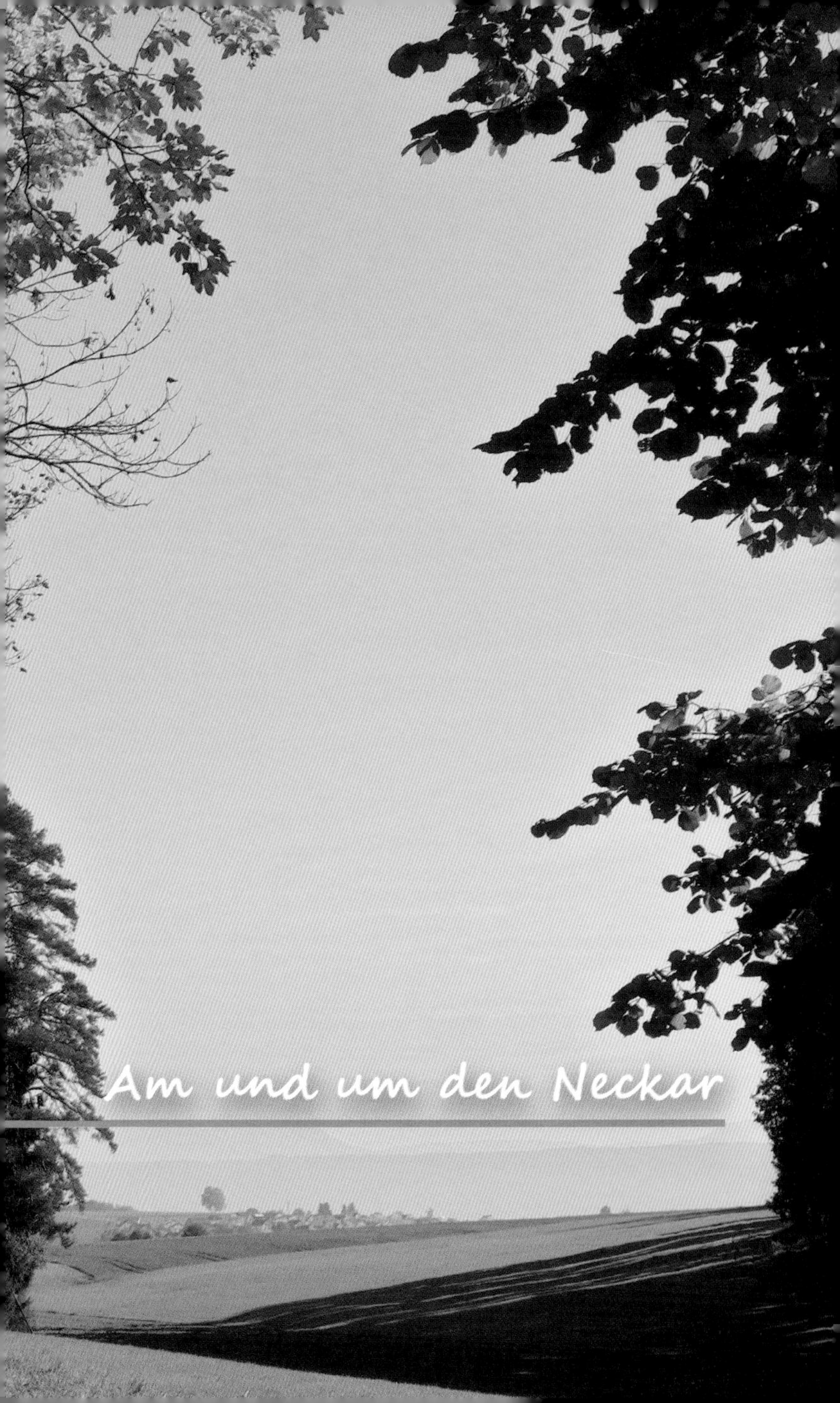
Am und um den Neckar

Paradiestour im Glatt-Tal 12

Ein Schloss, danach wandern wir links und rechts des Tals

3 ¾ Std.

12,5 km

340 Hm

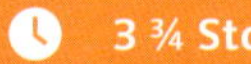

Glatt – Wald – Albblick – Schloss Neunthausen – Hopfau – Rütschenweg – Wald – Glatt

Die Wanderung verläuft zu großen Teilen auf festen Wegen, aber auch auf Naturwegen und Pfaden, die nach Nässeperioden durchgeweicht sein können. Eigene Wanderschilder gibt es für diese Tour nicht, wir können uns aber an der gelben Raute des Schwarzwaldvereins orientieren.

Schloss, Glatt, Wald, Aussicht

Glatt, Hopfau

Die größte Attraktion in Glatt ist natürlich das Wasserschloss mit seiner Ausstellung. Auch sonst sind noch einige sehenswerte Häuser im Ort zu finden. Von dort aus wandern wir vor allem im Wald links und rechts des Glatttals. An einigen Stellen bietet sich uns auch ein Blick zur Schwäbischen Alb, einmal auch zum Hohenzollern, und zu den bewaldeten Höhen des nahen Schwarzwalds.

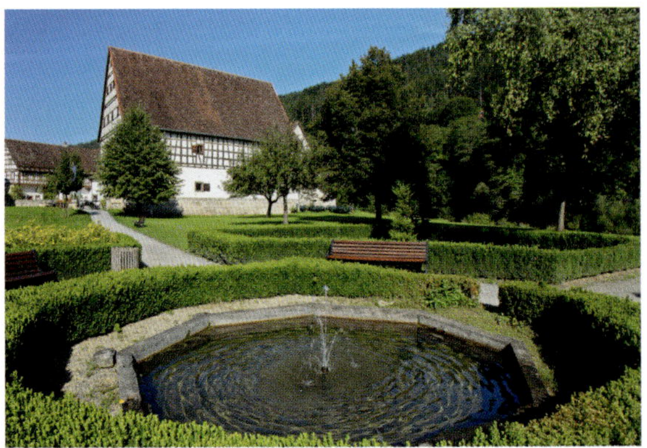

Glatt bietet außer dem Schloss noch weitere schöne Ecken.

Wir gehen vom jeweiligen Parkplatz zum **Schloss** 1, wo wir das Schild „Glatt Wasserschloss" finden. Hinter ihm steht am Eingang zum Vorhof des Schlosses eine Wandertafel, die den Beginn des Wanderwegs markiert. Dann gehen wir etwas zurück zur Straße Schlossplatz und nach dem ehemaligen Rathaus kurz ortsauswärts, dann biegen wir rechts ab in die Muristraße.

An der Kirche St. Gallus und dem Schild **„Kirche"** (417 m) 2 biegen wir links ab in die Straße Im Täle und an der Verzweigung beim letzten Haus, Nr. 22, halten wir uns am Schild **„Im Täle"** (419 m) rechts. Nun kommen wir in den Wald, in dem unser Weg vorerst ansteigt. Wir orientieren uns immer am Wanderzeichen gelbe Raute. Nach einer Links-

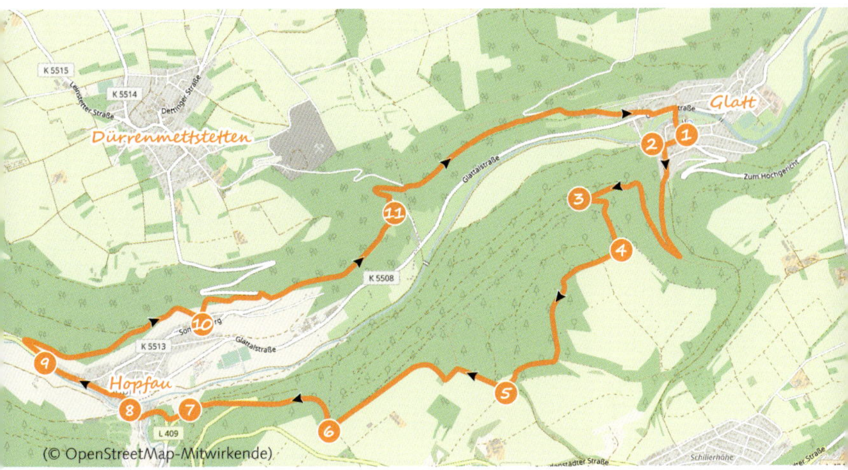

kurve zweigen wir links ab und werden nach weiterem Aufstieg auf den zweiten links abgehenden Weg verwiesen ③. Nach etwas Aufstieg sehen wir rechts des Weges einen alten **Grenzstein**.

Nun geht es eben weiter und bald erreichen wir den **Waldrand** ④. Hier halten wir uns rechts und können jetzt auch den Blick zur Schwäbischen Alb genießen. Wir ignorieren, dass bald ein breiter Weg in den Wald führt, gehen geradeaus weiter und kommen etwas später auch in den Wald. Hier geht es gleich nach links weiter. Der Weg schlängelt sich durch den Wald, wobei wir immer auf das Wanderzeichen achten müssen. An einem Querweg werden wir nach rechts verwiesen.

Kurz danach, nach einem rechts liegenden Feld, weist uns das Zeichen nach rechts und kurz darauf erreichen wir das Schild **„Ramsweg"** (555 m) ⑤. Hier folgen wir dem asphaltierten Weg nach rechts. Er zieht am Waldrand entlang, knickt links ab und dann beim **Wasserbehälter** wieder rechts. Hier sollten wir uns noch einmal den

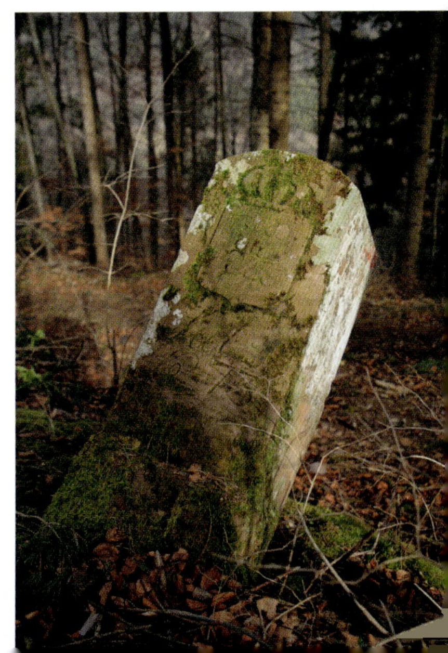

Alter Grenzstein im Wald.

INFOS

Freizeitkarte F504 Freudenstadt, 1:50 000, Landesamt für Geoinformation und Landentwicklung Baden-Württemberg (LGL)

sulz.de

Bus bis Haltestelle Wasserschloss Glatt

Glatt, Schlossplatz, Parkplatz Straße Spätengarten, GPS 48.386033, 8.625419 Es gibt verschiedene Parkmöglichkeiten in Glatt, der Parkplatz in der Straße Spätengarten liegt dem Ausgangspunkt der Tour jedoch am nächsten.

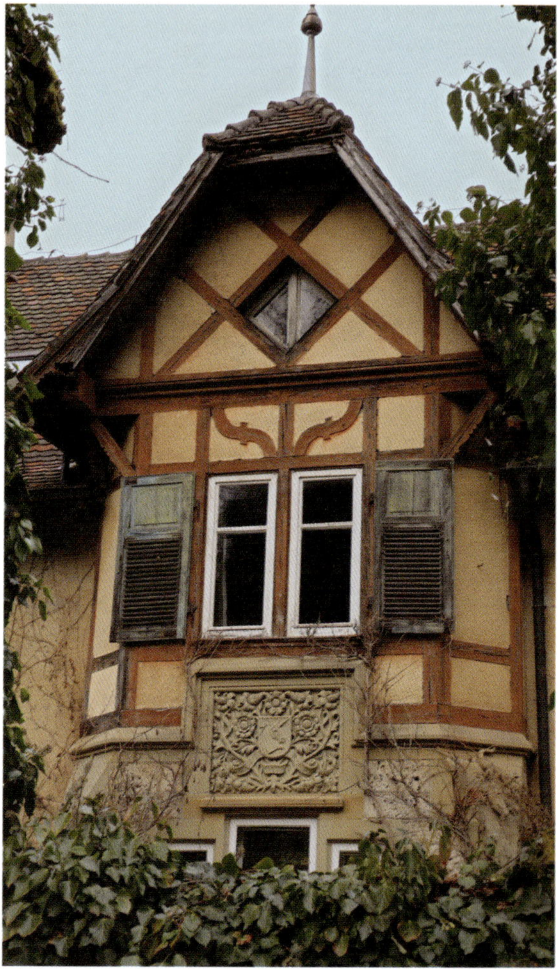

Fachwerk am Schloss Neunthausen.

Rechts oben: Humorvolle Begegnung im Wald.

Rechts unten: Blick auf das Apfelgut Hopfau.

Rückblick auf die Schwäbische Alb ansehen. Bald danach führt der Weg als Naturweg weiter.

Wir kommen nach rechts wieder in den Wald, wo der Weg abfällt. Am nächsten **Querweg** 6 biegen wir rechts ab. Nach weiterem Bergab überqueren wir die Straße, dann wandern wir parallel und oberhalb von ihr weiter. Am Schild **„Schloss Neunthausen“** (461 m) 7 erreichen wir die Straße und wandern auf ihr, vorbei am Schloss, bergab. Wo die Straße nach links führt, gehen wir mit dem Zeichen direkt an der Schlossmauer entlang bis zur L409. Ihr folgen wir nach rechts nach **Hopfau** hinein.

Wir durchqueren den Ort, überqueren die Glatt und kommen zur querenden Glattalstraße und dem Schild **„Hopfau Sonne"** (434 m) 8. Hier biegen wir links ab und folgen der L409 bis nach dem Ort, wo rechts die Straße Rütsche abgeht 9. Nun gehen wir, vorbei an dem Gebäude, kurz hinauf zum Schild „Rütschenweg" (450 m), wo wir uns rechts halten. Nach den nächsten Gebäuden geht der Weg in einen Pfad über. Ein paar Mal bietet sich uns eine Aussicht hinab ins Glatttal und auf Hopfau, dann kommen wir zum Schild **„Sommerhalde"** (498 m) 10. Hier gehen wir nach links steil hinauf zum Schild „Steigwegle" (529 m), wo wir uns rechts orientieren.

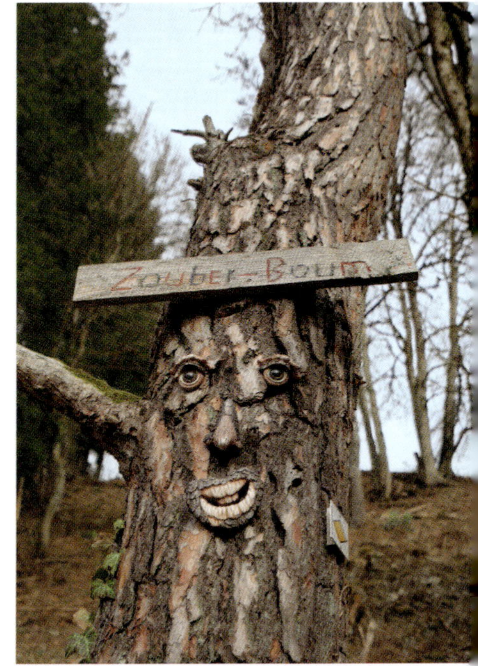

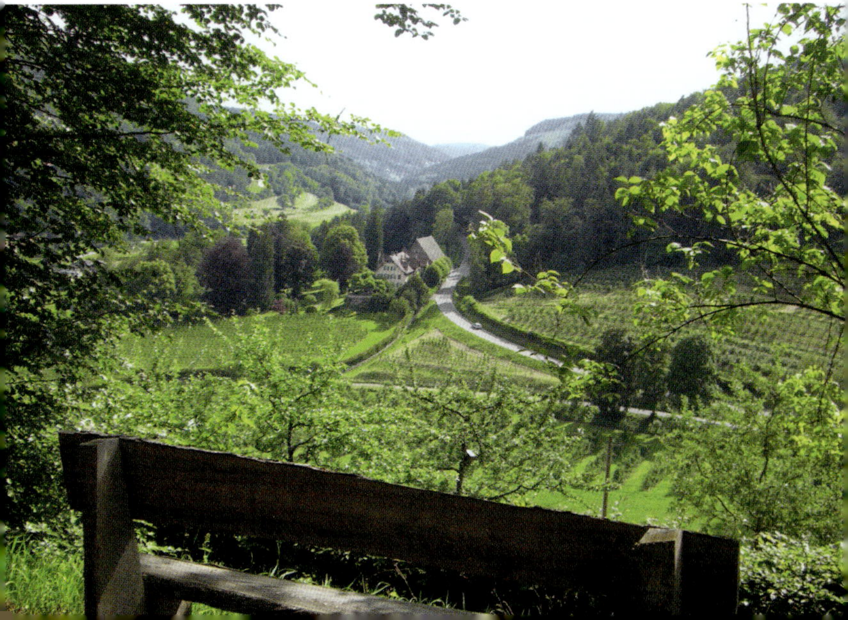

Bald treffen wir auf die K5512 und folgen ihr kurz. An ihrer Rechtskurve gehen wir nicht nach rechts, sondern geradeaus weiter bis zu einem querenden **Asphaltsträßchen** 11. Ihm folgen wir nach links aufwärts. An einer Linkskurve werden wir beim Schild „Taler Brunnen – Abzw. Winterhalde" (495 m) nach rechts verwiesen. Wo bald die gelbe Raute nach rechts zeigt, gehen wir geradeaus weiter. Wir treffen auf eine Straße (Himmelreich), der wir abwärts nach

Wasserschloss in Glatt und St. Gallus Kirche

Ein beeindruckendes Bauwerk ist das **Wasserschloss in Glatt**. Hier wurde ab Mitte des 13. Jahrhunderts ein Ortsadel vermutet. Aus dieser Zeit stammen auch die Buckelquader am Schlosstor. Was man heute sieht, stammt allerdings vorwiegend aus dem 16. Jahrhundert, als Reinhard von Neuneck 1533 bis 1547 die spätmittelalterliche Wasserburg zu einem der frühesten Renaissanceschlösser in Deutschland umgestalten ließ. 1706 wurden Schloss und Herrschaft an die Schweizer Fürstabtei Muri verkauft, 1803 fiel sie an die Fürsten von Hohenzollern-Sigmaringen und seit 1970/71 gehört sie der Gemeinde Glatt.

Der Torbau ist mit gemalten und skulpturalen Wappen verziert und die Außenmauern besitzen noch einige Schießscharten. Sie sind wie die Fenster und Nischen mit einer manieristischen Rotmalerei mit Architekturmotiven, Ranken, Tieren und weit das Maul aufreißenden Ungeheuern verziert. Im Innenhof findet man einen Fachwerkwehrgang. Die ganz in Weiß gehaltene Schlosskapelle ist mit prächtigem Stuck verziert.

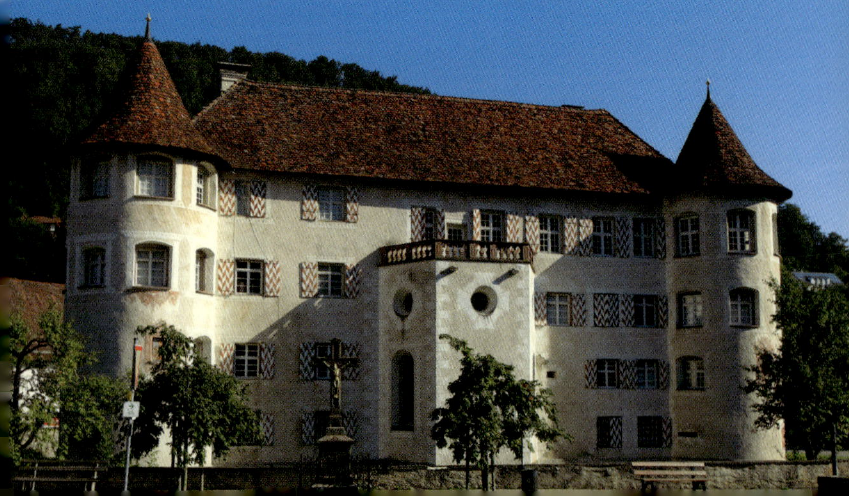

Glatt folgen. Vorbei am Friedhof (466 m) kommen wir zur Oberamtstraße. Auch hier gehen wir in Gehrichtung weiter. An der nächsten Brücke überqueren wir die Glatt nach rechts und kommen zurück zum Schloss.

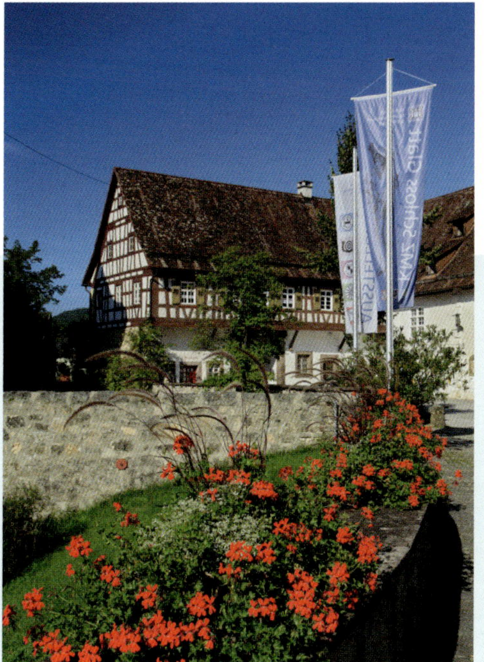

Im Kultur- und Museumszentrum Schloss Glatt findet man im Hauptgebäude des Schlosses und in der Zehntscheuer vier museale Einrichtungen. Im Ostflügel kann man sich über die Geschichte des Schlosses sowie des Dorfes Glatt informieren. Das Adelsmuseum dokumentiert die Geschichte des Adels am Oberen Neckar, zudem findet man hier eine Rüstkammer mit einer umfangreichen Sammlung. Im Westflügel befindet sich das Kreis-Kunstmuseum mit den Kunstwerken des Landkreises Rottweil und der Oberschwäbischen Elektrizitätswerke; man sieht Werke aus der sogenannten Bernsteinschule und von der Karlsruher Neuen Figuration. In der Zehntscheuer zeigt das Bauernmuseum Exponate von Bauern und Dorfhandwerkern.

Auch die hochgotische **Kirche St. Gallus** ist ein bemerkenswertes Bauwerk. Ihr Schiff wurde zwischen 1293 und 1337 erbaut, allerdings geht der heutige spätgotische Eindruck auf die Umbaumaßnahmen in der Zeit um 1500 zurück. Das Netzgewölbe im Chor ist mit Schlusssteinen mit den Wappen der Herren von Neuneck geschmückt. Vom bedeutendsten Vertreter dieses Geschlechts, dem kaiserlichen Rat und Kammerherrn, dem bayerischen Hauptmann und Pfleger zu Lauingen, Reinhard von Neuneck († 1551), sieht man ein Epitaph, auf dem er in voller Rüstung zu sehen ist. Er war auf einigen Pilgerfahrten dabei, was man an den Emblemen der von ihm besuchten Wallfahrtsstätten (u. a. Jakobsmuschel) an seinem Grabmal und an dem von ihm gestifteten Sakramentshäuschen (1550) erkennt. Sehenswert sind auch das Vesperbild (um 1500), die Kreuzigungsgruppe (Anfang des 16. Jahrhunderts) und weitere Epitaphe zwischen etwa 1450 und dem 17. Jahrhundert.

ParadiesTour Burgruine Albeck 13

Abwechslungsreich zum Naturschutzgebiet und zur Ruine Albeck

 3 ½ Std.

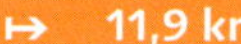 11,9 km

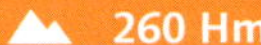 260 Hm

Sulz/Wanderparkplatz Albeck – Sulz Marktplatz – Kastell – Wald – Mammutbäume – Ruine Albeck – Wanderparkplatz

Die Wanderung verläuft auf festen Wegen und schmalen Pfaden, die auch steil sein und am Steilabfall entlangführen können. Bei Nässe, Eis und Schnee ist diese Wanderung deshalb nicht zu empfehlen.

Wald, Naturschutzgebiet, Ruine

Sulz

Diese als Qualitätsweg zertifizierte Wanderung ist nicht besonders lang und bringt auch nicht besonders viele Höhenmeter mit sich. Trotzdem ist sie außergewöhnlich abwechslungsreich. Wir spazieren anfangs durch das Zentrum von Sulz und kommen danach zum Standort eines ehemaligen Römerkastells. Danach wandern wir durch schöne Waldgebiete und Freiflächen, sehen unterwegs einige prächtig gewachsene Mammutbäume und erreichen schließlich das Naturschutzgebiet Albeck. Hier gibt es nicht nur einen schönen Blick über das Weilertal, sondern man sieht auch einige Wacholderbäume in typischer Umgebung. Der letzte Höhepunkt der Tour ist die Ruine Albeck, die man ausgiebig besichtigen kann, bevor es wieder hinab zum Ausgangspunkt geht.

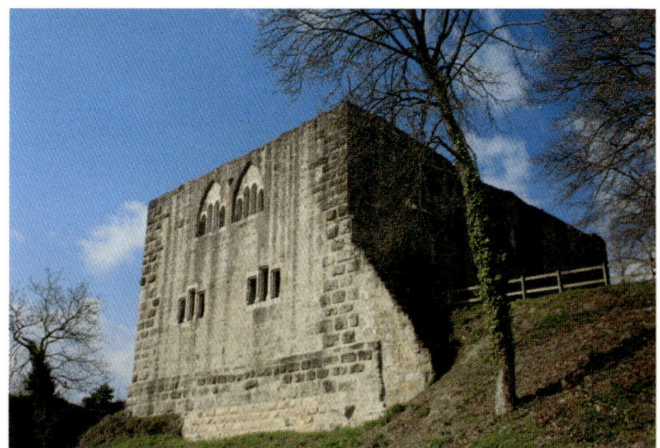

Die Ruine Albeck ist heute noch eine imposante Anlage.

Wir folgen der Weilerstraße kurz zwischen Gymnasium und Parkplatz ①, dann biegen wir vor dem Schützenhaus links ab. Nun orientieren wir uns eine Weile am Zeichen gelber Kreis des Rundwanderwegs. Immer diesem Zeichen folgend, erreichen wir nach einiger Zeit die Balinger Straße.

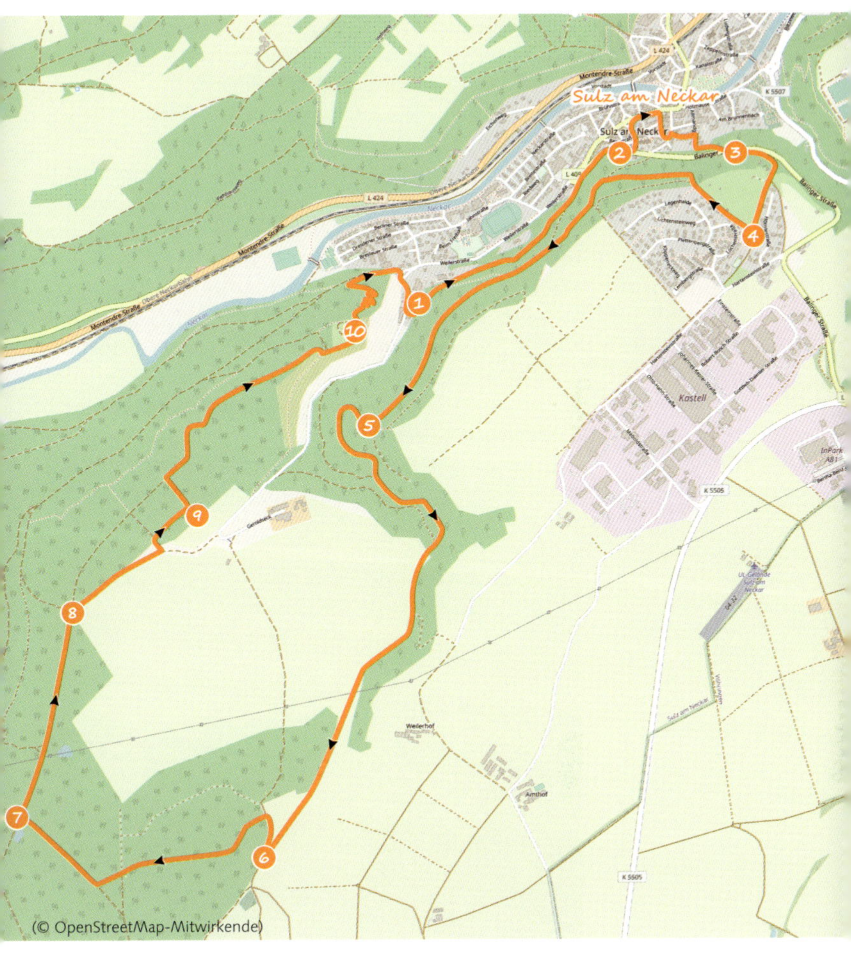

Auf ihr wandern wir kurz ortsauswärts bergab, bis wir am Wanderschild **„Balinger Straße"** (451 m) 2 nach links verwiesen werden. Nun geht es auf einer Treppe steil bergab, vorbei am ehemaligen Amtshaus, an dem man das prächtige Wappen bewundern kann, dann an der Kirche, danach noch einmal auf Stufen bis zu dem prächtigen Brunnen am **Marktplatz** (429 m).

Hier biegen wir rechts ab und folgen der Hauptstraße bis zur Torstraße. Auf ihr gehen wir nach rechts hinauf bis zur Dekanatstraße. Wir halten uns links, an der nächsten

INFOS

Wanderkarte W240 Oberndorf am Neckar, 1:25000, Landesamt für Geoinformation und Landentwicklung Baden-Württemberg (LGL) in Zusammenarbeit mit dem Schwarzwaldverein e. V.

sulz.de

Bahn bis Sulz (Neckar) Bahnhof (dann etwa 1,5 km Zuweg zum Ausgangspunkt) oder Bus bis Sulz (Neckar) Albeck Gymnasium

Sulz am Neckar, Weilerstr. 79, Wanderparkplatz beim Albeck Gymnasium Sulz. GPS 48.356605, 8.618689. Hier befindet sich auch eine Ladestation für E-Autos.

Querstraße, der Vöhringer Steige, noch einmal und dann gleich rechts in die Blumenstraße. Nach Haus Nr. 10 geht es an der nächsten Querstraße im Allmandgäßle nach rechts hinauf, schließlich auf Treppenstufen und bis zur Balinger Straße/**L409** 3.

Auf ihrer anderen Seite gehen wir in der ehemaligen Römerstraße weiter aufwärts. Nach einem Brunnen wandern wir rechts entlang des Wohngebiets bis zum Schild **„Kastell“** (522 m) 4. Wer sich für die römische Geschichte der Stadt interessiert, kann auch einen Abstecher zum Römerkeller-Museum (Plettenbergstraße 2) machen und wieder hierher zurückkehren. Es hat zwar nur eingeschränkte Öffnungszeiten, durch die großen Fenster kann man jedoch einiges sehen (Info: https://kuh-sulz.de/roemerkeller/).

Ansonsten biegen wir rechts ab. Nach einer Weile kommen wir zu dem Platz, an dem einst ein römisches Kastell stand. Was es mit diesem auf sich hatte, ist auf einer Tafel erklärt.

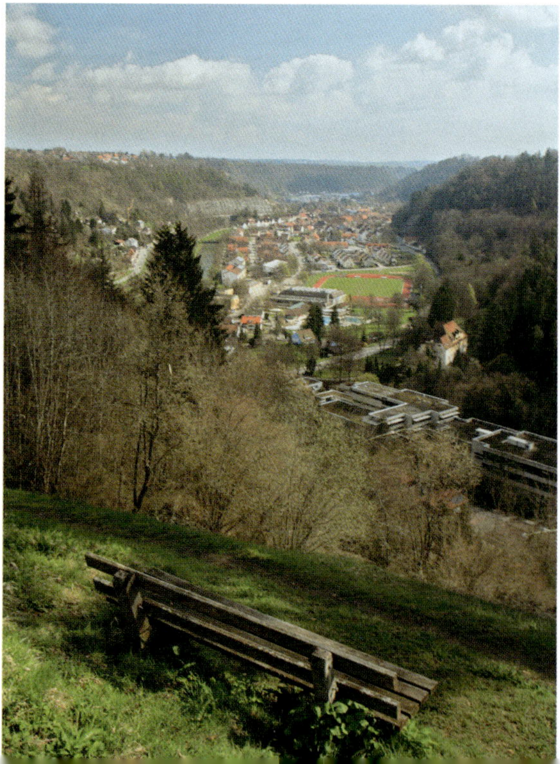

Direkt unterhalb der Ruine Albeck hat man einen schönen Blick auf Sulz und ins Neckartal.

Danach gehen wir geradeaus weiter und kommen in den Wald. Dort geht es auf einem Pfad kurz steil bergab, dann führt er nach links. Bald erreichen wir das Schild „Kasteller Steige" (497 m). Nun wandern wir auf einem breiten Weg geradeaus weiter.

Bevor es steil bergab geht, zweigen wir links ab und gehen relativ eben weiter. Wir erreichen das Schild „Pfisterhalde" (529 m) und einen breiten Querweg, wo wir rechts abbiegen. Am nächsten Querweg halten wir uns rechts und gehen kurz auf einem Höhenrücken, dann werden wir auf einen Pfad nach rechts verwiesen. Er fällt steil ab und in Serpentinen kommen wir zum Pfisterlindenweg. Hier halten wir uns links.

Etwas später werden wir nach rechts auf das **Hasensteigle** verwiesen 5. Anfangs auf einer Treppe steigen wir hinunter bis zu einem querenden Weg; hier geht es nach rechts etwas ansteigend weiter. Am Schild „mittleres Weiler Tal" (488 m) halten wir uns links und wandern weiter bergauf. Dass der Jubiläumsweg, der uns bisher begleitet hat, rechts abzweigt, ignorieren wir und verlassen kurz darauf den Wald.

Danach wandern wir durch eine interessant gestaltete Landschaft bis zum Schild **„Oberes Weiler Tal"** (541 m) 6. Hier biegen wir im spitzen Winkel rechts ab. Wir wandern etwas aufwärts, dann biegen wir mit dem Zeichen gelber Kreis links ab. Nun nehmen wir von den beiden Wegen den linken, der etwas ansteigt. Er führt uns immer geradeaus durch einen schönen Hochwald bis zu einem Querweg.

Dort biegen wir rechts ab. Am nächsten querenden Weg halten wir uns am Schild **„Stumpensträßle Mitte"** (581 m) 7 rechts und wandern zum Schild **„Stumpensträßle Nord"** (571 m) 8. Hier folgen wir dem Zeichen nach rechts und wandern am Waldrand entlang, wieder mit schöner Sicht, nun in Richtung der Domäne Geroldseck und unserer Wanderstrecke vorhin.

Bald werden wir bei zwei Mammutbäumen nach links in den Wald verwiesen. Nach einer Rechtskurve steht links eine Schutzhütte, wir wandern aber geradeaus weiter. Etwas später steht rechts des Weges eine Gruppe von riesigen **Mammutbäumen** 9. Danach beschreibt der Weg eine Linkskurve und bringt uns zu einem querenden Weg mit dem Schild „Eichwald" (566 m). Hier biegen wir rechts ab.

Ruine Albeck

„Die Ruinen der ehemaligen Burg Albeck liegen malerisch auf der äußersten Spitze eines schmalen, auf drei Seiten schroff und hochansteigenden Bergrückens, der sich zwischen dem Neckartal und dem Weilerbachtal hinzieht … Auf dieser, durch den Burggraben abgeschnittenen Bergspitze, stand nun die namhafte, wohl befestigte Burg, von der jetzt nur noch die Trümmer in das freundliche Neckartal und auf die nahe gelegene Stadt Sulz schauen, immer noch eine Zierde der Umgebung bildend."

Beschreibung des Oberamts Sulz, 1863

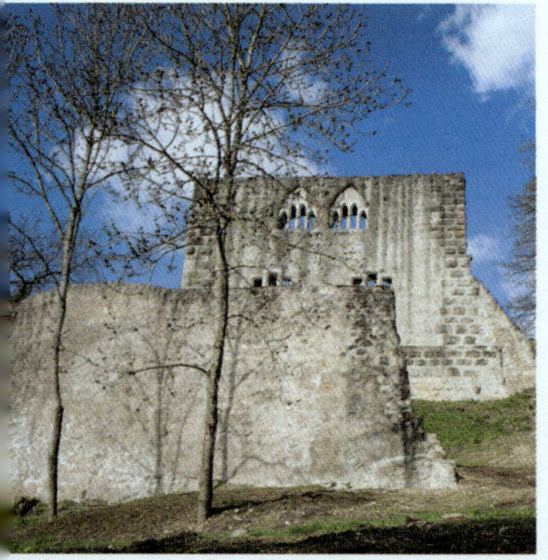

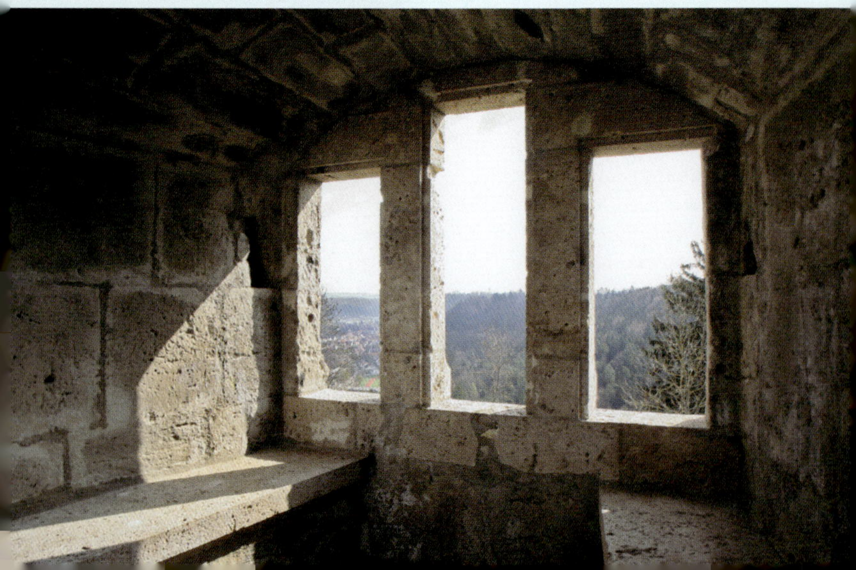

Der Platz der **Ruine Albeck** war bereits früh besiedelt, denn man fand Scherben aus der Bronzezeit. Ende des 4. Jahrhunderts wurde er von den Alamannen befestigt. 1095 ist die Burg als Sitz der Grafen von Sulz erwähnt worden. 1284 verlieh Kaiser Rudolf an Heinrich I., den Herrn von Hohengeroldseck, Stadtrechte für Sulz. Die heutige Anlage wurde durch dieses Geschlecht auch Ende des 13. Jahrhunderts von einem Geroldsecker Baumeister erbaut. Um 1420 tauchte der Name Albeck auf. Im 15. Jahrhundert wurde die Burg mehrmals von den Württembergern belagert und 1471 auch erobert. Nach verschiedenen Besitzerwechseln sowie bayerischer Besatzung im Dreißigjährigen Krieg wurde die Burg am 30. Dezember 1688 durch ein französisches Streifkorps unter Oberstleutnant von Granges vollständig zerstört. Heute gehört die Ruine der Stadt Sulz.

Die Burg hatte vermutlich eine Schildmauer, besaß aber keinen Bergfried. Innerhalb einer Ummauerung steht die fast quadratische Innenburg. Mit ihr im Mauerverbund und an sie an zwei Seiten angelehnt, folgt der Hauptbau, das mächtige, zweistöckige Steinhaus, der Palas, mit gotischen, korb- und flachbogigen Fenstern. Seine Mauern sind bis zu 2,4 Meter stark, was ihn auch als Wehrbau erkennen lässt. Heute sieht man noch große, durch Säulen unterteilte spitzbogige Fenster, Konsolen für Balkendecken und Wandbehänge, an den Fenstern Sitzbänke, Reste von offenen Kaminen und eines Aborts in der Mauer. Weiter stehen vor der ehemaligen Anlage noch der Vorhof, die Hinterburg und Teile der Ummauerung.

Die Schafweide bei der Burg Albeck ist das älteste **Naturschutzgebiet** im Landkreis Rottweil. Hier findet man einen artenreichen Enzian-Halbtrockenrasen mit verschiedenen Enzianarten, z. B. Fransenenzian, außerdem Silberdistel und Stängellose Kratzdistel. Auch Küchenschellen, das Frühlings-Fingerkraut, große Bestände der Arznei-Schlüsselblume, Orchideenarten wie die Bienen-Ragwurz oder die Riemenzunge, Büschel-Glockenblume, Edel-Gamander, gelbes Sonnenröschen und die Kartäuser-Nelke sind zu finden. Die Weiße Sommerwurz, eine Schmarotzerpflanze, die ausschließlich an Thymianpflanzen wächst, ist eine besondere Rarität hier.

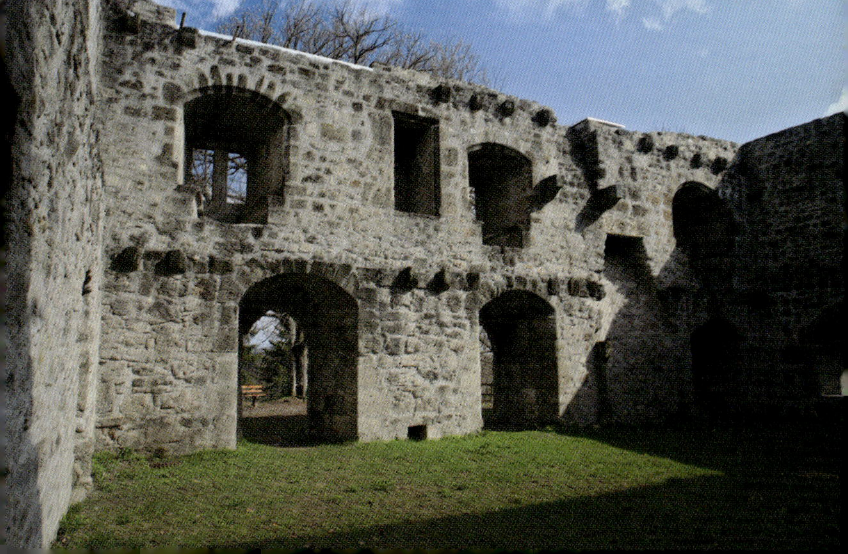

Etwas später zeigt uns ein Schild an, dass wir uns wieder im Naturschutzgebiet befinden. Der Weg verläuft bald auf einem schmalen Grat, links und rechts fällt es im Wald steil ab. Dieser Bergrücken entstand zwischen dem Neckar- und dem Weilertal, weil das Gestein hier witterungsbeständiger als das umliegende ist, das abgetragen wurde.

Wir kommen zu einem **Aussichtspunkt**, an dem wir einen schönen Blick hinab ins Weilertal und ins Naturschutzgebiet haben. Danach geht es in Serpentinen etwas hinab, bis wir am Schild „Naturschutzgebiet Albeck" (517 m) auf einen breiten Weg treffen.

Wir gehen auf ihm geradeaus weiter. Links oben sehen wir schon die Mauern der Ruine, auf die wir am Schild **„Bei der Ruine Albeck"** (534 m) 10 treffen. Hier haben wir einen prächtigen Blick hinab auf Sulz. Nun sollten wir nach links hinaufgehen und die ausgedehnte Ruinenanlage besichtigen. Dann geht am Schild ein steiler Steig ab, der uns in Serpentinen hinab zum Ausgangspunkt bringt.

Im Naturschutzgebiet Albeck wächst eine schöne Wacholderheide.

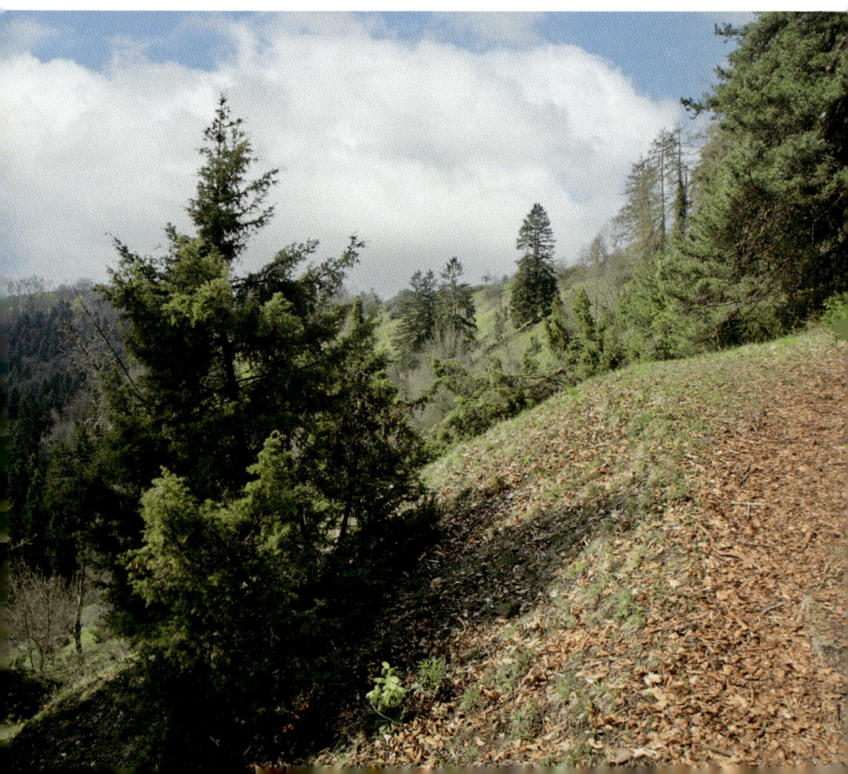

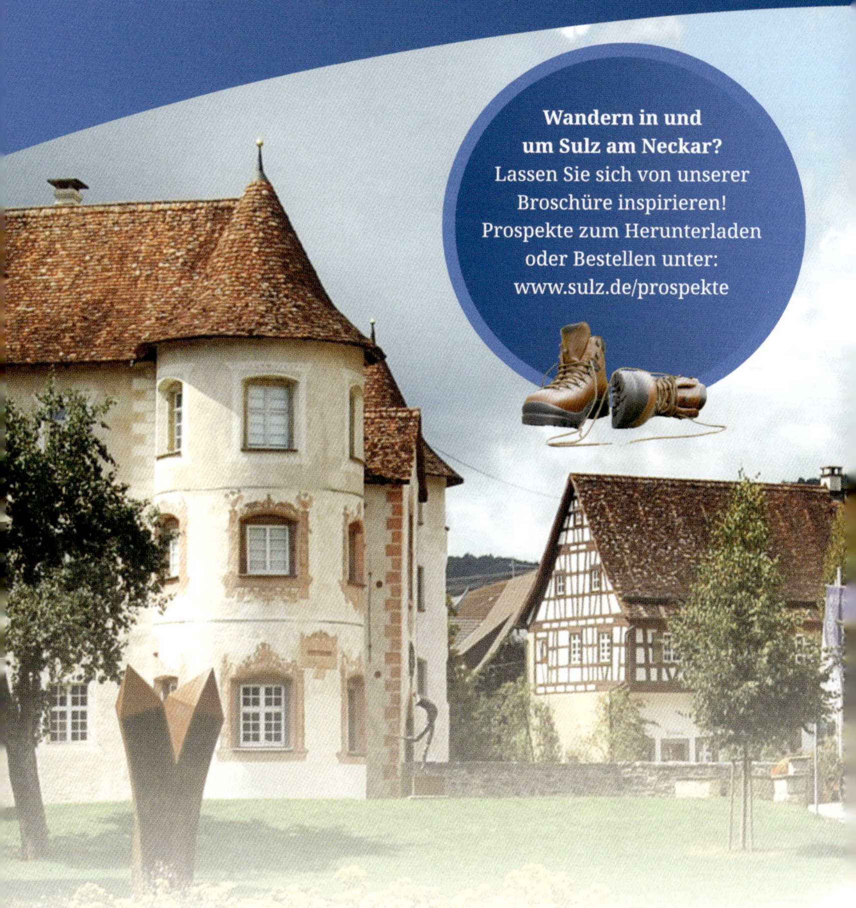

ParadiesTour Boller Felsen und Ruine Bogeneck

14

Wilder Wald und Aussicht ins Neckartal

2 ¾ Std.

8,9 km

260 Hm

Oberndorf, Wanderparkplatz Eichendorfstraße – Boller Felsen – Ruine Bogeneck – Denkenbachschlucht – keltische Viereckschanze – Grillhütte Boll – Schillerfelsen – Parkplatz

Die als Qualitätstour zertifizierte Wanderung verläuft auf festen Wegen, aber auch auf Pfaden. Sie ist immer mit dem Zeichen Rundwanderweg markiert, meist auch mit dem Namen der Tour. Teilweise muss man trittsicher und schwindelfrei sein und stabiles Schuhwerk mit guter Profilsohle anhaben. Deshalb ist die Tour auch unter schwer eingeordnet, ansonsten wäre sie von der Schwierigkeit mittel. Bei Eis, Schnee und

Die Wanderung führt uns meist durch einen naturnahen Wald, der noch einige wilde Stellen aufweist. Vor allem die Denkenbachschlucht zeigt, was die Gegend an wilder und urtümlicher Natur aufweisen kann. Bemerkenswert ist auch die Aussicht, die wir immer wieder haben, am schönsten von den Boller Felsen aus, am Anfang der Wanderung.

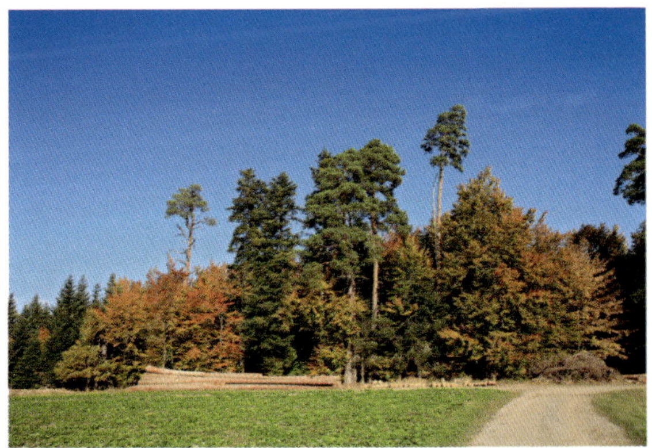

Wir nehmen am **Parkplatz Eichendorffstraße** (527 m) 1 den sanft ansteigenden Weg. An einem querenden Weg sehen wir das Wanderschild „Brandhalde" (589 m). Hier halten wir uns links 2 und kommen gleich nach einer Linkskurve zum Schild „Brandhalde" (585 m), wo wir einem Pfad nach rechts folgen. Nun steigt unser Weg im Zickzack an.

Nach querenden Stromleitungen kommen wir wieder in den Wald. Hier halten wir uns an einer Verzweigung links. Bald wandern wir oberhalb der **Boller Felsen** 3 am Steilhang entlang. Nach links haben wir einen schönen Blick hinab ins Neckartal und auf Aistaig. An einer Verzweigung nach dem Schutzzaun nehmen wir am Schild **„Boller Felsen"** (624 m) 4 den rechten Weg.

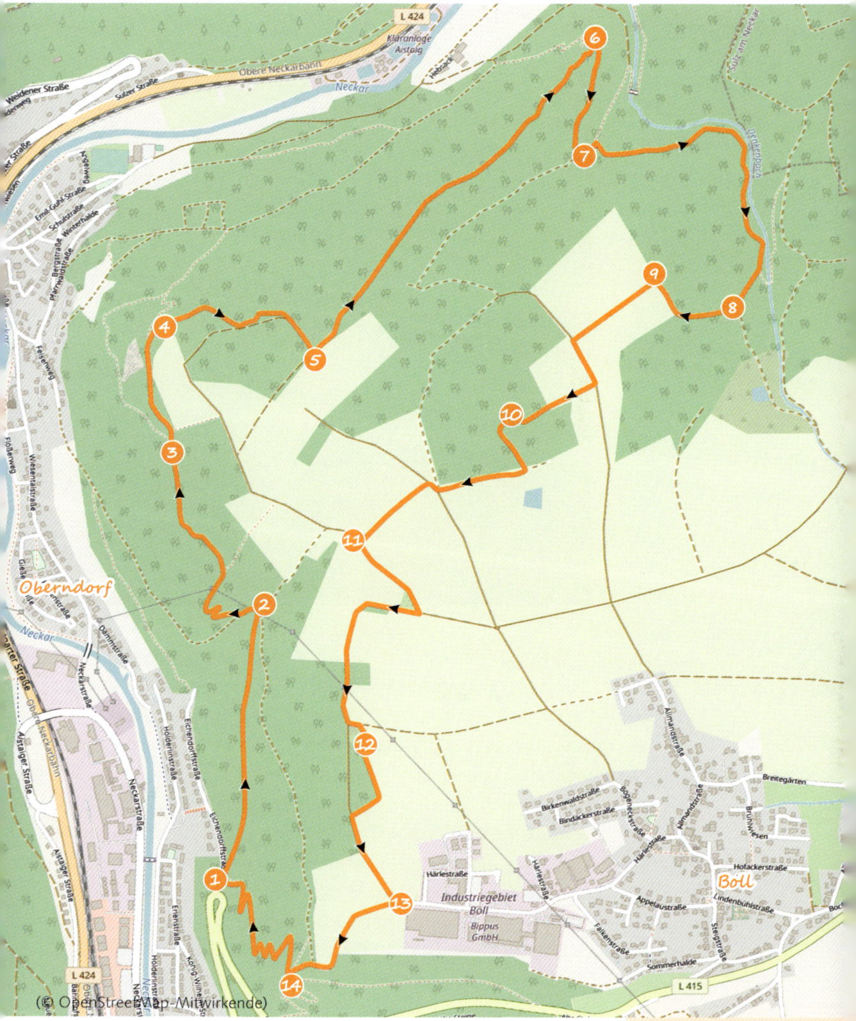

(© OpenStreetMap-Mitwirkende)

Wir wandern am Schild „Beim Boller Felsen" (619 m) vorbei; danach führt der Pfad nach rechts zu einem breiten Weg, an dem wir uns links halten. Dann erreichen wir einen querenden Weg mit dem Schild **„Bogeneck"** (601 m) 5 und einer Tafel zur ehemaligen Burg. Hier halten wir uns links. Später wandern wir an einer weiteren Informationstafel zur Ruine vorbei, danach an einem Rastplatz mit Tisch und Bänken.

Nässe sollte man sie nicht unternehmen.

Wald, Aussichtsfelsen, Tal

Oberndorf am Neckar

INFOS

Wanderkarte W240 Oberndorf am Neckar, 1:25000, Landesamt für Geoinformation und Landentwicklung Baden-Württemberg (LGL) in Zusammenarbeit mit dem Schwarzwaldverein e. V.

oberndorf.de

Keine direkte Verbindung, aber ab dem Bahnhof Oberndorf ist der Zuweg bis zum Start an der Eichendorffstraße mit dem gelben Ring ausgezeichnet (hin und zurück je 2 km zusätzlich).

Oberndorf, Wanderparkplatz Eichendorffstraße an der L415, GPS 48.300382, 8.579492

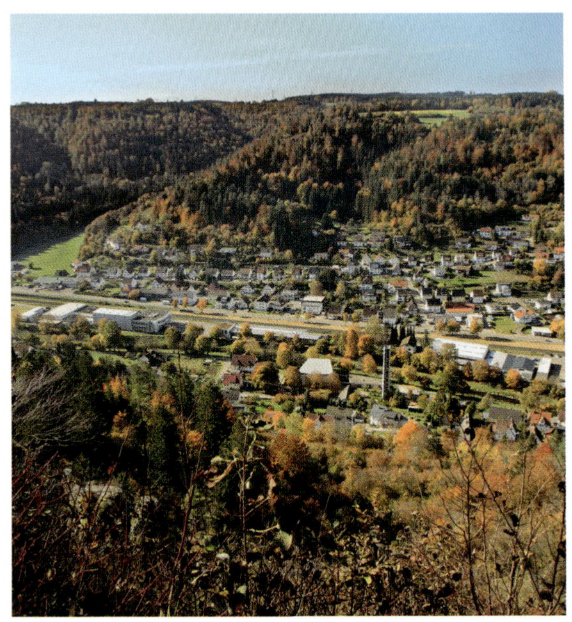

Blick ins Neckartal.

Nach diesem geht es steil bergab bis zum Schild **„Aufstieg Burg Bogeneck"** (534 m) 6. Hier wandern wir nach rechts auf einem breiten Weg weiter. Er fällt ab und bringt uns zum Schild **„Trautenhalde"** (507 m) 7. Nun folgt ein weiterer Höhepunkt dieser Wanderung: Wir halten uns rechts und wandern entlang der tiefen und scharf eingeschnittenen Schlucht des Denkenhauser Bachs nach oben. Der Weg ist teilweise schmal und verläuft direkt entlang des Steilhangs – hier muss man besonders sorgfältig gehen – schwindelfrei muss man außerdem sein. Wir kommen am Schild „Obere Denkenbachschlucht" (582 m) vorbei, danach erreichen wir das Schild **„Trogwald"** (585 m) 8.

Hier biegen wir rechts ab und wandern bergauf bis vor eine Lichtung. Dort halten wir uns rechts. Kurz danach biegen wir links ab 9 und wandern über die Freifläche bis vor den nächsten querstehenden Wald. Hier werden wir nach links auf einen asphaltierten Weg verwiesen. Gleich darauf biegen wir rechts ab und kommen in den Wald. Kurz danach werden wir nach links auf einen Pfad verwiesen.

Rechts sehen wir bald eine **keltische Viereckschanze** 10. Danach führt unser Weg nach links weiter und wir kommen aus dem Wald hinaus. Nach links haben wir einen prächtigen Blick zum Hohenzollern und zur Schwäbischen Alb. Unsere Wanderung führt aber nach rechts weiter. Am nächsten querenden Asphaltweg halten wir uns rechts, dann gleich wieder links auf einen Naturweg. Dieser bringt uns zum Schild **„Heulen"** (625 m) 11. Hier folgen wir dem Asphaltweg nach links.

Gleich darauf geht es rechts ab. Bei einem Parkplatz und vor einem Wasserbehälter gehen wir nach links zum Schild „Bei der Boller Grillhütte" (640 m). Hier halten wir uns rechts und kommen zu der idyllischen **Grillhütte** 12. Auch ohne grillen zu wollen, bietet sie sich zu einer erholsamen Rast an. Danach folgen wir dem Waldrand weiter. Nach einem Rechtsknick erreichen wir vor einem Sendemast wieder einen festen Weg. Ihm folgen wir nach links.

Vor dem Boller Gewerbegebiet und einem großen Gebäude biegen wir am Schild **„Härle"** (637 m) 13 rechts ab und spazieren zwischen den Weideflächen zum Wald. In diesem halten wir uns am Schild „Boller Halde" (619 m) links. Gleich danach stoßen wir auf ein historisches Relikt aus der Zeit des Zweiten Weltkriegs, den Rest einer Fliegersperre. Was es damit auf sich hat, ist auf einer Tafel erklärt. Unterhalb liegt der Aussichtspunkt **Schillerhöhe** (608 m) 14. Dort halten wir uns rechts und wandern im Zick-Zack hinab zum Ausgangspunkt.

Unterwegs bietet sich diese Schutzhütte zur Rast an. Auch grillen kann man hier.

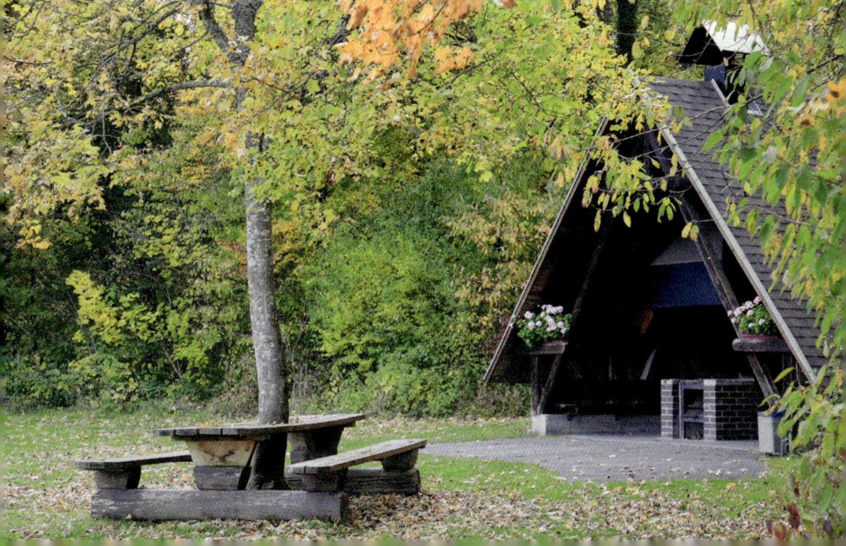

Besinnungsweg Epfendorf

15

Nachdenken und Aussicht genießen

1 ⅓ Std.
4,4 km
140 Hm

Epfendorf/Parkplatz Sportplatz – Kirche – Annakapelle – Marienkapelle – Parkplatz Sportplatz

Der Weg verläuft anfangs auf festen Straßen, nur der Schlussanstieg zur Marienkapelle auf einem steilen Pfad. Man kann diesen aber umgehen.

Kapellen, Aussicht

Epfendorf

Das Ziel, die Marienkapelle, sieht man schon vom Ausgangspunkt aus. Unternimmt man diese kurze Wanderung an einem schönen, sonnigen Tag, kann man vom Ziel aus eine wunderbare Aussicht hinab ins Neckartal und auf Epfendorf genießen. Die besinnliche Stimmung, zu der dieser von der katholischen Kirchengemeinde Epfendorf geschaffene Weg jedoch auffordert, stellt sich vielleicht eher ein, wenn man an einem eher trüben Tag unterwegs ist. Es ist eine Art Kreuzweg, der aber für alle Konfessionen gedacht ist. Jede Station, auf die man stößt, weist mit den Themen christlich/spirituell, Natur und Kultur/Geschichte verschiedene Aspekte auf.

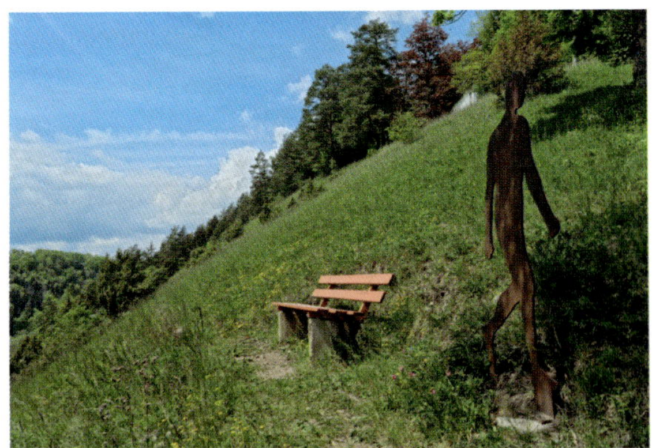

Es sind nur noch wenige Minuten Anstieg zur Marienkapelle.

Wir gehen vom vorderen Parkplatz mit dem Wanderschild **„Beim Sportplatz“** (487 m) 1 auf der Zufahrtsstraße etwas zurück, bis wir rechts eine kleine Freizeitanlage und einen **Informationspavillon** zum Besinnungsweg sehen. Hier befindet sich Station 1 des Weges, wo wir uns auch in ihn einlesen können 2.

Nun biegen wir links ab und unterqueren die Bahnlinie. Dahinter folgen wir dem Mühlweg bis zur querenden Ade-

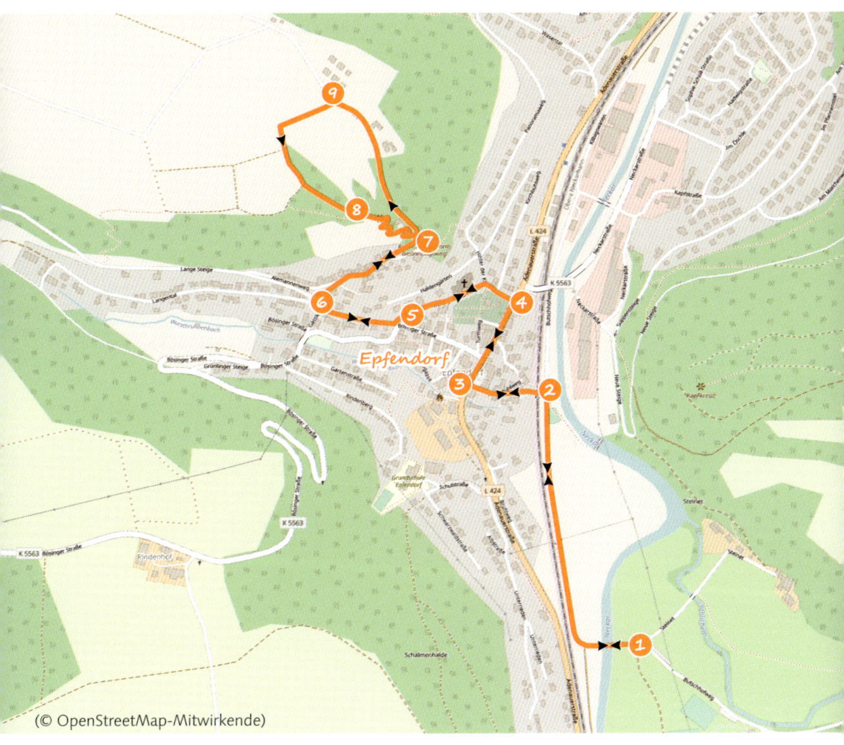

nauerstraße vor dem **Rathaus** ③. Dort orientieren wir uns rechts. Vor der Kirche sehen wir links eine alte Lore, die an den früheren Gipsabbau in Epfendorf erinnert. Auf einer Tafel ist erklärt, was es damit auf sich hatte.

Wir gehen noch kurz geradeaus weiter und biegen nach der **Kirche** links ab ④. Vorbei an Station 2 kommen wir zum modernen Gemeindezentrum St. Remigius mit Station 3. Beachten sollte man außer der modernen Skulptur vor dem Gebäude auch die drei alten Kreuze rechts in der Wiese.

Wir spazieren links am Gemeindezentrum im Remigiusweg vorbei, danach passieren wir Station 4 und treffen danach auf eine auf dem Weg angebrachte **Türe** ⑤. Dahinter stoßen wir auf die Römersteige, der wir geradeaus folgen. Ab jetzt steigt unser Weg an.

Etwas später kommen wir zu Station 5, der 1657 geweihten **Annakapelle** ⑥. Man sollte sie aufsuchen, denn sie besitzt drei zwar kleine, aber schöne Skulpturen: eine mittelalterliche Pietà, eine spätmittelalterliche Anna Selbdritt und einen St. Wendelin aus dem frühen Barock. Auch die modernen Glasfenster sind beachtenswert.

Danach biegen wir rechts ab in die Krumme Steige; jetzt steigt es steiler an. Vorbei an Station 6 kommen wir an einer Linkskurve zu Station 7. Hier gewährt uns ein wagemutig in die Luft hinein erbauter **Steg** einen prächtigen Blick ins Neckar- und ins Schlichemtal und auf den Ort 7.

Danach werden wir nach links auf einen steilen Pfad verwiesen. Wir erreichen Station 8 mit einem Labyrinth, in dessen Mitte ein modernes Kunstwerk steht, wieder mit einem schönen Talblick; zudem finden wir an der Käppeleshalde seltene Pflanzen wie die Küchenschelle im zeitigen Frühjahr oder die Hirschwurz. Nach kurzem weiteren Anstieg erreichen wir die **Marienkapelle** 8 und einen letzten Aussichtspunkt, denn von hier aus bietet sich noch einmal ein weiter Blick ins Tal. Innen und außen können wir als Votivtafeln Bilder und beschriftete Blätter mit Bitten und Dank sehen.

INFOS

Wanderkarte W240 Oberndorf am Neckar, 1:25000, Landesamt für Geoinformation und Landentwicklung Baden-Württemberg (LGL) in Zusammenarbeit mit dem Schwarzwaldverein e.V.

epfendorf.de
Führungen können über das Pfarrbüro gebucht werden: Telefon 07404 9210830, stremigius.epfendorf@drs.de

Bus bis Epfendorf, Haltestelle Rathaus

Epfendorf, Parkplatz Sportplatz, Butschhofweg, GPS 48.242780, 8.602230
Den ersten Parkplatz findet man gleich nachdem die Straße den Neckar überquert hat an der Verzweigung. Ist hier belegt, fährt man auf dem rechten Weg weiter in Richtung Sportplatz.

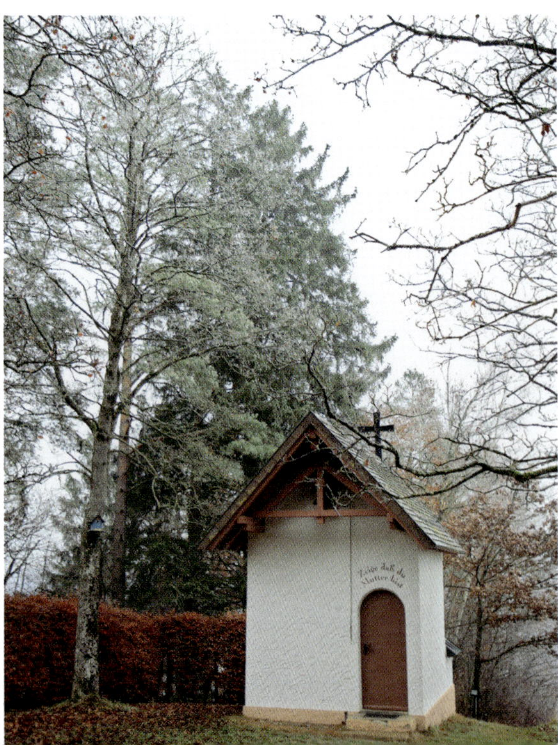

Endstation des Besinnungswegs ist die Marienkapelle.

Rechts unten: Blick auf Epfendorf.

Von hier aus haben wir zwei Möglichkeiten. Im Prinzip geht es auf dem Anstiegsweg wieder zurück. Wer aber den steilen Pfad nicht abwärtsgehen möchte, wandert rechts an dem großen Kruzifix vor der Kirche vorbei. Nach dem Wald nehmen wir den nach rechts am Waldrand entlangführenden unbefestigten Weg. Nach einem Rechtsknick erreichen wir wieder vor **Gebäuden** die asphaltierte Krumme Steige 9. Auf ihr gehen wir nach rechts hinab zum Aussichtssteg 7 und von dort aus auf bekanntem Weg zurück.

Dies ist auch die Variante für den Aufstieg, wenn man anstatt auf dem steilen Pfad lieber gemächlicher hinaufgehen will. Man folgt hierzu ab dem Aussichtssteg weiter der Straße, bis man nach einem einsamen Haus zu einer Gruppe von Gebäuden kommt. Hier biegt man links ab und folgt dem unbefestigten Feldweg. Nach einem Linksknick geht es kurz am Waldrand entlang, bis man nach links in diesen hineingehen kann. Kurz darauf erreicht man die Marienkapelle. Zurück geht man dann denselben Weg.

Unerwartete Begegnung im Wald.

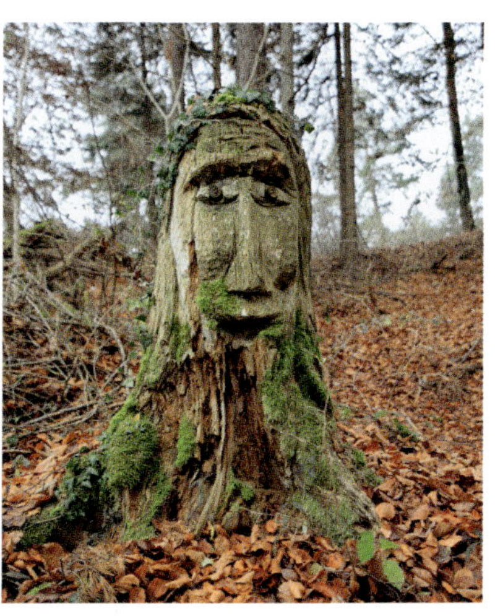

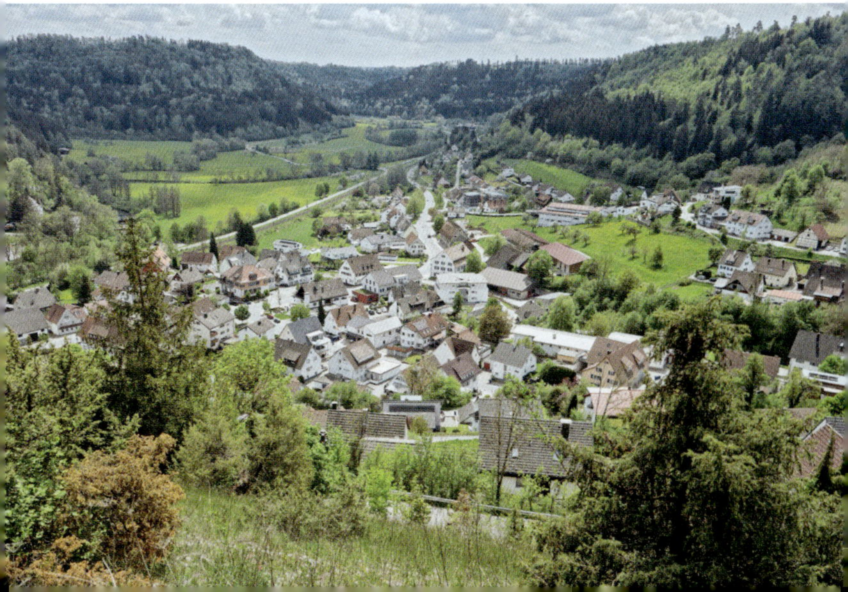

Paradiestour Schlichemklamm 16

Flüsschen mit Urwaldfeeling

3 Std.
10,3 km
150 Hm

Epfendorf/Sportplatz – Schlichemklamm – Ruine Irslingen – Butschhof – Schlichemklamm – Ramsteiner Mühle – Hofgut Ramstein – Flurkreuz – Kapf – Epfendorf/Sportplatz

Die Wanderung findet auf festen Wegen und Pfaden statt. Diese verlaufen oft am Steilhang, sodass man trittsicher und schwindelfrei sein sollte. Auch sollte man Schuhe mit guten Profilsohlen anhaben. Bei Nässe, Eis und Schnee ist diese Tour nicht zu empfehlen.

Schlichemklamm, Ruine Irslingen

Epfendorf

Die Schlichemklamm zählt, vor allem auf der Teilstrecke zwischen dem Butschhof und der Ramsteiner Mühle, zu den wildesten Schluchten des Landes. Teilweise weist die Natur hier einen urwaldartigen Charakter auf. In der zweiten Hälfte der Wanderung geht es auf bequemen Wegen über die landwirtschaftlich genutzte Hochfläche, von der man auch zeitweise einen Blick zur Schwäbischen Alb mit dem Funkturm auf dem Plettenberg als markanter Landmarke hat. Das Naturschutzgebiet Schlichemklamm erhielt 1996 den Kulturlandschaftspreis vom Schwäbischen Heimatbund und den württembergischen Sparkassen.

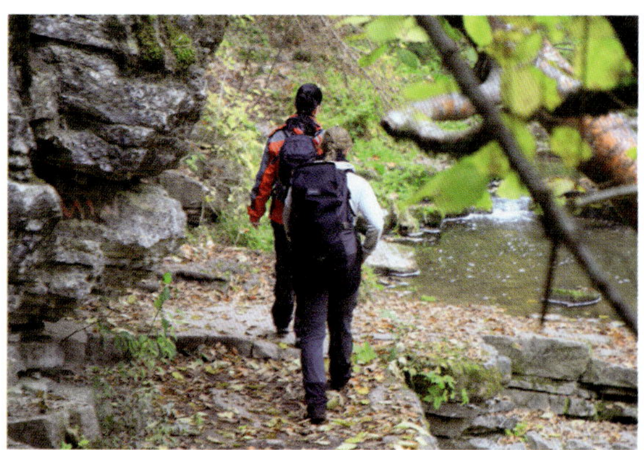

Wir gehen von den **Parkplätzen vor dem Sportplatz** 1 etwas zurück bis zur querenden Straße Steinet. Dort halten wir uns rechts. An der Brücke mit dem Wanderschild **„Schlichemmündung"** (486 m) 2 biegen wir nach der Schlichem rechts ab. Nun folgen wir eine ganze Weile dem Flüsschen, als Zeichen orientieren wir uns am Rundwegzeichen.

Wir kommen in den Wald und halten uns an der Verzweigung links. Nun wandern wir eine Weile hoch über dem Gewässer. Wo wir den Wald nach einiger Zeit wieder

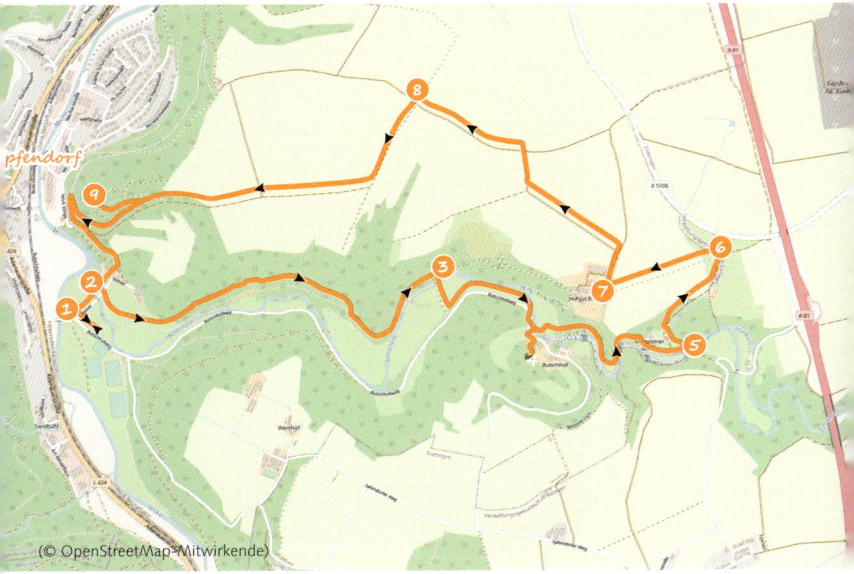

(© OpenStreetMap-Mitwirkende)

verlassen, wandern wir in Gehrichtung nach links weiter. Nach einiger Zeit werden wir nach rechts zur anderen Talseite verwiesen 3. Dort biegen wir links in den Asphaltweg ein. Rechts sehen wir bald einen mächtigen Felsen, an dem eine Tafel angebracht ist, die auf die Verleihung des Landschaftskulturpreises verweist.

Links: Der Wanderweg führt stellenweise dicht am Bach vorbei.

Überaus zäh und mit riesigem Überlebenswillen klammert sich der Baum an den Fels.

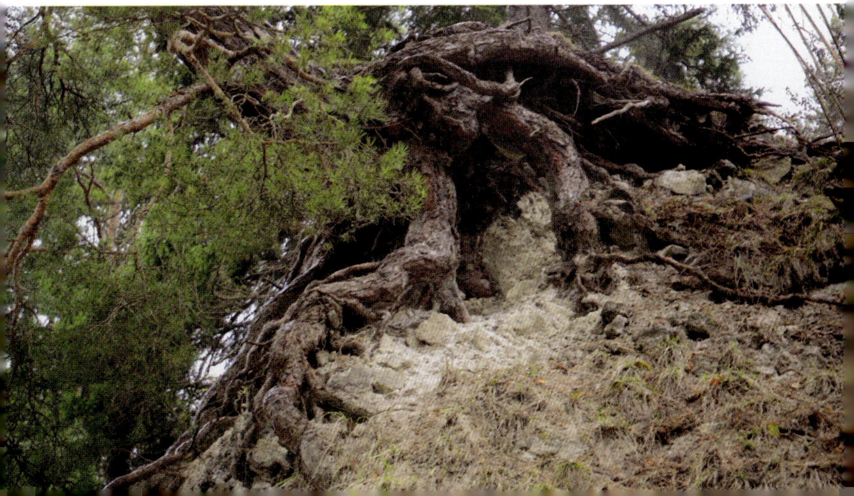

INFOS

Wanderkarte W240 Oberndorf am Neckar, 1:25 000, Landesamt für Geoinformation und Landentwicklung Baden-Württemberg (LGL) in Zusammenarbeit mit dem Schwarzwaldverein e.V.

epfendorf.de

Bus bis Haltestelle Epfendorf Rathaus

Epfendorf, Butschhofweg, Parkplätze vor dem Sportplatz, GPS 48.241616, 8.604144

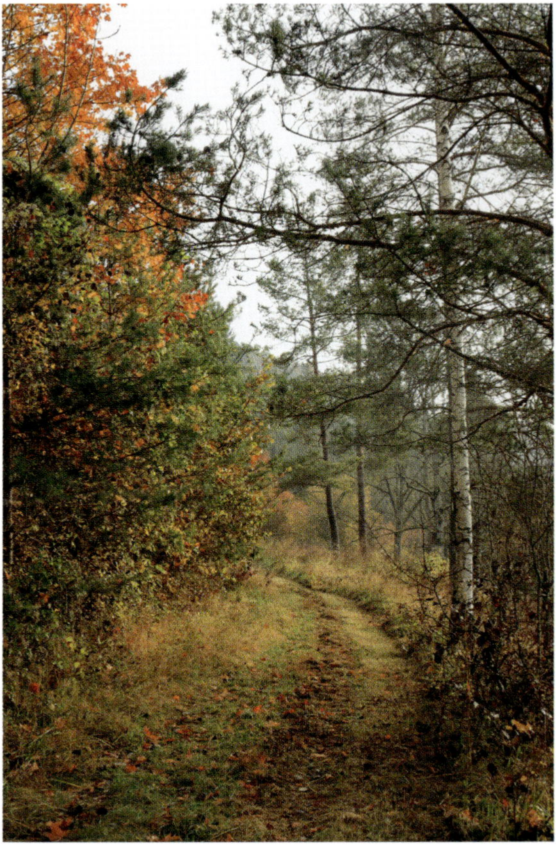

Das ganze Jahr über locken idyllische Waldwege hinaus in die Natur.

Kurz danach weist uns ein Schild nach rechts hinauf zur **Ruine Irslingen** 4. Der Abstecher ist zwar nicht lang (einfacher Weg ca. 200 m), aber der Weg ist nicht besonders gut zu gehen.

Danach folgen wir dem Sträßchen weiter, werden aber kurz danach, direkt vor dem **Butschhof** (517 m), nach links über eine Brücke verwiesen. Nun folgt der wohl wildeste Teil dieser Wanderung, denn der Weg führt als schmaler Pfad direkt an der Schlichem entlang, die hier einige Wasserfälle und Kaskaden besitzt. Wir wandern am Schild „Schlichemklamm West" (522 m) vorbei und umgehen später die Ramsteiner Mühle rechts. Wo wir auf eine Brücke mit dem Schild **„Ramsteiner Mühle"** (527 m) 5

Schlichem

Die **Schlichem** ist ein typischer Mittelgebirgsbach mit großem Gefälle, hoher Fließgeschwindigkeit und stark schwankendem Wasserstand. Sie hat sich im Laufe der Jahrtausende ein steilwandiges und windungsreiches Tal in den Hauptmuschelkalk hineingefräst und dabei eindrucksvolle Felswände herausgefräst. Das recht naturnahe Flüsschen besitzt zahlreiche Mäander sowie gut ausgebildete Prall- und Gleitufer und der Bachlauf ist naturnah erhalten. Das Tal zeigt zeitweise fast dramatische Züge, beispielsweise gibt es vor der Ruine Irslingen mächtige Felsen. Auf einem von ihnen kann man auf einer Tafel lesen, dass das Tal 1996 vom Schwäbischen Heimatbund und den württembergischen Sparkassen den Landschaftskulturpreis erhalten hat. Die Klamm wurde dabei wie folgt beschrieben: Sie sei ein „einzigartiges erd- und landschaftsgeschichtliches Dokument von besonderer Eigenart und Schönheit. Das reich strukturierte Tal mit Felsbildungen, Steppenheidevorkommen, Schafweiden, Magerrasen, Feuchtwiesen und verschiedenen Waldtypen ist Lebensraum für eine Vielzahl seltener und gefährdeter Tier- und Pflanzenarten."

Charakteristische Pflanzen entlang des Gewässers sind Gold-Kälberkropf, Mädesüß und Sumpf-Storchschnabel, an den Felsen Blaugras-Trockenrasen, ab und zu eine Pfingstnelken-Flur mit Bleichem Schwingel, außerdem Staudensäume mit Blutstorchschnabel und Hirschwurz sowie Gebüsch aus Felsenbirnen. Bei der Ramsteiner Mühle findet man eine Wacholderheide. Bei einer Zählung wurden einmal 566 verschiedene Pflanzenarten festgestellt, von denen 53 Arten auf der Roten Liste der aussterbenden Arten stehen.

Da es sich bei der beliebten und stark besuchten Klamm um einen sensiblen Naturraum handelt, sollte man sich entsprechend verhalten und die für Naturschutzgebiete geltenden Vorschriften beachten.

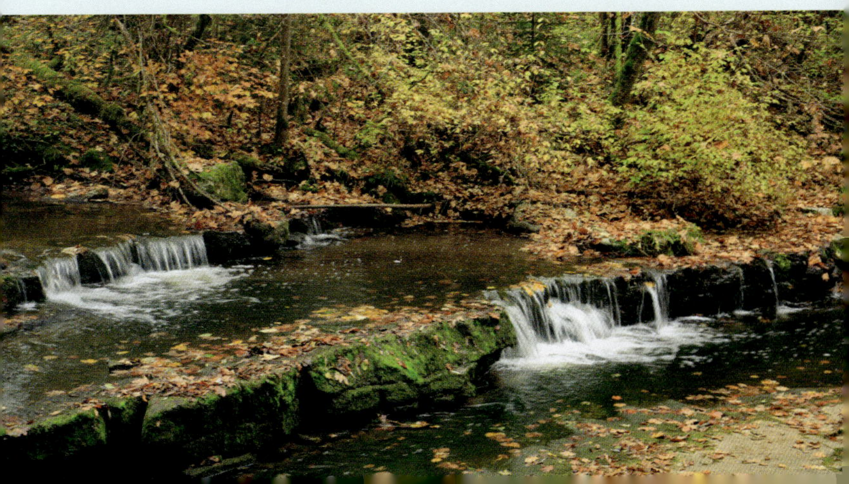

stoßen, halten wir uns links. Wir gehen durch die gedeckte Holzbrücke und biegen danach, wo links die Mühlengebäude stehen, rechts ab. Nun wandern wir etwas aufwärts, kommen kurz in den Wald und verlassen ihn wieder. Wo das Sträßchen rechts abknickt, werden wir nach links verwiesen 6. Über einen Wiesenweg kommen wir bis vor das **Hofgut Ramstein** 7. Hier halten wir uns rechts, müssen aber kurz darauf nach dem Ende der Hecke links abbiegen.

Der Asphaltweg knickt bald rechts ab. Danach halten wir uns am nächsten Querweg mit dem Schild „Mittlerer Esch" (591 m) links. Beim Schild **„Bildstock Linden"** (592 m) 8 mit einem großen Flurkreuz biegen wir links ab. Unser Weg

Ruine Irslingen

Etwa sechzig Meter über dem Schlichemtal liegt im dichten Wald die **Ruine Irslingen**. Die Burg wurde im Jahr 994 als Urselingen erwähnt und war der Stammsitz des früher bedeutenden, seit 1163 bekannten freiadeligen Geschlechts. Bis zu seinem Aussterben im Jahr 1442 besaß es sogar die Herzogswürde. Heute sieht man noch den Stumpf eines quadratischen Bergfrieds und zwei größere Mauerteile mit Fensteröffnungen, wohl Schießscharten. Auch der tiefe Burggraben ist noch zu sehen.

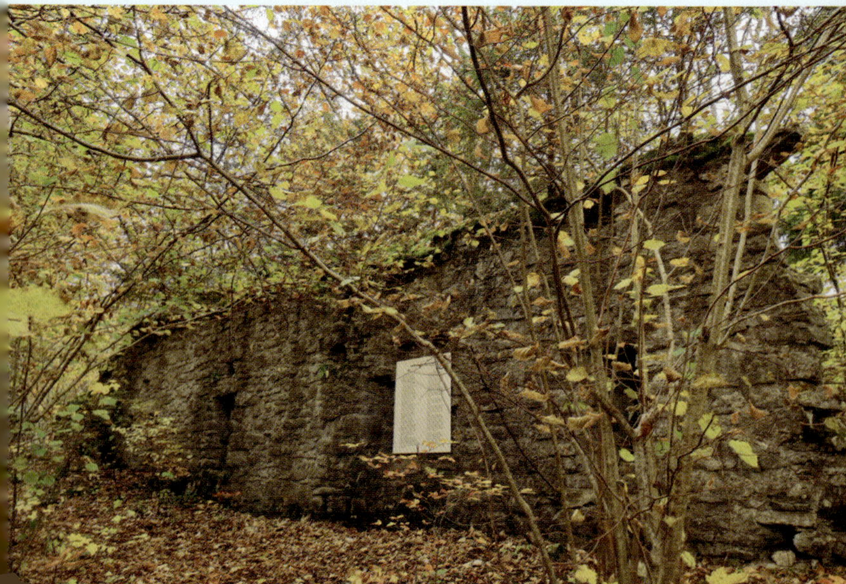

steigt noch etwas an und wir passieren ein weiteres Flurkreuz. Danach fällt der Weg und wir wandern wieder durch den Wald. Beim Schild **„Kapfwald Abzweig Kapf"** (585 m) 9 können wir nach rechts einen kurzen Abstecher zum Kapfkreuz machen (einfacher Weg ca. 300 m), das sich hoch über dem Neckartal befindet.

Ansonsten gehen wir geradeaus weiter bergab. Wo ein Asphaltweg anfängt, lichtet sich der Wald und wir haben einen Blick ins Neckartal. Bald treffen wir auf die querende Neue Steige, der wir nach links folgen. Kurz danach gehen wir am Schild „Neue Steige" (503 m) und einer Rechtskurve des Sträßchens geradeaus weiter. Danach kommen wir zum **Mündungsblick**, unter dem die Schlichem in den Neckar mündet. Etwas später werden wir nach rechts in Richtung Sportplatz verwiesen. Es geht auf einem Pfad hinab zu Häusern und von ihnen geradeaus weiter zur vom Anfang bekannten Brücke. Wir gehen auf dem Sträßchen geradeaus weiter und biegen danach links ab.

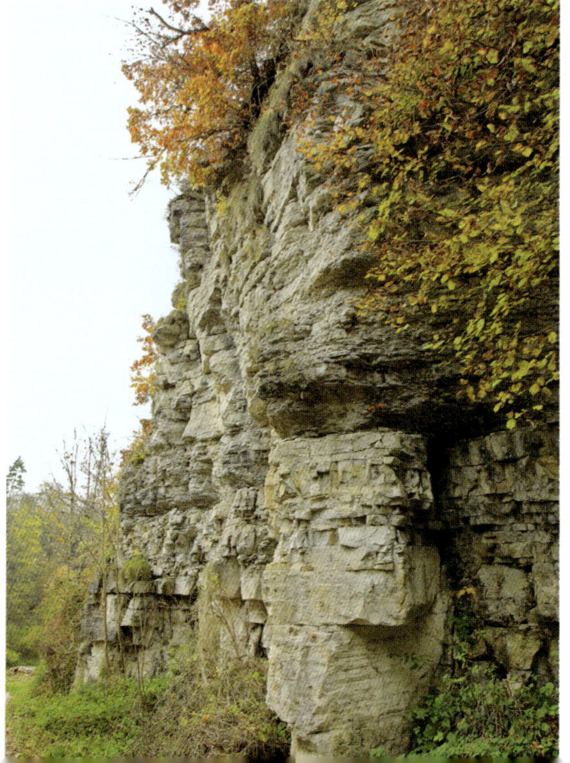

Die Schlichemklamm ist teilweise von mächtigen Felsgestalten gesäumt.

Paradiestour Burgruine Herrenzimmern–Villingendorf

17

Eine Burgruine und viel Aussicht

3 ½ Std.

12,5 km

140 Hm

Herrenzimmern – Ruine Herrenzimmern – Wald – Villingendorf – Stittholzhof – Marienkapelle – Herrenzimmern

Wir wandern auf festen und unbefestigten Feld- und Forstwegen.

Ruine, Aussicht, Wald

Herrenzimmern, Tennisplatz

Besonders lang ist sie nicht, diese Wanderung, und auch nicht besonders anstrengend. Dafür bietet sie aber einiges, was eine gelungene Tour ausmacht. Wir besuchen zuerst eine mächtige Burgruine, danach wandern wir durch schöne Waldstücke und zwischen Wiesen und Feldern. Immer wieder haben wir einen weiten Blick über die Landschaft.

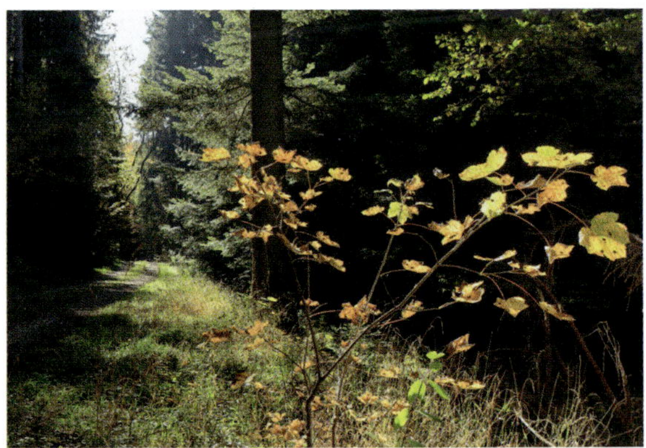

Herbststimmung im Wald.

Das **Rathaus** 1 im Rücken, halten wir uns zuerst rechts, gehen an der Bushaltestelle vorbei und biegen gleich nach dem Wartehäuschen auf der linken Straßenseite am Wanderschild „Kirchstraße" (643 m) links ab in die Kirchstraße. Wo diese nach links führt, gehen wir auf dem Schloßweg geradeaus bergab. Am Schild „Friedhof" (625 m) halten wir uns nach dem tiefen Taleinschnitt mit dem Wanderzeichen rotes Kreuz links. Nun wandern wir rechts des Taleinschnitts bis zur **Ruine Zimmern/Herrenzimmern** 2, die wir bald erreichen.

Am Schild „Ruine Herrenzimmern" halten wir uns rechts und wandern hinauf bis zur Rottweiler Straße 3. Etwas nach rechts versetzt, geht es auf ihrer anderen Seite nach

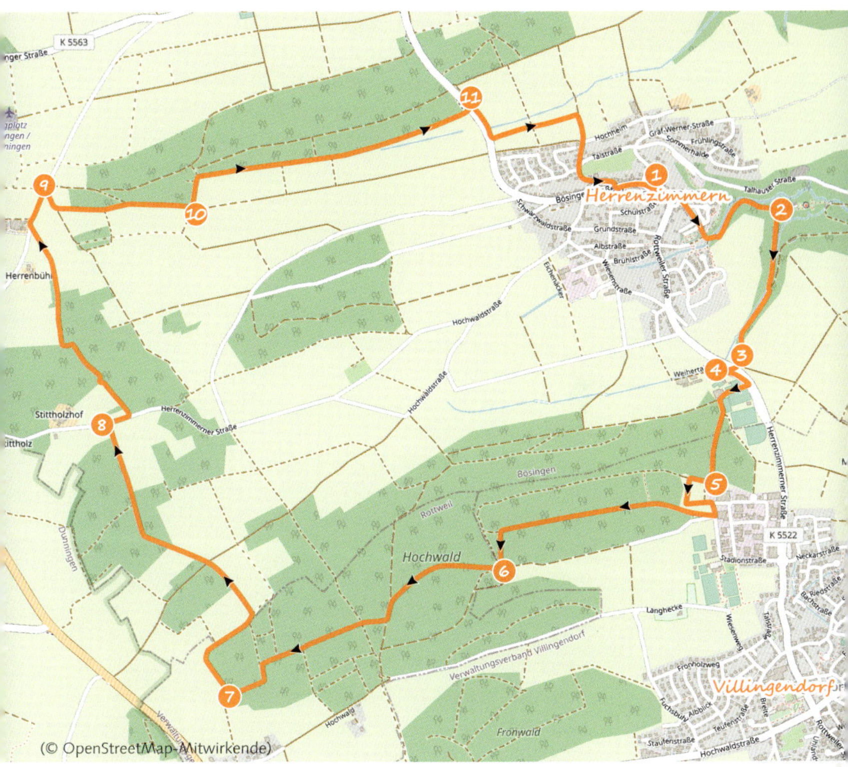

links im Gottfried-von-Cramm-Weg weiter. Wir passieren das Schild „Schützenhaus Herrenzimmern" (639 m) und biegen nach dem Tennisplatz und einem großen Flurkreuz rechts ab. Nach der **Gaststätte** 4 orientieren wir uns am Waldrand links. An der nächsten Verzweigung nehmen wir den rechten Weg und kommen in den Wald.

Bald erreichen wir nach dem Wald das Gewerbegebiet von **Villingendorf** 5. Hier biegen wir zunächst rechts ab, vor dem Waldrand und einer Holzhütte links und gleich darauf an der Wendeschleife noch einmal links. Danach halten wir uns rechts und orientieren uns gleich wieder rechts. Der rechte der beiden Wege bringt uns zu einem Grill- und Spielplatz und danach wieder in den Wald.

Wir gehen geradeaus weiter bis zu einer Verzweigung, wo wir nach links hinab zu einem querenden Weg mit dem Schild **„Bergwald West"** (665 m) 6 gehen. Dort biegen wir

INFOS

Wanderkarte W249 Villingen-Schwenningen, 1:25000, Landesamt für Geoinformation und Landentwicklung Baden-Württemberg (LGL) in Zusammenarbeit mit dem Schwäbischen Albverein e. V. und dem Schwarzwaldverein e. V.

boesingen.de

Bus bis Haltestelle Herrenzimmern Dorfplatz

Bösingen-Herrenzimmern, Rathausparkplatz hinter dem Rathaus, Bösinger Straße. GPS 48.224496, 8.578679 Ausweichparkplätze findet man in der unterhalb des Rathauses verlaufenden Schulstraße, am Parkplatz Turnhalle und am Parkplatz Herrenzimmernwald, an dem man am Schluss der Tour vorbeikommt.

rechts ab. Am Schild **„Hochwald-Hütte"** (682 m) orientieren wir uns links, biegen aber kurz danach rechts ab in den Kreuzweg. An einem Querweg halten wir uns links, dann gleich wieder rechts. Bald erreichen wir den Waldrand, wo wir uns am Schild **„Hochwaldeck"** (717 m) 7 rechts halten.

Nun wandern wir mit prächtigem Blick über die Hochfläche am Waldrand entlang. Danach zieht der Weg nach rechts und wir folgen weiter dem Waldrand, bald weglos. Kurz nach einem von rechts einmündenden Weg werden wir mit dem Rundwegzeichen nach links verwiesen.

Jetzt folgen wir eine Weile dem Weg, der auch bei Windungen oder Abzweigungen als Hauptweg erkenntlich ist; zudem können wir uns an den Rundwegzeichen orientieren. Er führt uns zwischen Waldrand und Feldern, wir überqueren einen Weg und kommen bald danach in den Wald. In diesem knickt der Weg rechts ab. Danach geht es wieder am Waldrand entlang. Vor einem querstehenden Wald 8, wo wir links den Stittholzhof sehen, halten wir uns rechts. Gleich danach werden wir aber am Schild **„Beim Stittholzhof"** (708 m) nach links in den Wald verwiesen. Nach einer Freifläche weist uns das Schild vor dem querstehenden Wald nach rechts, gleich danach nach links.

Wir folgen dem Zeichen nun immer am Waldrand entlang. Später fällt der Weg ab und wir gehen nach dem Wald über Wiesen hinauf zu einer Straße und nach rechts zur **Marienkapelle** (708 m) 9. Vor ihr und auf dem Weiterweg nach ihr haben wir einen schönen Blick zur Schwäbischen Alb.

Wir werden an der Kapelle nach rechts verwiesen, kurz darauf nach links. Jetzt wandern wir eine Zeit lang mit prächtigem Albblick auf einem Naturweg, meist am Waldrand entlang. Am Schild **„Steinreute"** (671 m) 10 halten

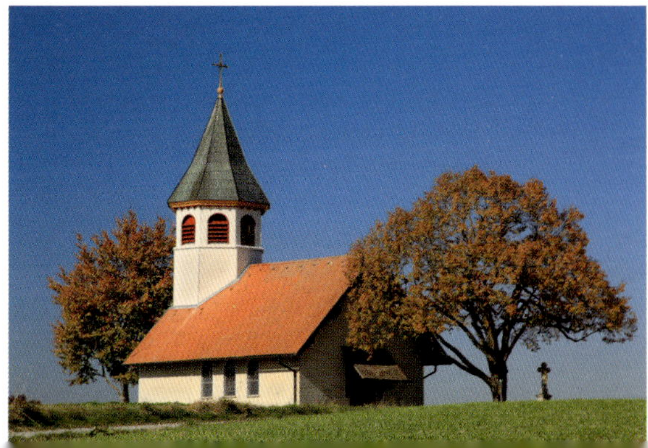

Bei der Marienkapelle haben wir eine weite Aussicht zur Schwäbischen Alb.

Ruine Zimmern/Herrenzimmern

Die **Ruine Zimmern/Herrenzimmern** wurde ab etwa 1050 als Stammburg der Herren von Zimmern errichtet. Dieses hochadelige Geschlecht tauchte 1030 in den Urkunden auf; damals machte ein Cuno der Pelagiuskirche in Rottweil eine Schenkung. Ab 1538 nannten sie sich Grafen. Auf der Talseite steht die ehemalige Burgkapelle, in der auch wieder ein Altar aufgestellt worden ist. In dieser sehen wir ein Relief mit dem hl. Jakob als Pilger, was darauf hinweist, dass die Ruine am Neckar-Baar-Jakobusweg liegt. Darüber sehen wir das mächtige Hauptgebäude (Herrenhaus). Von ihm stehen noch drei Seitenwände mit drei Stockwerken, außerdem ein Teil des ehemaligen runden Treppenturms. Anscheinend saß auf dem steinernen Untergeschoss ein weit ausladendes Fachwerkgeschoss auf. Östlich davon findet man zerstörte Vorbefestigungen sowie einen starken Rundturm.

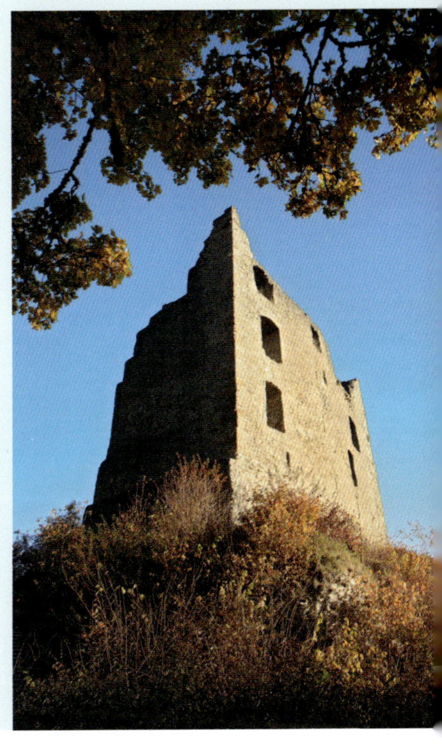

wir uns links und kommen hinauf zu einem querstehenden Wald. Auch hier sollten wir den Blick zur Schwäbischen Alb genießen, vor allem der Plettenberg mit seinem Turm ist gut zu erkennen. Wir biegen rechts ab und wandern entlang des Waldrands zum **Parkplatz Herrenzimmernwald** (658 m) 11.

Dort überqueren wir die Straße und halten uns nach ihr rechts. Etwas später werden wir nach links verwiesen und wandern auf dem Naturweg bis zu einem Asphaltweg. Dort biegen wir am Schild „Moos" (649 m) rechts ab. Bei den ersten Häusern gehen wir geradeaus hinab zur Talstraße und folgen ihr nach rechts. Sie zieht nach links und bringt uns, bald als Lindenstraße, nach einer Rechtskurve zur querenden Bösinger Straße. Jetzt wandern wir nach links zurück zum Rathaus.

ParadiesTour Eschachtal Horgen 18

Entlang der idyllischen Eschach

3 Std.

10,5 km

210 Hm

Horgen – Eschachtal – Ruine Oberrotenstein – Eschachtal – Ruine Wildenstein – Hofgut Wildenstein – Warmbühl – Mälbäcker – Horgen

Die Tour verläuft auf festen Forstwegen und Pfaden, die keine besonderen Schwierigkeiten aufweisen. Bei Nässe können sie allerdings zum Teil schmierig und rutschig sein.

Aussicht, Eschach, Wald

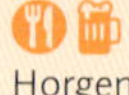

Horgen

Die Wanderung verläuft zu großen Teilen im Wald, aber auch über Freiflächen, die uns eine wunderschöne Aussicht, vor allem zur Schwäbischen Alb, bieten. Besonders schön sind die Strecken entlang der Eschach, die teilweise ein idyllisches, teilweise auch ein fast urwaldartiges Bild liefern.

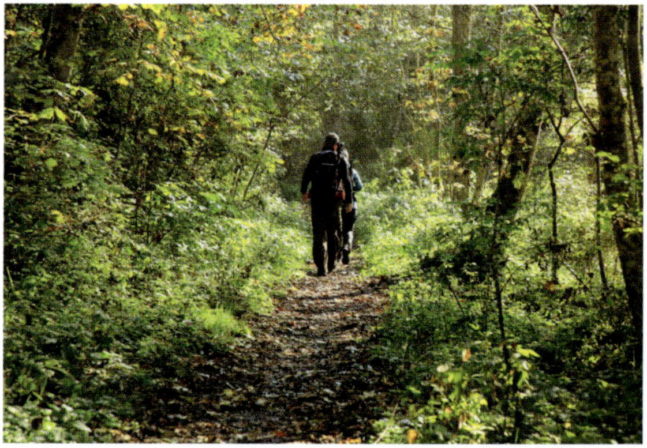

Wandern im Wald macht zu jeder Jahreszeit Spaß.

Wir gehen vom **Parkplatz Festhalle** (616 m) 1 zur Parkstraße und biegen links ab. Gleich darauf, noch vor der Durchgangsstraße, halten wir uns am Wanderschild „Zimmerner Straße“ (618 m) rechts in die Alte Hausener Straße. Nun steigt es an. An der Verzweigung beim Schild „Alte Hausener Straße“ (635 m) gehen wir rechts in der Eschachtalstraße weiter. Kurz darauf orientieren wir uns am Schild „Eschachtalstraße“ (639 m) links in den Grubenweg.

Nach den letzten Häusern geht es auf einem unbefestigten Wiesenweg weiter, wobei wir nach rechts einen ersten schönen Blick hinab ins Eschachtal haben. Gleich darauf nehmen wir den nach links in den Wald führenden und dort ansteigenden Weg 2. Wir folgen ihm bis zu einer Verzweigung, wo wir den linken, ansteigenden Weg neh-

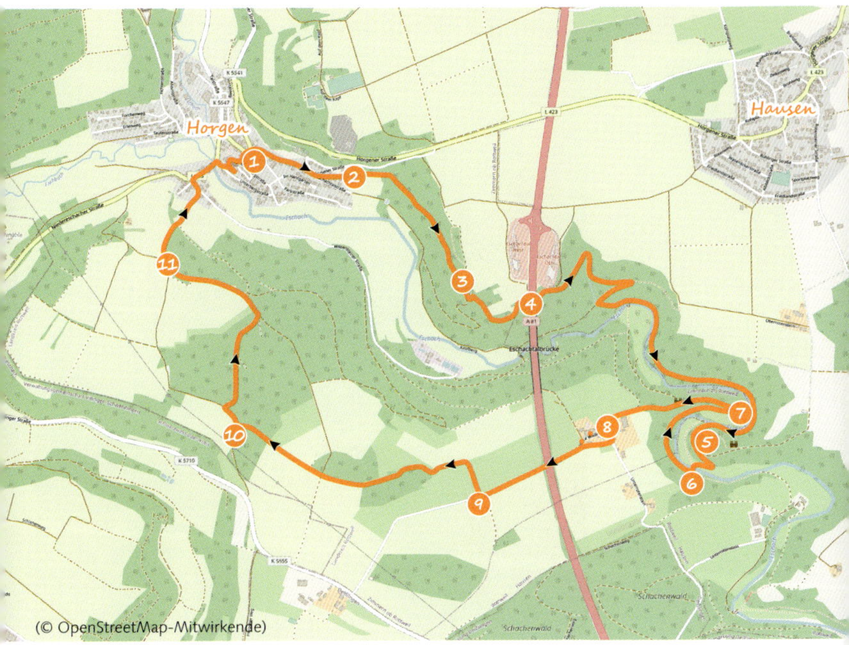

men, der mit dem Zeichen des Rundwanderwegs markiert ist. Gleich danach biegen wir an einer Linkskurve am Schild **„Wiesenwald“** (687 m) 3 rechts ab. Kurz danach unterqueren wir die **A81** 4.

Wir stoßen auf einen Forstweg an seiner u-förmigen Kurve. Hier halten wir uns an den rechten Weg. Nach einer Rechtskurve nehmen wir am Schild „Eschachtal Heusteig“ (613 m) ebenfalls den rechten Weg. Kurz darauf biegen wir am Schild „Eschachtal Heusteig“ links ab und kommen ins Tal der Eschach. Nun wandern wir eine Weile neben dem Flüsschen her, mal nahe bei ihm, mal etwas weiter weg. Unser Weg weist oft idyllische Abschnitte auf, zeigt sich aber zeitweise auch recht urwaldartig.

Wir kommen zum Schild **„Unter der Burg Oberrotenstein“** (596 m) 5. Wer will, kann hier nach links einen Abstecher von 300 Metern zu der Ruine machen; es sind aber nur noch wenige Reste erhalten. Ansonsten nehmen wir den rechts abzweigenden Pfad, der uns hinab zu einer langgestreckten Lichtung führt. Dort folgen wir den nach rechts führenden Pfadspuren durch die Wiese. Sie führen

INFOS

Wanderkarte W249 Villingen-Schwenningen, 1:25000, Landesamt für Geoinformation und Landentwicklung Baden-Württemberg (LGL) in Zusammenarbeit mit dem Schwäbischen Albverein e. V. und dem Schwarzwaldverein e. V.

zimmern-or.de

Bahn bis Rottweil, Bus nach Horgen, Haltestelle Zimmerner Straße

Zimmern ab Rottweil-Horgen, Parkplatz Festhalle, Parkstraße 10, GPS 48.145902, 8.552162

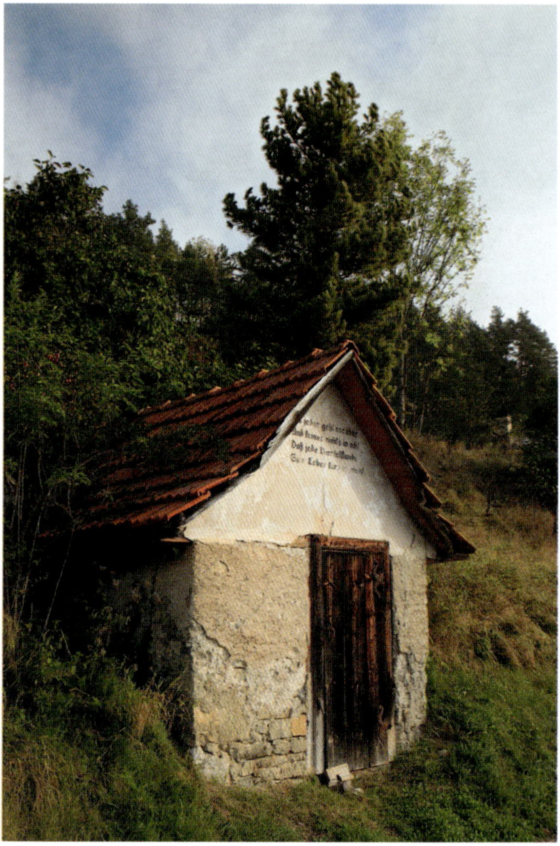

Kleine Hütte unterwegs.

bald nach links und wir kommen zur Eschach, die wir auf einer Brücke überqueren. Danach biegen wir am Schild **„Oberrotensteiner Steg“** (604 m) 6 rechts ab.

Bald führt uns der Weg durch eine schmale, lange Lichtung, an deren Ende wir scharf links 7 auf einen festen Weg abbiegen. Nun steigt unser Weg an. Bald sehen wir rechts am Schild **„Ruine Wildenstein“** (617 m) eine Informationstafel, die uns die Geschichte der Burg näherbringt. Darüber können wir auch ein Stück Mauer entdecken.

Wir gehen weiter bergauf, passieren das Schild **bei Ruine Wildenstein** und kommen zum **Hofgut Wildenstein** 8, das wir entweder links umgehen oder an dem wir uns geradeaus halten können. Danach wandern wir

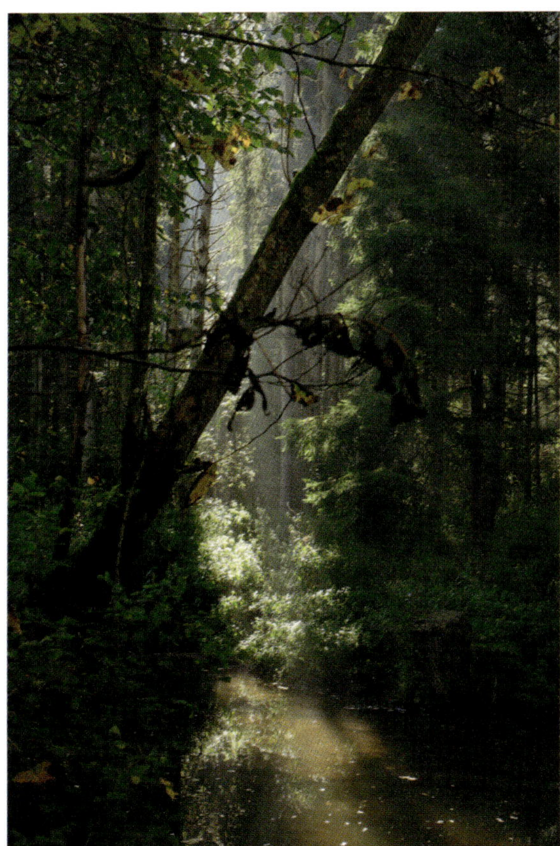

Morgensonne an der Eschach.

weiter zur **Autobahnbrücke** der A81. Ab jetzt haben wir vorübergehend immer einen prächtigen Rückblick zur „Blauen Mauer", wie Eduard Mörike in seinem Stuttgarter Hutzelmännlein die bläulich schimmernde Bergkette der Schwäbischen Alb genannt hat.

Nach der Brücke wandern wir geradeaus weiter bis zu einem Gehölz. Hier folgen wir dem rechts am Wanderschild **„Wildensteiner Weg"** (695 m) 9 abgehenden Weg. Er knickt bald links ab und bringt uns zu einem Wäldchen. Vor diesem führt der Weg nach rechts. Hier können wir ein letztes Mal den Blick zur Schwäbischen Alb genießen. Über dem Wald sieht man auch den TK Elevator Testturm bei Rottweil.

Der Weg führt uns in den Wald und danach kommen wir am Schild „Warmbühl“ (724 m), dem höchsten Punkt der Wanderung, vorbei. Danach durchqueren wir ein Wäldchen. An seinem Ende biegen wir am Schild **„Kohlgrubenwald Süd“** (712 m) 10 rechts ab. Kurz darauf werden wir aber nach rechts in den Wald verwiesen. Durch ihn führt uns ein unbefestigter Weg bis zu einem festen Querweg, auf dem wir nach links weitergehen.

Nach einem Waldstück biegen wir am Schild **„Mälbäcker“** (676 m) 11 rechts ab. Nun wandern wir mit viel Aussicht auf Horgen hinab zu diesem Ort. Vor den ersten Häusern gehen wir nach links zur Durchgangsstraße, der Niedereschacher Straße, wo wir rechts abbiegen. Wir überqueren die **Eschach** und halten uns danach rechts in die Unterbergstraße, zweigen aber gleich links auf den ansteigenden Weg ab.

Er knickt vor dem Fachwerkhaus links ab, dann führt er nach rechts, vorbei an der **Kirche** St. Martin. Nun fällt er steil ab. An der nächsten Querstraße halten wir uns links zur Durchgangsstraße, passieren das Schild „Zimmerner Straße“ (615 m) und nehmen gleich darauf die rechts abgehende Parkstraße, die uns zurück zum Ausgangspunkt an der Festhalle bringt.

Rechts: Blick auf Horgen.

Der Blick reicht bis zur fernen Schwäbischen Alb.

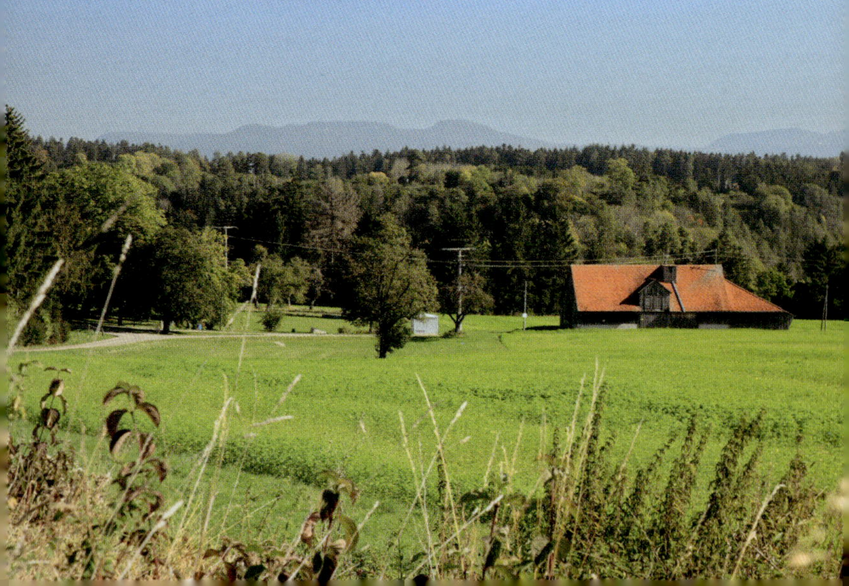

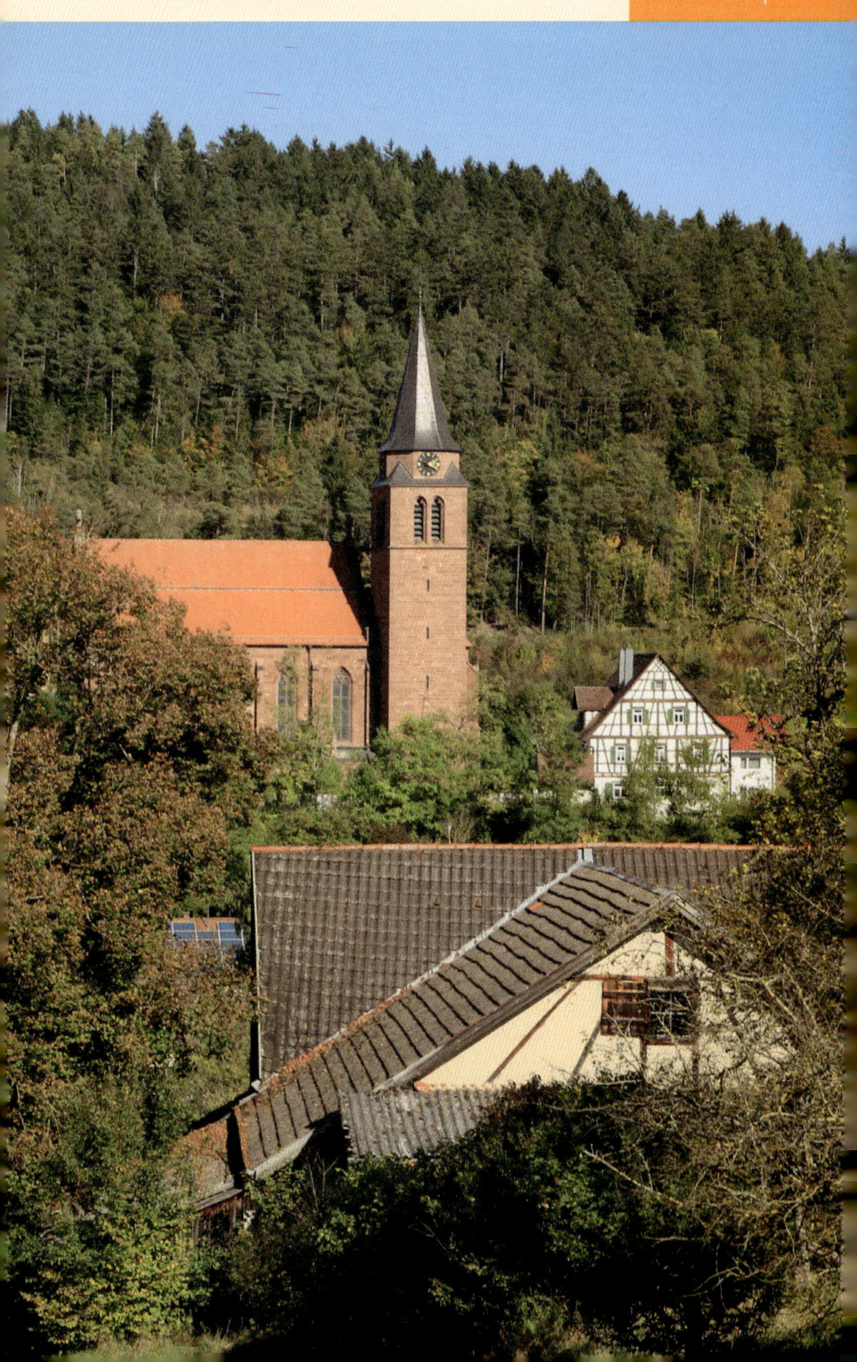

Paradiestour Neckartäle

19

Wilder Wald und idyllisches Flüsschen

2 ¼ Std.
7,8 km
50 Hm

Dauchingen – Neckartal – Deißlingen

Von der Länge und den Höhenmetern her wäre die Wanderung als leicht einzustufen, aber der Weg führt zeitweise am Steilabfall entlang. Hier sollte man nicht ausrutschen; Trittsicherheit und Schwindelfreiheit sind also Voraussetzung, ebenso gutes Schuhwerk mit Profilsohle.
Bei Nässe, Eis und Schnee sollte man den Weg nicht begehen, ebenso bei Hochwassergefahr.
Fast die gesamte Strecke können wir uns am blauen „N“ des Neckarwegs orientieren.

Neckartal, Wald

Der Weg entlang des jungen Neckars hat es in sich. Wir wandern durch ein Gebiet mit schönen und teilweise wilden Waldgebieten, auch fordert uns der Weg manchmal etwas. Dafür erfreuen sich Freunde ursprünglicher Natur aber an dem urtümlichen Wald und den Abschnitten, an denen man an den hier noch schmalen Neckar herankommt.

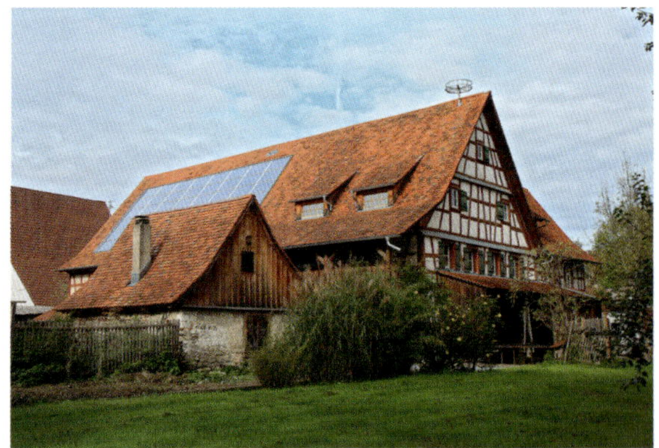

Wir gehen vom **Staatsbahnhof** 1 in die Straße Am Staatsbahnhof/Jettenburg geradeaus bis zur K5542. Dort biegen wir links ab, überqueren die Bahngleise und wandern auf der Straße, bis links die Schopfelenstraße zum „Klärwerk“ abgeht. Auf ihr gehen wir bis vor die **Brücke** über den jungen Neckar 2.

Dort werden wir am Schild „Klärwerk“ (650 m) nach rechts verwiesen. Nun wandern wir auf einem Pfad neben dem Flüsschen, unterqueren die Straße – hier sollte man bei Hochwassergefahr vorsichtig sein – und kommen zum Schild „Neckarbrücke“ (655 m).

Wir gehen auf dem Pfad geradeaus weiter durch den Wald, bis wir auf einen **querenden, breiteren Weg** stoßen 3.

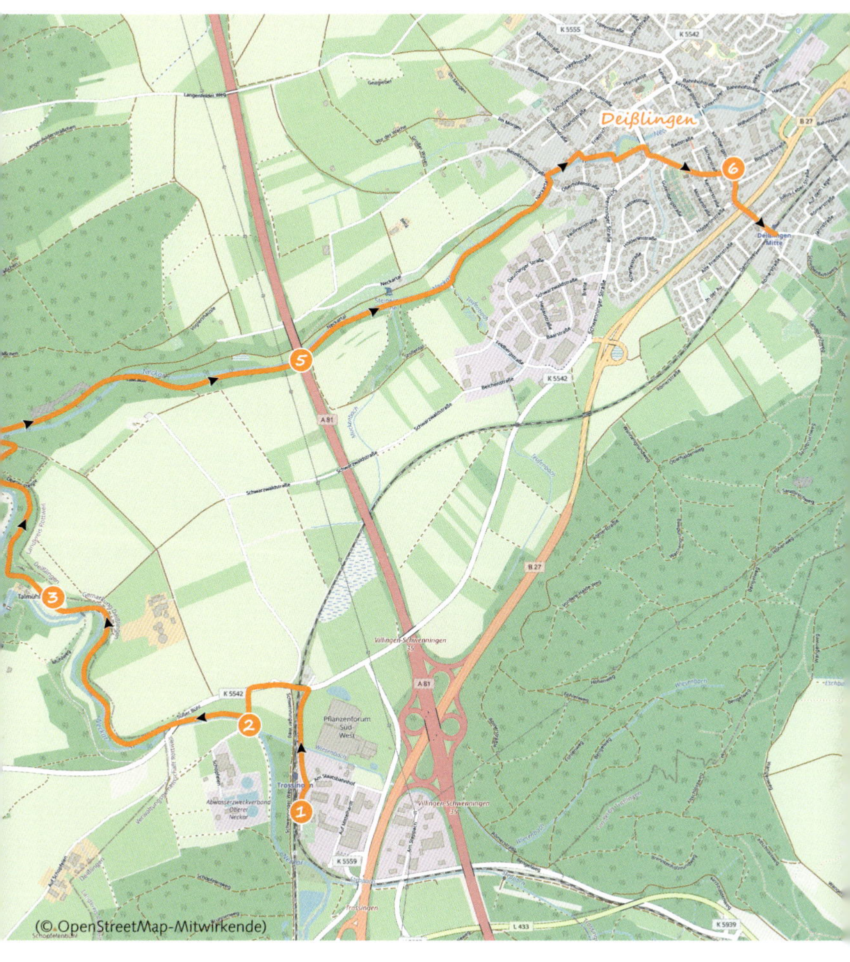

Diesem folgen wir nach rechts. Er knickt etwas später links ab und bald verlassen wir den Wald. Hier wandern wir in Gehrichtung nach links auf einem Asphaltweg weiter.

Bald werden wir an einer Rechtskurve nach links in ein Gehölz verwiesen. Nach diesem wandern wir am Steilabfall und über der Talmühle ein Stück auf einem Wiesenweg, bis wir wieder in den Wald kommen.

Schließlich geht es etwas Bergab, dann führt der Weg nach rechts. Wir passieren das Schild „Neckarhalde" (660 m) und wandern, bis wir scharf nach links verwiesen werden. Ein

Links: In Deißlingen führt der Weg an diesem schönen alten Hof vorbei.

INFOS

Wanderkarte W249 Villingen-Schwenningen, 1:25000, Landesamt für Geoinformation und Landentwicklung Baden-Württemberg (LGL) in Zusammenarbeit mit dem Schwäbischen Albverein e.V. und dem Schwarzwaldverein e.V.

deisslingen.de

Anfahrt: Bahn bis Trossingen, Staatsbahnhof (Dauchingen), Rückfahrt ab Deißlingen, Bahnhof Deißlingen-Mitte

Dauchingen, Staatsbahnhof, Am Staatsbahnhof/Jettenburg, GPS 48.088370, 8.585476

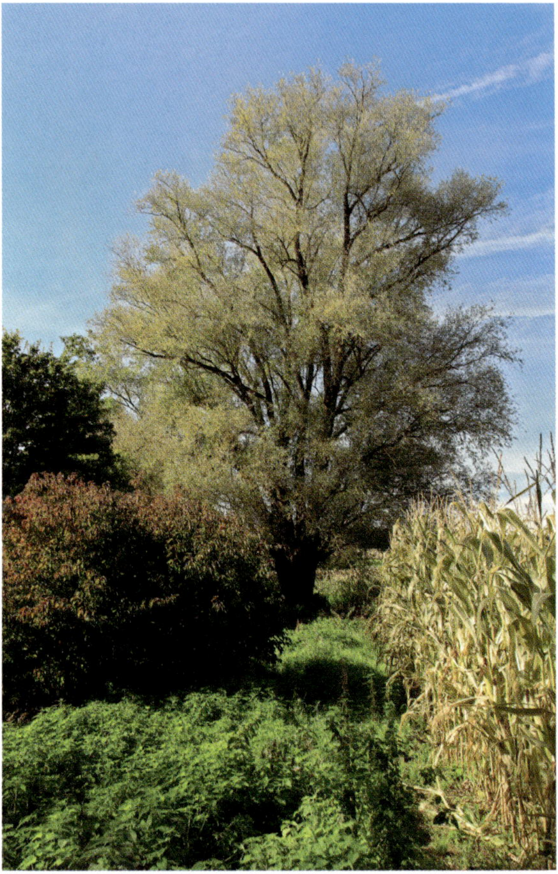

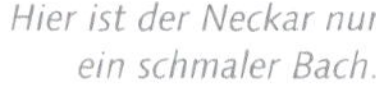

Hier ist der Neckar nur ein schmaler Bach.

paar Meter weiter sehen wir einen alten Grenzstein, an dem das badische Wappen noch gut erkennbar ist.

Wir biegen aber links ab und überqueren bald den **Neckar** 4. Dahinter geht es nach links zu einem Forstweg. Wir halten uns rechts und am Schild „Festplatz Neckartäle" (620 m) gleich noch einmal rechts. Etwas später passieren wir einen ehemaligen Steinbruch. Hier finden wir das Schild „Neckartäle AV-Hütte" (642 m). An der folgenden Verzweigung halten wir uns rechts und überqueren danach eine Brücke.

Bald kommen wir zum Schild „Wasserwerk" (640 m). Dort gehen wir nach rechts hinauf. Kurz danach halten wir uns links in den unbefestigten Weg, der eben weiterführt.

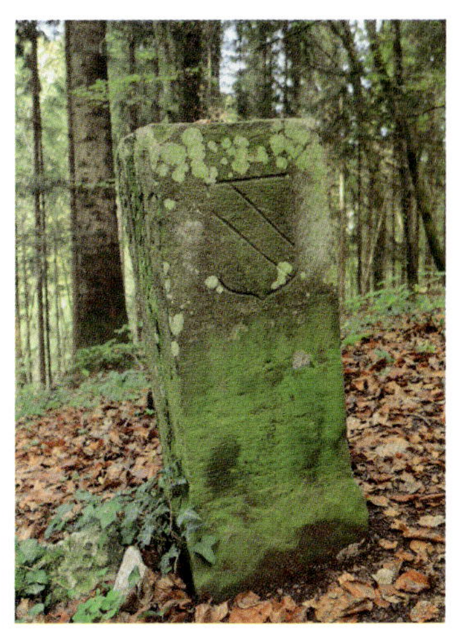

Wir unterqueren die **Autobahn** 5 und verlassen danach kurzzeitig den Wald, gehen aber mit dem N weiter parallel zum Neckar.

Nun kommen wir nach **Deißlingen**. An der querenden Oberhofenstraße bei den ersten Häusern halten wir uns links, gleich danach am Schild „Bittelbrunnen" (607 m) rechts in die Friedrichstraße. Kurz darauf biegen wir am Schild „Friedrichstraße" (604 m) rechts ab. Gleich nach dem Wehr halten wir uns links.

Nun spazieren wir zwischen Triebwerkskanal und Neckar, bis links eine alte Mühle mit einem Mühlrad steht. Hier überqueren wir den Neckar nach rechts, halten uns aber gleich nach ihm vor dem Haus mit der Nr. 10 links.

Bald erreichen wir am Schild „Bären" (601 m) die querende Gupfenstraße. Wir biegen rechts, gleich danach links in die Badstraße und kurz darauf rechts in die Seestraße ein. Sie bringt uns leicht ansteigend am Friedhof vorbei. Dann folgen wir der Seestraße bis zur rechts abgehenden **Kirchbergstraße** 6, wo unser Ziel, der Bahnhof Deißlingen-Mitte, bereits angeschrieben ist. Schließlich gehen wir nach rechts in der Kirchbergstraße zu unserem Ziel.

Im Wald treffen wir auf diesen alten Grenzstein.

In einem alten Steinbruch sehen wir mächtige Felswände.

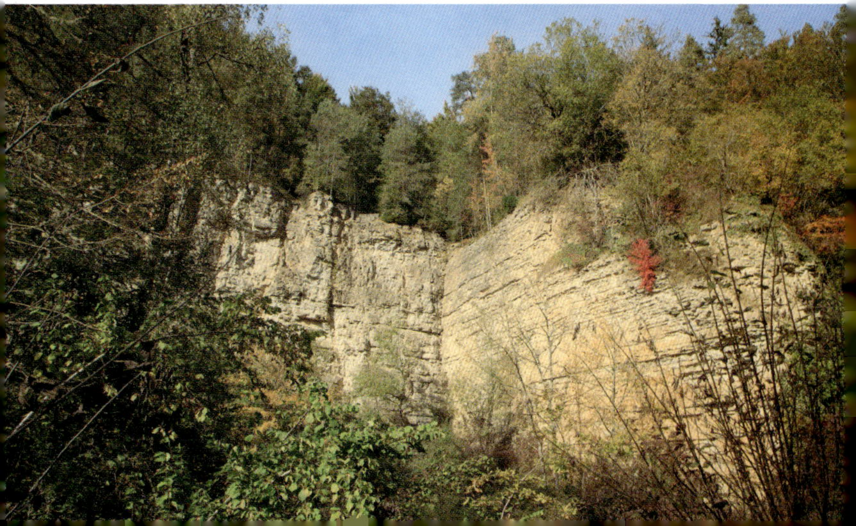

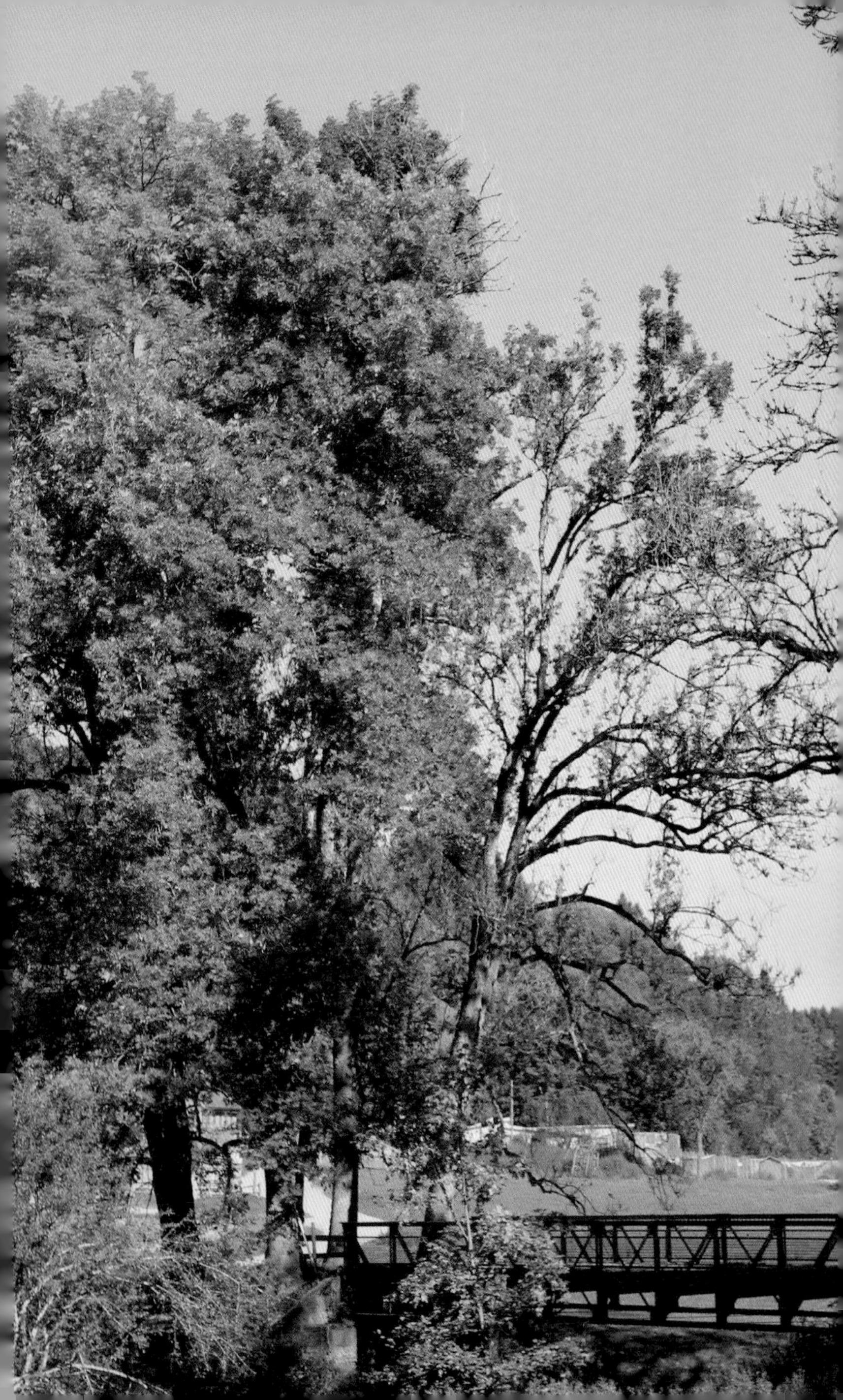

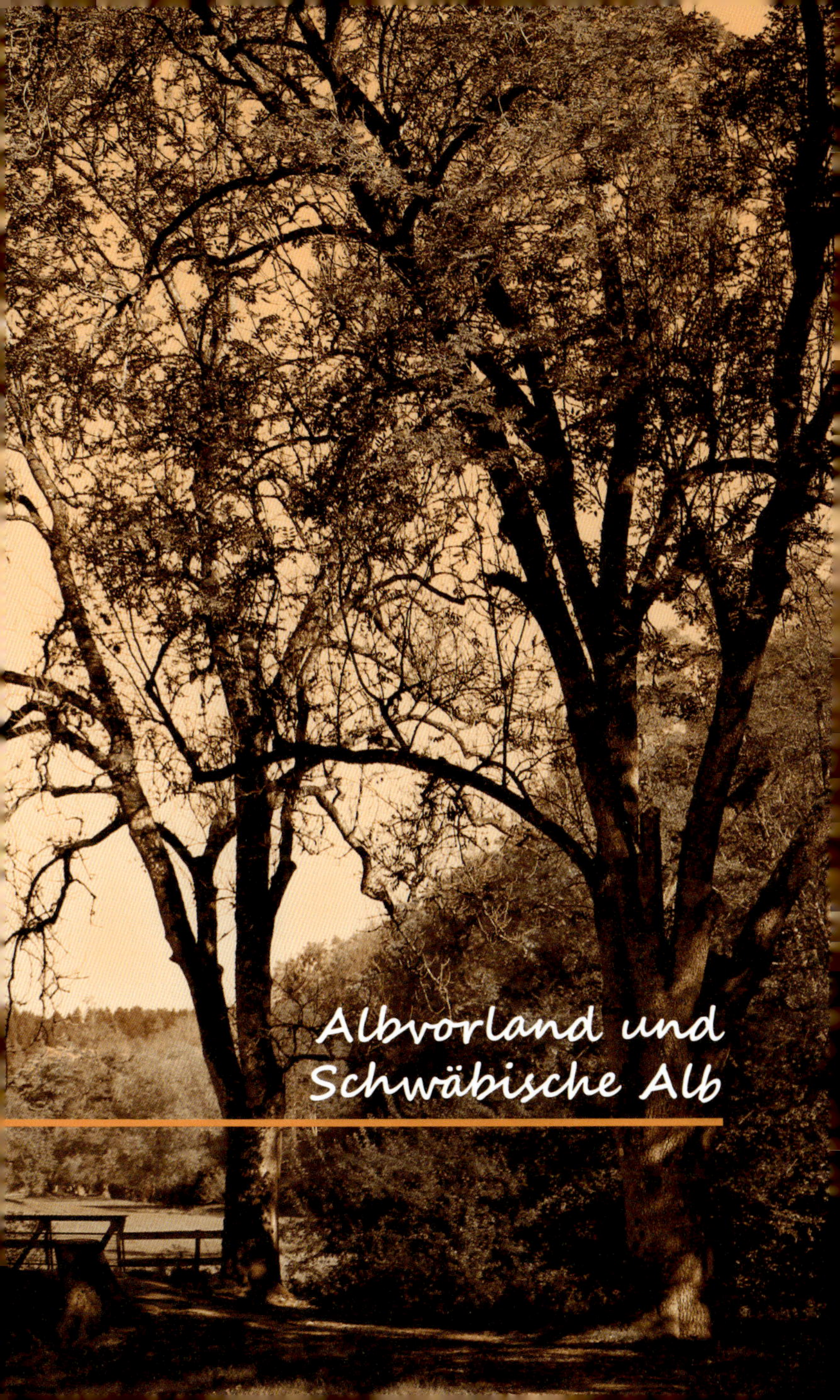

Albvorland und Schwäbische Alb

Paradiestour Kloster Kirchberg 20

Seen und Aussicht

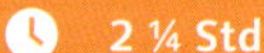

2 ¼ Std.

7,9 km

130 Hm

Kloster Kirchberg – Klosterteiche – Braunhalde – Bernstein – Aussichtspunkt Zollernblick – Aussichtspunkt Wandbühl – Kloster Kirchberg

Die Wanderung verläuft auf festen Wegen, aber auch auf Pfaden.

Kloster Kirchberg, Klosterteiche, Bernstein, Aussichtspunkte, Wald

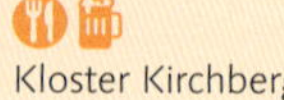

Kloster Kirchberg

Höhepunkte dieser Wanderung sind sicherlich das ehemalige Dominikanerinnenkloster Kirchberg und die sechs Klosterteiche, außerdem die Aussichtspunkte. Aber auch der Wald, durch den die Tour führt, zeigt immer wieder interessante Szenerien, ebenso gibt es auch unterwegs Stellen, an denen man einen schönen Blick auf die Umgebung hat.

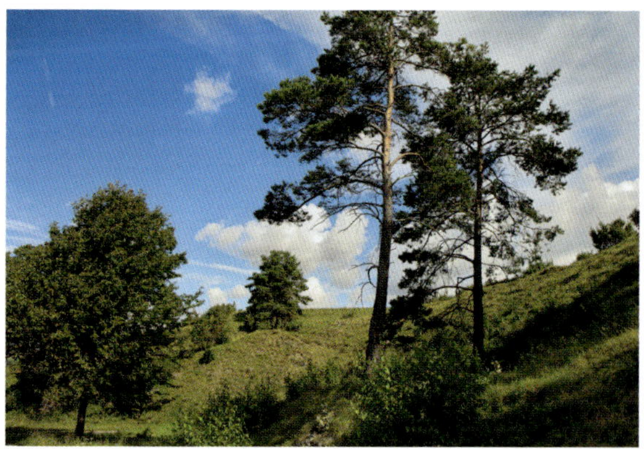

Die Landschaft ist rechts abwechslungsreich geformt.

Rechts: Unterhalb des Klosters liegen die idyllischen Klosterteiche.

Wir gehen vom Klosterparkplatz zu dem prächtigen Klosterportal. Hier findet man auch eine Informationstafel zu diesem Weg, dabei befindet sich das Wanderschild **„Kloster Kirchberg“** (575 m) 1. Dann gehen wir auf der Zufahrtsstraße etwas abwärts. Nach der Linkskurve biegen wir links ab. Nun folgen eine ganze Reihe von Klosterteichen. Alle sind recht idyllische Gewässer, im ersten spiegeln sich zudem die Klostergebäude auf der Höhe.

Wir folgen dem Weg weiter bis zum **letzten Teich** 2. Dort biegen wir am Schild „Unterer Klosterteich“ (514 m) rechts ab. Wir folgen über Verzweigungen und Abzweigungen nun immer dem breiteren bzw. besseren Weg. An einer Rechtskurve beim Schild „Hagwald“ (524 m) gehen wir auf

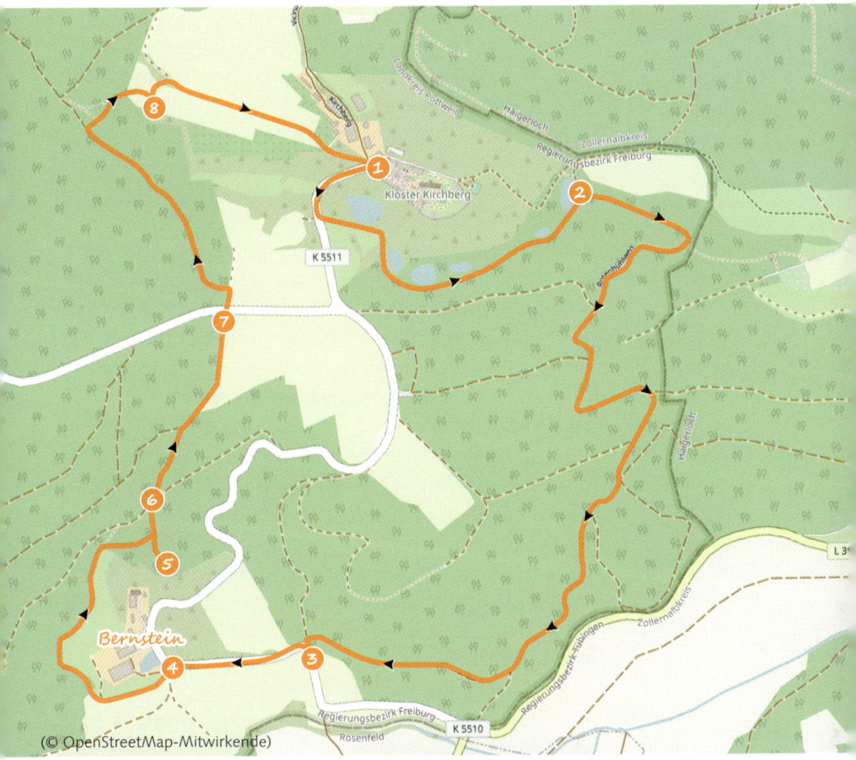

Kloster Kirchberg
Bernstein
Landkreis Rottweil
Haigerloch
Zollernalbkreis
Regierungsbezirk Freiburg
Regierungsbezirk Tübingen
K 5511
K 5510
Rosenfeld
(© OpenStreetMap-Mitwirkende)

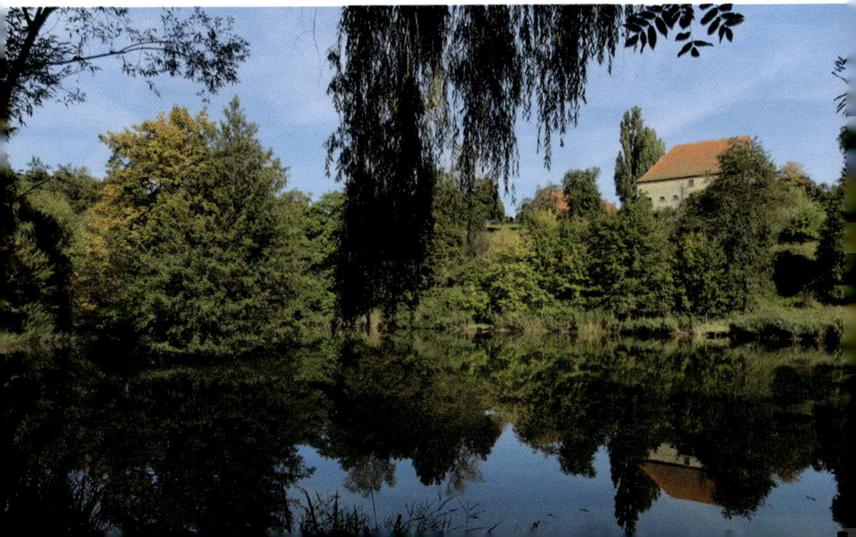

INFOS

Wanderkarte W240 Oberndorf am Neckar, 1:25 000, Landesamt für Geoinformation und Landentwicklung Baden-Württemberg (LGL) in Zusammenarbeit mit dem Schwarzwaldverein e. V.

sulz.de

Sulz am Neckar, Kloster Kirchberg, Straße Kirchberg, GPS 48.358673, 8.732578

dem breiteren Weg nach rechts weiter. Am Schild „Braunhalde" (514 m) halten wir uns rechts. An einem Querweg gehen wir am Schild „Beim Wanderparkplatz Bernstein" (514 m) nach links zur **K5510** 3. Dieser folgen wir nach rechts.

An ihrer Rechtskurve vor Bernstein halten wir uns am Schild **„Beim ehemaligen Kloster Bernstein"** (484 m) 4 links und nehmen den mittleren der drei Wege, der mit dem Wanderzeichen rotes Kreuz markiert ist.

Er führt bald nach rechts und steigt am Wald entlang an, dann führt er nach links in den Wald. Auf der Höhe stoßen wir auf einen Querweg. Auf ihm machen wir zuerst einen Abstecher nach rechts zum **Zollernblick** 5. Dies ist ein Aussichtspunkt, an dem wir einen prächtigen Blick über die Landschaft, hinab nach Bernstein und bis zum Hohenzollern haben.

Danach gehen wir zurück und weiter bis zu einem querenden Weg. Auf diesem halten wir uns rechts, dann gleich mit dem roten Kreuz und dem Rundwanderwegzeichen links 6. Nun folgen wir dem Wanderzeichen bis zu einer querenden Straße, wo wir auf das Schild **„Ziegelgarten"** (585 m) 7 stoßen. Wir gehen hinter der Straße auf dem Weg weiter, durchqueren einen Parkplatz und wandern, bis uns ein Schild nach rechts zum „Aussichtspunkt Wandbühl 250 m" weist. Wir gehen auf einem holprigen Steig bis zu einem querenden Weg, der uns nach rechts hinauf zu dem genannten Aussichtspunkt führt. Dort steht am Schild **„Wandbühl Caravacakreuz"** (622 m) 8 dieses Kreuz. Nach links, dann nach rechts, kommen wir bergab in we-

Blick zum ehemaligen Kloster Bernstein, in dem früher eine bekannte Malerschule ihren Sitz hatte.

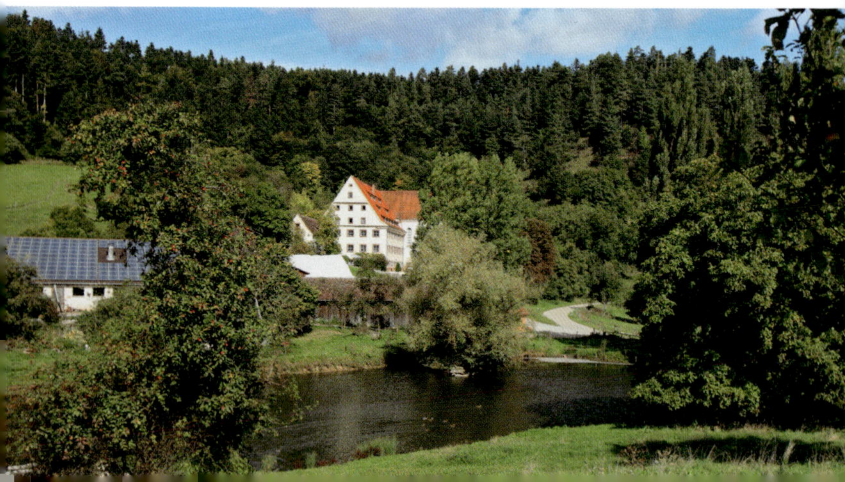

nigen Minuten zurück zum Ausgangspunkt. Jetzt hat man noch Zeit, sich die malerische Klosteranlage mit ihren vielen Besonderheiten anzusehen, den Klosterladen oder die Schenke aufzusuchen.

Vom Caravacakreuz hat man eine weite Aussicht.

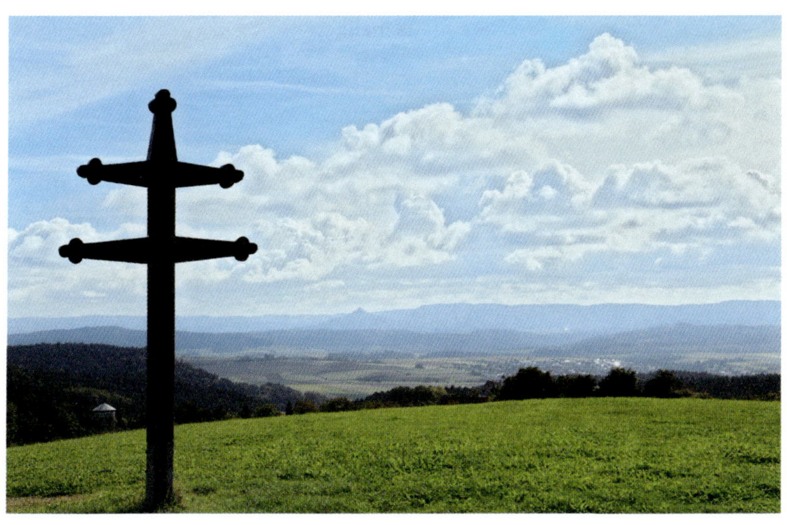

Kloster Kirchberg

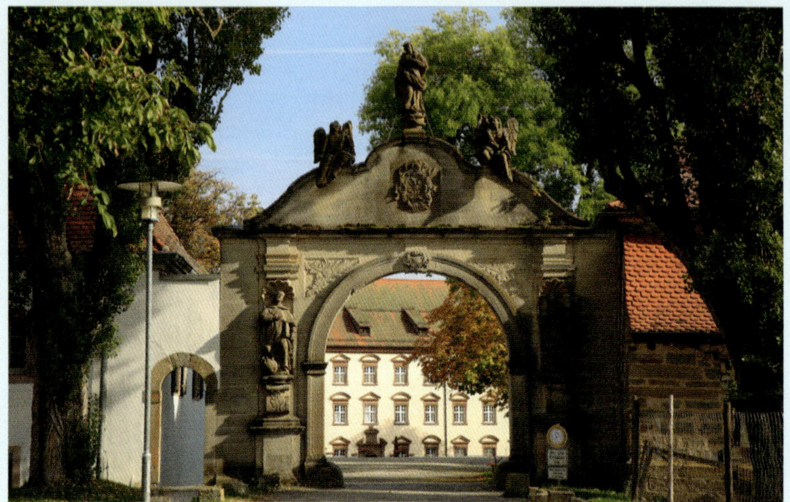

An Stelle des **Klosters Kirchberg** stand vor rund 800 Jahren eine Burg der Herren von Kirchberg, die 1095 erstmals als Kirchberg genannt wurden. 1237 stiftete Graf Burkhardt III. von Hohenberg ein Nonnenkloster. 1245 wurde es in den Dominikanerorden eingegliedert. Damals enstand auch die gotische Anlage. Sie wurde 1688 im Barockstil umgebaut. 1806 gelangte das Kloster im Zuge der Säkularisation an Württemberg und wurde Staatsdomäne. 1958 wurde die Einkehr- und Begegnungsstätte „Verein Berneuchener Haus" eröffnet. Man betritt die gut erhaltene Anlage durch das mit einem Volutengiebel mit Maria und Engeln und einem Torpfeiler mit den Ordensheiligen geschmückte Eingangsportal (1749). Innen sieht man das 1733 vom Baumeister Joseph Feuerstein aus Rottweil erbaute Konventgebäude, die Kirche mit der Katharinenkapelle, den gotischen Kreuzgang aus dem 13. Jahrhundert, die Klosterschenke (Mitte 18. Jh.), den Schenkenanbau (der während der Klosterzeit Stallgebäude mit Herberge war), das Herrenhaus (einst Wohnung des Klostergeistlichen mit Gästeräumen, später Wohnung des Domänenpächters mit Speisesaal und Küche für die Arbeiter), Backhaus, Pferdestall und Obere Scheuer (1824 für die Staatsdomäne erbaut), das Aufseherhaus (früher mit einer Schmiede im Untergeschoss, darüber befand sich die Wohnung des Domänenaufsehers), die Ackerbauschule (1851–1941), den vielleicht auf den Resten einer Burganlage aus dem 11. Jahrhundert erbauten Klausurgarten und Friedhof der Nonnen und Domänenpächter.

Die Johanneskirche wurde 1688 durch die Baumeister Martin Sprenger und Caspar Weisenbach aus Tirol von einer Bettelordenskirche zu einer barocken Wallfahrtskirche umgebaut. Sie ist mit drei prächtigen Barockaltären ausgestattet und über dem Eingang zum Chor hängt ein hochgotisches Kruzifix. Die Kanzel ist mit den vier großen Heiligen des Ordens geschmückt. Das steinerne Tympanon besitzt eine Fassung aus dem 19. Jahrhundert. Die Nonnenempore wird durch ein Rankengitter von der Kirche getrennt, dahinter befindet sich eine barocke Orgel. Beachten sollte man auch die geschnitzten Wangen des Gestühls von 1748, die von Mönchen des Klosters Bernstein gefertigt wurden; am bekanntesten ist die des „murrenden Schnitzers" an der vorletzten Bank links, dem der Brotkorb zu hoch hängt – wohl weil sein Lohn zu niedrig war. Vor der Kirche ist die Katharinenkapelle angebaut, die 1692 als Grabkapelle der Herren von Weitingen errichtet wurde. Interessant ist auch die Sammlung des Künstlers Helmuth Uhrig, dessen Nachlass dem Berneuchener Haus zur Verfügung gestellt wurde. Heute sitzt die Berneuchener Gemeinschaft hier, die es als Tagungs- und Einkehrhaus nutzt.

Das ehemalige **Kloster Bernstein** soll zusammen mit Kirchberg 1237 gegründet worden sein. 1361 bestand hier eine Einsiedler-Bruderschaft, die im Laufe der Zeit auf zwölf Brüder anstieg. Die Brüder sollen eine vorbildliche Landwirtschaft betrieben, Wein angebaut und Ziegel gebrannt haben. Auch im Kunsthandwerk waren sie beschlagen, so stammen Schnitzereien und Kunstschmiedearbeiten im Kloster Kirchberg von ihnen. Der schlichte Neubau des Klosters wurde 1728 bis 1733 durch Joseph Feuerstein erbaut; dabei wurde lediglich die Kirche mit Stuckaturen und Fresken im Barockstil verziert. 1806 wurde das Kloster aufgehoben. In der Nachkriegszeit bestand hier von 1946 bis 1955 eine private Kunstschule, die unter dem Namen „Bernsteinschule" in die südwestdeutsche Kunstgeschichte eingegangen ist. Mit ihr sind die Künstlerpersönlichkeiten Paul Kälberer, Hans Ludwig Pfeiffer und HAP Grieshaber verbunden.

Ein **Caravacakreuz** (s. S. 123) erkennt man an dem doppelten Querbalken. Es ist nach der spanischen Stadt Caravaca de la Cruz benannt, wo ein angeblich echter Partikel des Kreuzes Jesus' in Form eines Jerusalemer Kreuzes verehrt wird. Die danach benannten Kreuze sollen vor Blitz, Hagel und Unwetter bewahren.

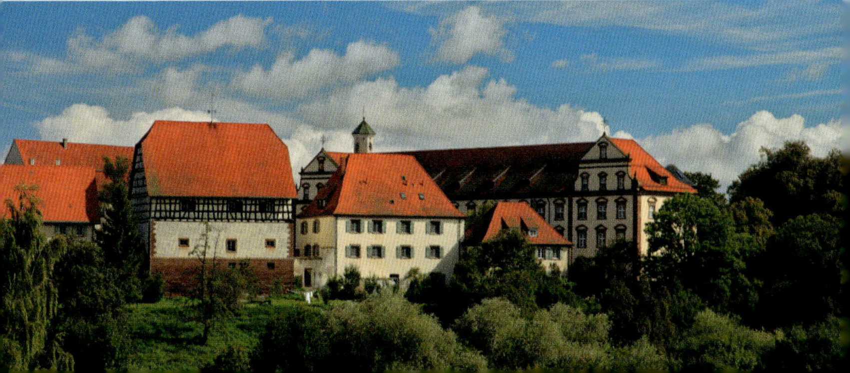

Über Jäkles Grab zum Tonauturm

21

Eine alte Geschichte und ein Aussichtsturm

 1 ¾ Std.

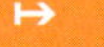 6 km

 190 Hm

Vöhringen/Wanderparkplatz – Jäkles Grab – Tonauturm – Wanderparkplatz

Die Wanderung verläuft meist auf festen Wegen, nur vor Jäkles Grab und vor und nach dem Aussichtsturm auf Pfaden, die teilweise steil sind.

Wald, Jäkles Grab, Aussichtsturm

Bergfelden

Zwei Besonderheiten hat diese Wanderung aufzuweisen: Wir besuchen zuerst Jäkles Grab, eine Grabstätte mitten im Wald für einen sagenhaften Menschen, und besteigen anschließend einen Aussichtsturm. Der Blick von oben ist zwar schon ziemlich zugewachsen, aber das, was man noch sieht, lohnt den Aufstieg immer noch. Dazwischen führt uns die Tour durch einen schönen Wald und vorbei an einem idyllischen Waldweiher.

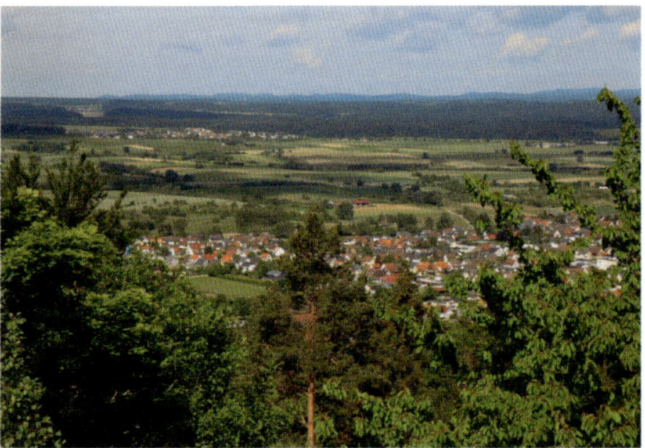

Blick vom Tonauturm.

Rechts: An Jäckles Grab.

Wir folgen vom **Parkplatz** 1 aus dem mit dem roten Punkt markierten Forstweg in den Wald. Bereits jetzt steigt unser Weg sanft an. Am Wanderschild **„Im Engewald"** (628 m) 2 biegen wir links ab in die Tonaustraße. Gleich darauf am Schild „Tonau" (633 m) wandern wir geradeaus weiter, zweigen aber kurz danach am Schild **„Tonaustraße"** (638 m) 3 rechts ab.

Am Schild **„Ringweg"** (625 m) orientieren wir uns am querenden Weg rechts 4 und halten uns kurz danach am Schild „Stichweg zum Jäckles Grab" (623 m) noch einmal rechts. Nun fällt unser Weg steil ab, bis wir schließlich nach rechts zu der bescheidenen **Grabstätte** des Jäkle 5 ver-

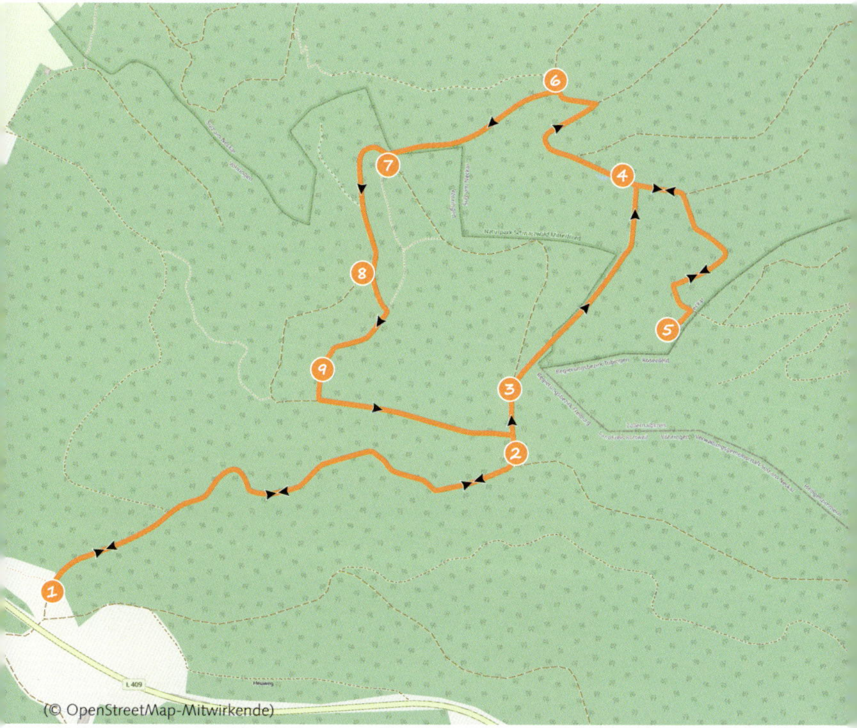

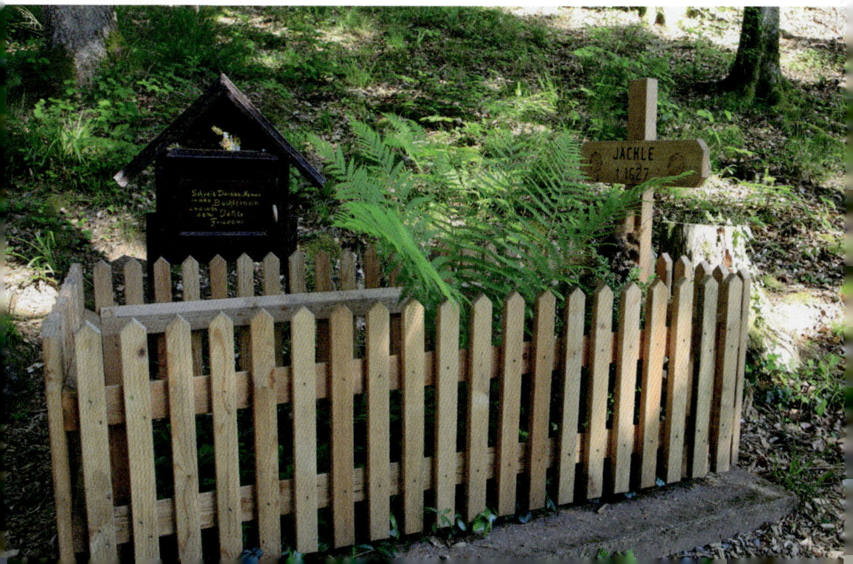

INFOS

Wanderkarte W240 Oberndorf am Neckar, 1:25000, Landesamt für Geoinformation und Landentwicklung Baden-Württemberg (LGL) in Zusammenarbeit mit dem Schwarzwaldverein e. V. und dem Schwäbischen Albverein e. V.

voehringen.de

Vöhringen, Wanderparkplatz, erreichbar ab der L409 in Richtung Rosenfeld an dem querenden Wanderweg, markiert mit dem roten Punkt, GPS 8.324181, 8.679623

wiesen werden. Hier gibt es auch Bänke zum Ausruhen und man kann lesen, was es mit diesem Jäkle auf sich hatte.

Danach gehen wir wieder hinauf und biegen beim Schild „Stichweg zum Jäckles Grab" (623 m) links ab. Am Schild „Ringweg" (625 m) gehen wir geradeaus weiter in der Kochjörgstraße. Gleich darauf liegt links des Weges ein kleiner, aber idyllischer **Waldweiher**. Wir wandern am Schild „Bannstaudenweg" (629 m) vorbei und biegen bei nächster Möglichkeit scharf links ab in einen sanft ansteigenden Forstweg. Wo dieser kurz darauf nach rechts führt, werden wir auf den Rotpunktweg nach links verwiesen 6. Nun steigt es wieder an.

An einem Querweg beim Schild **„An der Grenze"** (681 m) 7 halten wir uns rechts. Bald sehen wir links das **Tonaubrünnele** 8 und steigen auf der rechts von ihm befindlichen Treppe hinauf zu einem querenden Naturweg. Nach rechts bringt er uns zum **Tonauturm** 9.

Nach dem Turm gehen wir auf dem Pfad steil bergab. Am Schild „Steige Tonauturm" (648 m) halten wir uns links und

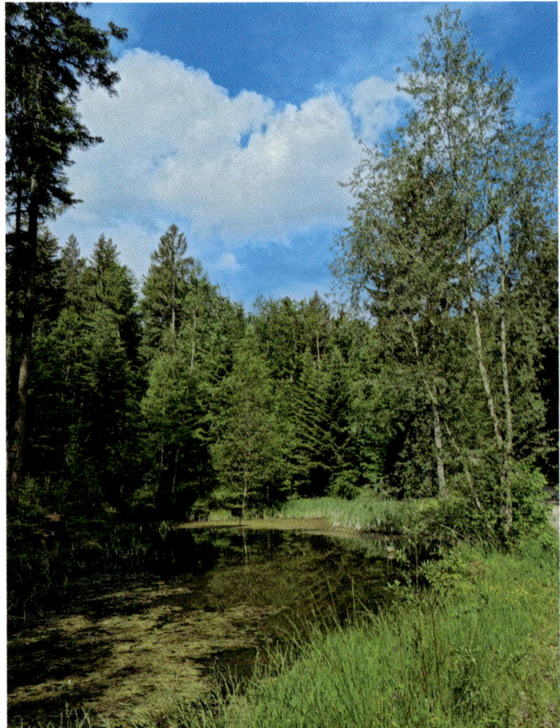

Im Wald treffen wir auf einen kleinen, idyllischen Weiher.

kommen zum Schild „Tonau" (633 m). Wir biegen rechts und gleich danach am Schild **„Im Engewald"** (648 m) 2 noch einmal rechts ab. Auf bekanntem Weg wandern wir jetzt gemütlich bergab zum Ausgangspunkt.

Am Tonaubrünnele.

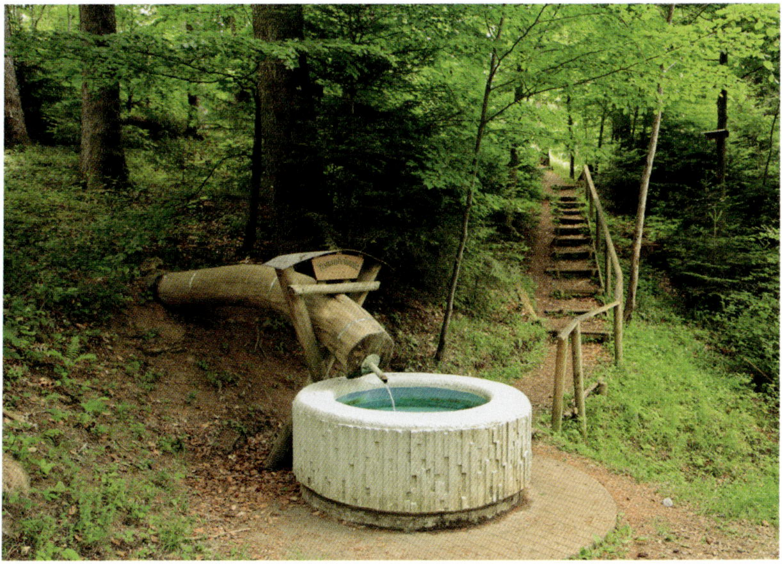

Tonauturm

Zuerst laden beim Tonauturm Bänke zur Rast. Danach sollte man den Turm auf seiner steilen Treppe besteigen. Die Aussicht ist zwar ziemlich zugewachsen, bei guten Sichtverhältnissen sieht man durch die Lücken im Wald aber doch noch einiges: den Tödi in den Glarner Alpen (Entfernung 170 km), Plettenberg (15,6 km), TK Elevator Testturm Rottweil (17,3 km), Wittershausen (3,9 km) in der größten Lücke, Dornhan (13,3 km), Vöhringen (1,9 km), Freudenstadt (25 km) und den Feldberg (72 km).

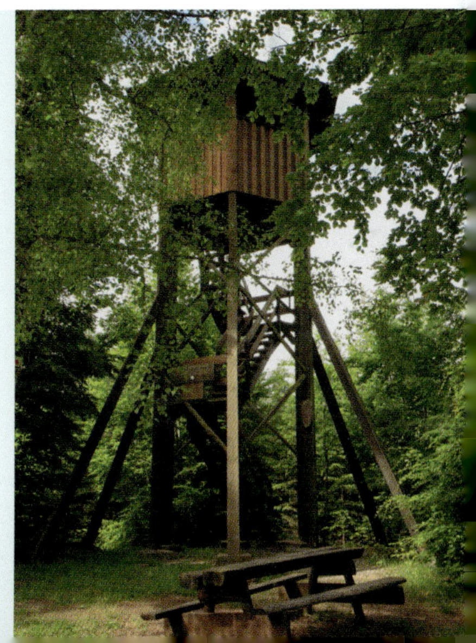

WaldenbachRunde 22

Ein wildes Tal, eine Burgruine und zwei Spielplätze

2 Std.

6,9 km

130 Hm

Rotenzimmern – Waldenbachtal – Spielplatz Gößlingen – Ruine Rotenzimmern – Rotenzimmern

Wir wandern auf festen Wegen, durch die Waldenbachschlucht und ab der Ruine Rotenzimmern jedoch auf teilweise steilen Pfaden, für die man trittsicher und schwindelfrei sein sollte. Ebenso sollte man feste Wanderschuhe anziehen. Bei Nässe, Eis und Schnee nicht geeignet. Beim letzten Wegstück über die Ruine Rotenzimmern gibt es keine Wanderzeichen, hier ist etwas pfadfinderisches Geschick angesagt. Man kann sich aber an farbigen Markierungen an den Bäumen orientieren.

Die Überschrift dieser Wanderung weist bereits darauf hin, dass sie etwas für Kinder ist. Aber auch Erwachsene werden an dem überaus wilden Waldenbachtal und der Ruine Rotenzimmern ihre Freude haben. Und für Kinder gibt es außerdem noch zwei Spielplätze, in der Mitte und am Ende der Tour.

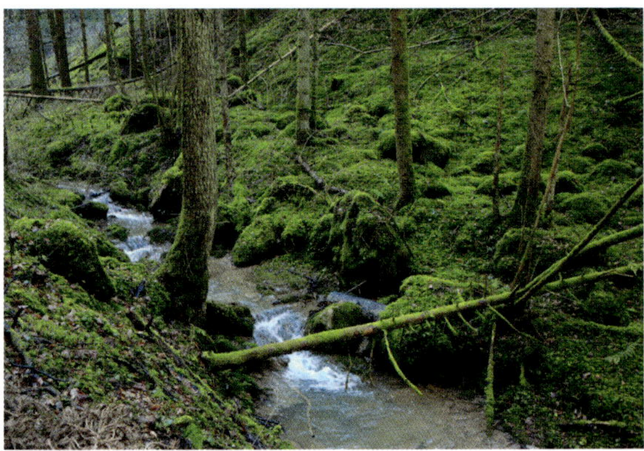

Wir gehen am **Kirchplatz** (564 m) 1, die Kirche im Rücken, nach rechts. Hier können wir zuerst die prächtigen Fachwerkhäuser bewundern, die wir entlang der Straße sehen. Es geht abwärts, vorbei am Bürger- und Rathaus bis zum Wanderschild „Täbingerstraße altes Feuerwehrhaus". Dort biegen wir rechts ab. Gleich darauf halten wir uns am Schild „Täbingerstraße Waldenbach" (565 m) noch einmal rechts 2.

Nach den letzten Häusern verlassen wir das Dorf, nun beginnt der wilde Teil der Wanderung: Wir steigen entlang des ungestümen **Waldenbachs** stets aufwärts. Der Bach bildet immer wieder kleine Wasserfälle und Kaskaden, im Bachbett und um dieses herum liegen zahlreiche tote, moosbedeckte Bäume und Felsbrocken, insgesamt

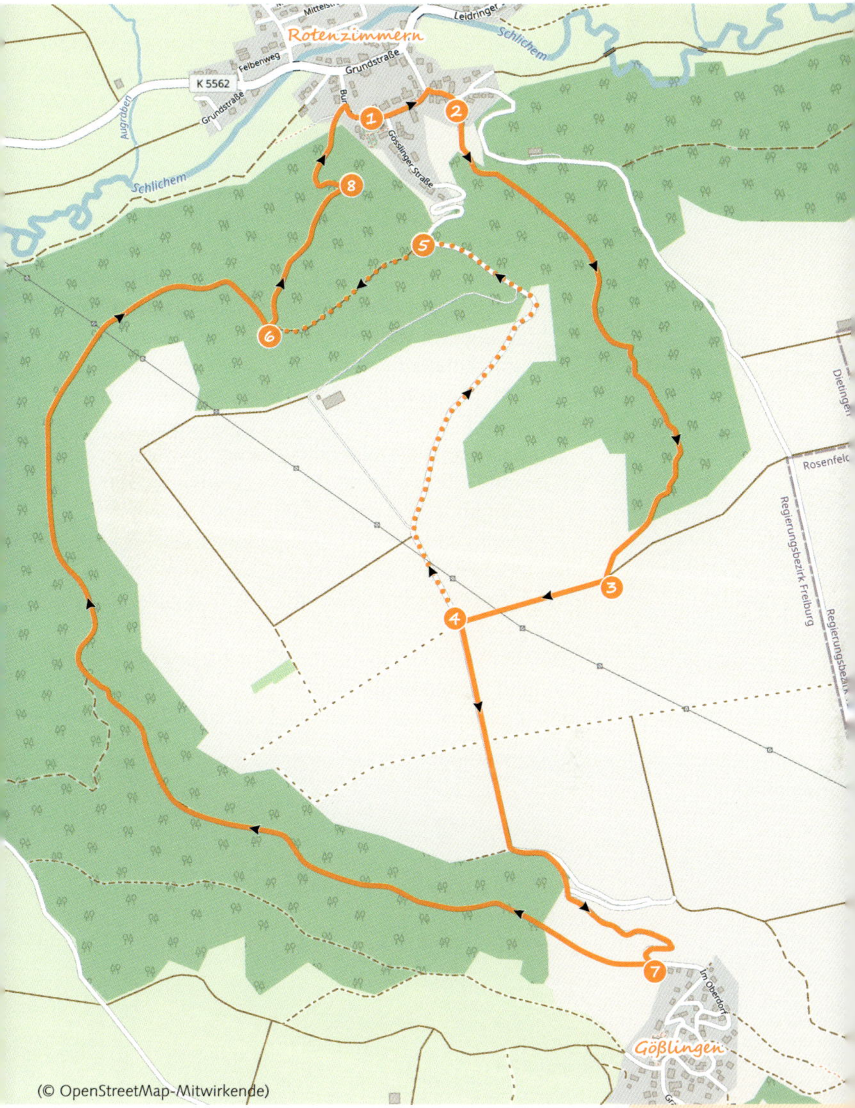

(© OpenStreetMap-Mitwirkende)

zeigt sich uns hier eine überaus idyllische und romantische Waldlandschaft. Trotzdem muss man aufpassen, denn der Weg kann glitschig und rutschig sein und an manchen Stellen geht es steil ins Bachbett hinab.

Fachwerkhäuser Rotenzimmern, Waldenbachtal, Ruine Rotenzimmern

INFOS

Wanderkarte W250 Spaichingen, 1:25000, Hrsg.: Schwäbischer Albverein e. V., Kartographie: Landesamt für Geoinformation und Landentwicklung Baden-Württemberg (LGL)

dietingen.de

Bus (mit Anmeldung) bis Rotenzimmern, Haltestelle Rössle

Dietingen-Rotenzimmern, Kirchplatz, GPS 48.252590, 8.684867

Am Ende des wilden Tals gehen wir über eine Wiese zu einem asphaltierten Weg. Dort biegen wir am Wanderschild **„Waldenbach Esch"** (674 m) rechts ab 3. Nach links haben wir einen schönen Blick zu den Bergen der Schwäbischen Alb, vom Raichberg über den Lochen und den Plettenberg bis zum Lemberg.

Nach rechts kommen wir zu einem querenden Weg, der mit einem Baum und einer Bank markiert ist 4. Hier haben wir zwei Möglichkeiten. Wer abkürzen will, biegt rechts ab und hält sich am nächsten Abzweig noch einmal rechts. Es geht hinab in einen Taleinschnitt. Wo an einer Rechtskurve rechts eine große **Holzscheune** steht, orientieren wir uns links in Richtung „Ruine Rotenzimmern" 5. Etwas später am Schild **„Burgstall"** (645 m) 6 biegen wir rechts auf einen Pfad ab. Hier vereinigen sich beide Varianten wieder.

Etwas länger ist die folgende Variante, die dafür zu einem Spiel- und Grillplatz oberhalb von Gößlingen führt. Dazu biegen wir an dem Baum mit der Bank links ab und wandern bis zum Wald vor dem Trauf. Dort orientieren wir uns links, nehmen aber gleich darauf den rechts abwärts führenden Weg, der zum **Spielplatz mit Grillstelle** und nach Gößlingen führt.

Wo die Straße Im Oberdorf nach links nach Gößlingen hinein führt, halten wir uns rechts 7 und wandern auf dem Forstweg in leichten Windungen bis zum oben erwähn-

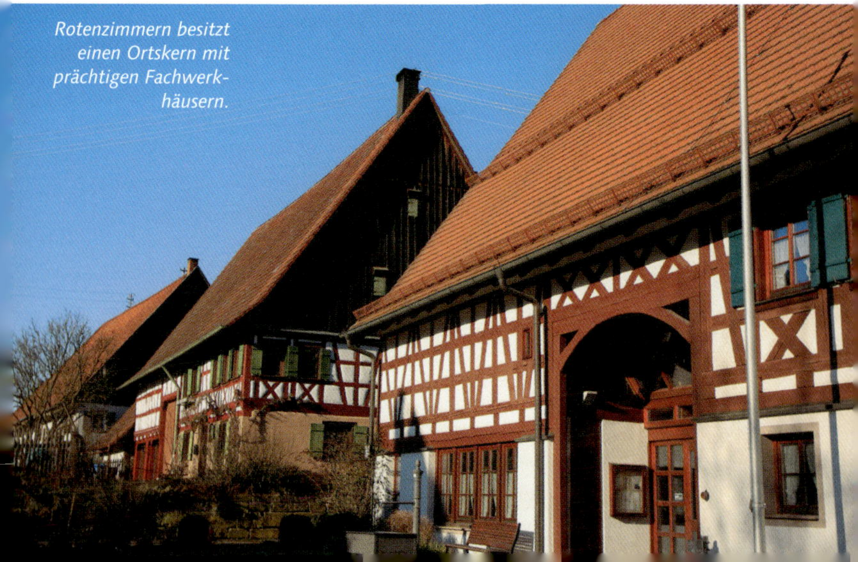

Rotenzimmern besitzt einen Ortskern mit prächtigen Fachwerkhäusern.

ten Schild **„Burgstall“** (645 m) 6. Hier biegen wir links ab und wandern steil hinab; jetzt finden wir keine Wanderzeichen mehr, sondern müssen uns an farbigen Punkten an den Bäumen orientieren.

Der Weg geht in einen Hohlweg über, den wir aber kurz darauf nach rechts verlassen. Nun geht es auf dem Pfad weiter, bis wir nach rechts zur **Ruine Rotenzimmern** 8 kommen. Für den Weiterweg gehen wir etwas zurück und biegen nach dem letzten Graben vor der Ruine rechts ab. Die Zeichen führen uns nun zwar steil, aber sicher, hinab bis zum Waldrand. Hier sehen wir links vor uns schon den zweiten Spielplatz. Ansonsten halten wir uns rechts und wandern, vorbei an den Schildern „Spielplatz Alte Schule“ (560 m) und „Burgstraße“ (554 m), zu dieser Straße und nach rechts hinauf zum Kirchplatz.

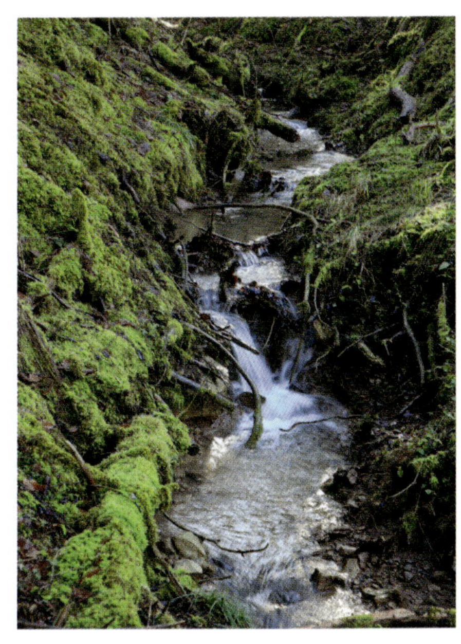

Am wilden Waldenbach.

Von der Ruine Rotenzimmern sind nur noch wenige Reste erhalten.

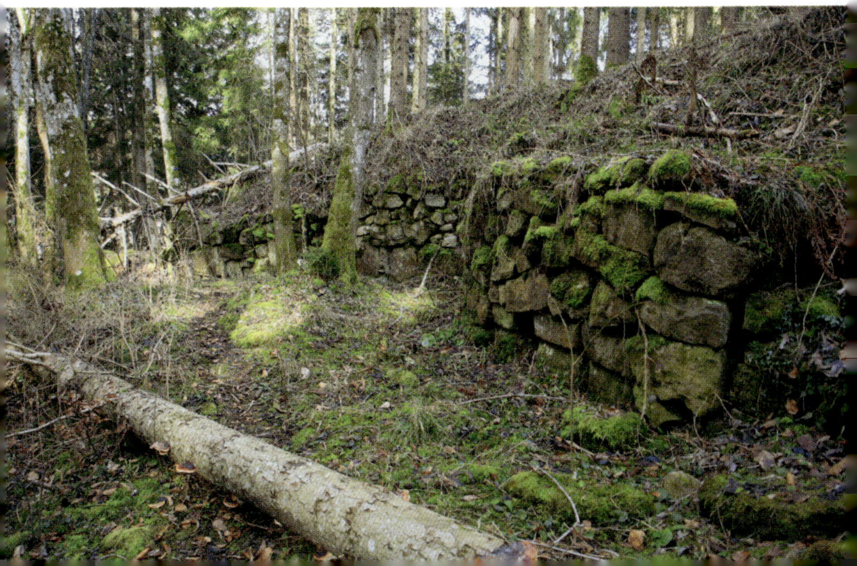

WildeckRunde

23

Von Gößlingen in die Höhe

 2 Std.

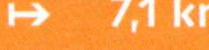 7,1 km

160 Hm

Gößlingen – ehemalige Ruine Wildeck – Vaihingerhof Eschle – Aussichtspunkt Plettenberg – Gößlingen

Die Wanderung verläuft überwiegend auf geschotterten Waldwegen. Als Wanderzeichen können wir uns meist an dem gelben Ring für Rundweg orientieren.

Waldszenen, Aussicht

Obwohl wir bei dieser Wanderung überwiegend durch einen dichten Wald wandern, bietet sich uns doch an drei Stellen eine schöne Aussicht: gleich zu Anfang und am Schluss der Blick auf Gößlingen mit seiner malerisch auf der Anhöhe liegenden Kirche und im letzten Drittel der Blick auf die Kette der Alb-Berge mit dem Plettenberg als markante Erhebung. Hier versteht man auch das Wort Eduard Mörikes von der „Blauen Mauer" der Schwäbischen Alb, wenn man sie so wie von hier von weitem sieht.

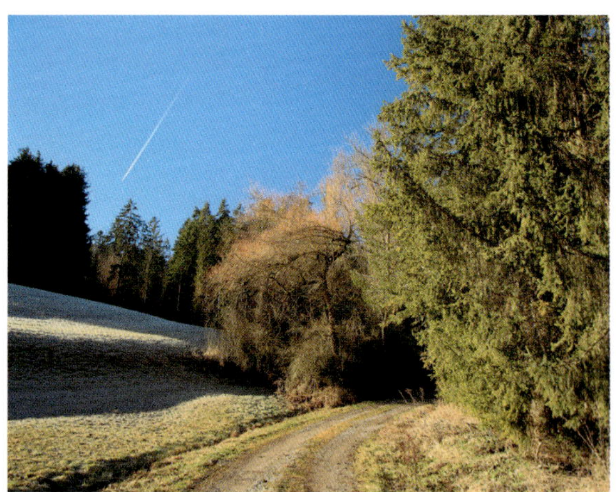

Der Weg führt gleich zu Beginn in den Wald.

Wir gehen vom Parkplatz mit dem Wanderschild **„Schwarzenbachhalle"** (566 m) 1 auf den Wald zu. Nach dem Bach führt der Weg nach rechts, wir kommen in den Wald und gehen an der ersten Verzweigung geradeaus weiter. An einem querenden Weg halten wir uns rechts, kurz darauf vor der Straße links 2, nun steigt unser Weg an.

Rechts: Blick auf Gößlingen.

Am querenden Wildeckweg und dem Schild **„Schauwiesen"** (595 m) 3 biegen wir links ab und erreichen nach ei-

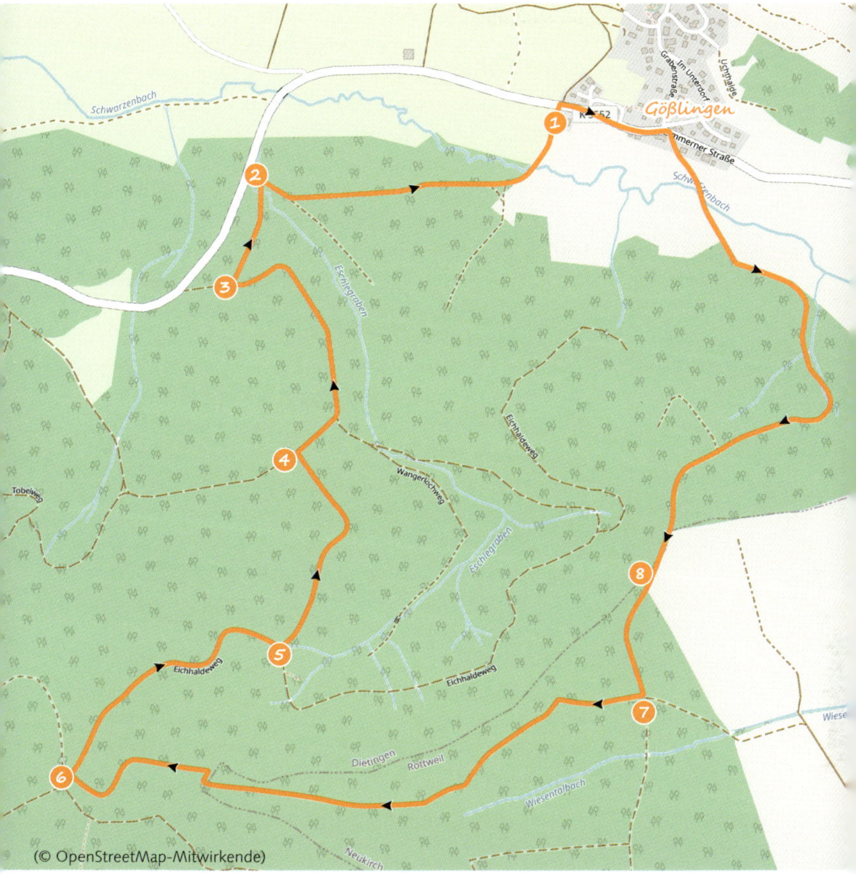

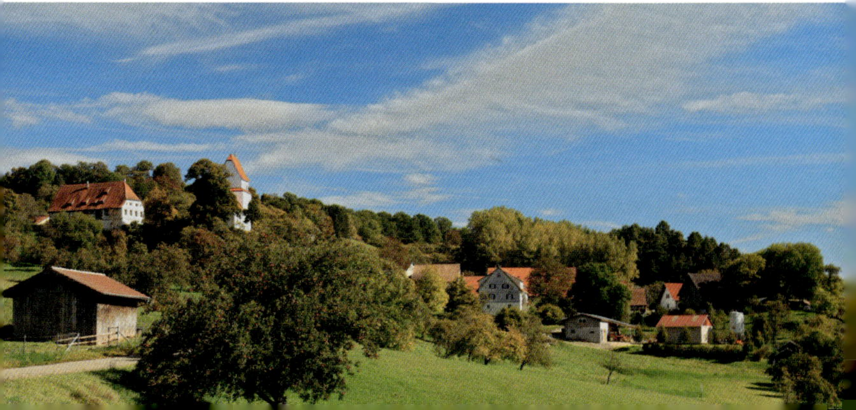

INFOS

Wanderkarte W250 Spaichingen, 1:25 000, Hrsg.: Schwäbischer Albverein e. V., Kartographie: Landesamt für Geoinformation und Landentwicklung Baden-Württemberg (LGL)

dietingen.de

Bus, ggf. Anrufbus, bis Gößlingen, Haltestelle Schwarzenbachstraße

Dietingen-Gößlingen, Irslinger Straße, Schwarzenbachhalle, GPS 48.230280, 8.690490

ner Weile eine Lichtung. Dort halten wir uns rechts an den kurzfristig ansteigenden Weg. An der nächsten **Kreuzung** biegen wir links ab 4. Nun steigt es eine Weile steil an.

An einer Rechtskurve sehen wir eine **Holzhütte**, hier stand einst die mittlerweile abgegangene Burg Wildeck. An der Hütte befindet sich das Wanderzeichen Wildeck (687 m) 5.

Der Weg steigt nun nur noch mäßig an, später verläuft er eben und bringt uns zu einer Wegspinne, hier nehmen wir am Wanderzeichen **Sandgrube** (699 m) 6 den ersten links abgehenden Weg, „Schwarzenbachhalle" ist bereits angeschrieben.

Nach kurzem steilem Anstieg führt der Weg nach rechts und wir wandern eben über einen Höhenrücken. Am nächsten querenden Weg halten wir uns links. Wir stoßen auf das Wanderschild **„Vaihingerhof Eschle"** (707 m) 7, wo wir links abbiegen.

Nach einiger Zeit verlassen wir kurzfristig den Wald. Nach rechts haben wir hier den erwähnten prächtigen Blick zur Kette der Berge der Schwäbischen Alb mit dem Plettenberg mit seinem Funkturm als Landmarke 8. Etwas später kommen wir wieder in den Wald, nun geht es in der Vaihinger Steige anfangs steil bergab.

Nachdem wir den Wald verlassen haben, gehen wir mit schönem Blick auf Gößlingen durch die Bachaue auf das Dorf zu. An der querenden Zimmerner Straße biegen wir links ab und erreichen bald wieder die bereits sichtbare Schwarzenbachhalle.

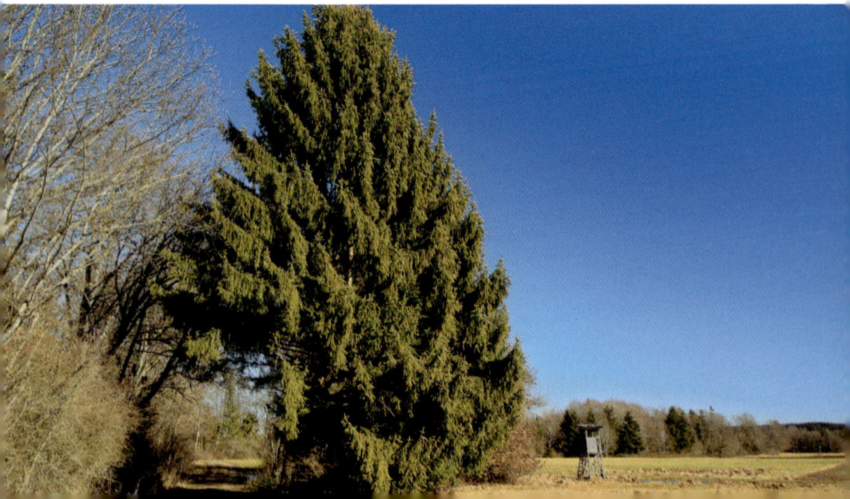

Burg Wildeck

Die **Burg Wildeck** wurde 1279 erwähnt und war im Besitz der Herren von Wildeck und der Grafen von Sulz. Als die Grafen von Sulz im Jahre 1354 dem Kloster Apirsbach ihr Dorf Gößlingen verkauften, wurden in der Urkunde die Grafen von Sulz als Herren zu „Wildeck" genannt. Im 18. Jahrhundert hat man die Anlage in ein Schlösschen umgebaut. Es brannte 1809 vollständig ab. Von der ehemaligen Burganlage ist nichts mehr erhalten.

Wehrkirche St. Peter und Paul

Die ehemalige **Wehrkirche St. Peter und Paul** in Gößlingen liegt in einer herrlichen und von weither sichtbaren Lage über dem Ort. Sie ist mit zahlreichen Kunstwerken aus der Gotik ausgestattet. Das spätgotische Sterngewölbe im Chor entstand 1518; sein zentraler Schlussstein ziert ein Bild der Madonna mit Kind. Beeindruckend ist auch die Kopie einer Schutzmantelmadonna (um 1430), die von einem oberschwäbischen Meister stammt, etwas Besonderes und einzigartig in der Region ist das schlanke, sieben Meter hohe Sandsteinsakramentshaus aus der Spätgotik mit Figurenschmuck im unteren Teil. Außergewöhnlich ist auch die Figur des heiligen Nepomuk, des Brückenheiligen, über dem Beichtstuhl. Beachten sollte man auch die sandsteinerne Grabplatte der seligen Hailwig. Sie soll als Tochter eines Reinhard von Ebingen um die Zeitenwende 14./15. Jahrhundert in Täbingen gelebt haben, wofür auch die Mode ihrer Kleidung spricht. Wie ihre zum Gebet gefalteten Hände anzeigen, soll sie sehr fromm gewesen sein, und so soll sich die Kirchentüre allein vor ihr geöffnet haben.

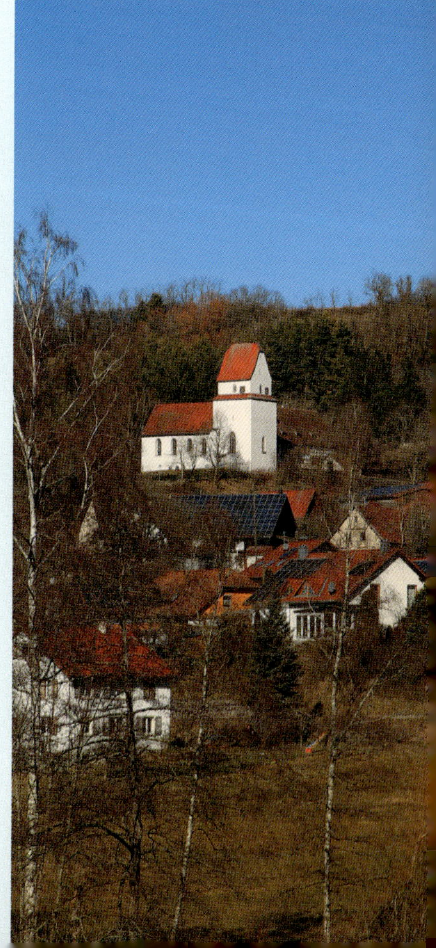

PanoramaRunde Dietingen 24

Vom Wildgehege zu den Seen

2 ¾ Std.
10,6 km
110 Hm

Dietingen/Parkplatz – Schwarzwildgehege – Wald – Talsee – Friedhof Dietingen – Schreckenbergsee – Pappelsee – Dietingen

Wir wandern auf festen Wegen. Eine barrierefreie Umgehung einer Treppe in Dietingen ist ausgeschildert.

Wildgehege, Aussicht, Seen

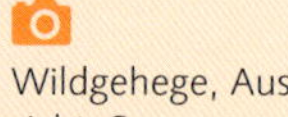

Dietingen

Die Tour führt längere Zeit über freie Flächen.

Mit Panoramarunde ist diese Wanderung treffend beschrieben, bietet sie uns doch von verschiedenen Stellen einen herrlichen Blick über die Landschaft. Drei-Seen-Runde wäre aber auch passend gewesen, denn man kommt an drei idyllischen Seen vorbei. Interessant sind auch die zahlreichen Informationstafeln und Schilder um das Wildgehege sowie der Wald, durch den man zu Beginn wandert.

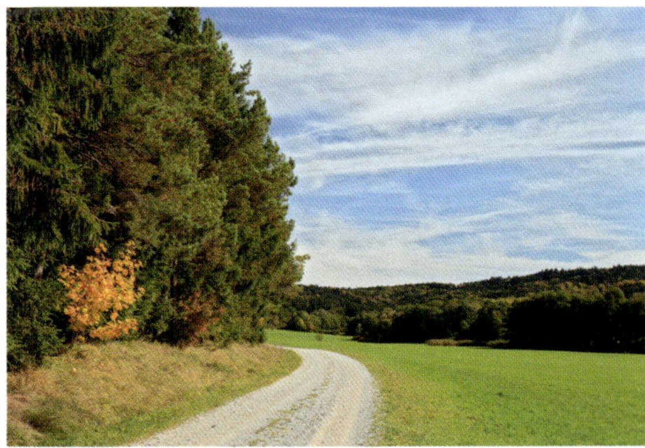

Wir gehen vom Parkplatz 1 in der Verlängerung des Zufahrtsweges entlang des Wildgeheges im Wald den Berg hinauf. Vor dem ersten Haus des Wohngebiets biegen wir am Schild „Wildgehege Lärchenweg" (596 m) links ab. Nach einer Weile treffen wir nach einem Spielplatz am Schild **„Wasen Lehrpfad"** (633 m) einen querenden Weg 2. Ihm folgen wir nach links.

Nach dem Wildgehege passieren wir einen Wasserbehälter, dann das Schild „Wasen Einsteigerweg" (641 m). Am Querweg danach halten wir uns links, danach rechts. Nach einer Strecke geradeaus biegen wir wieder rechts ab, danach am Schild **„Heidenbühl Kleeplätzle"** (625 m) 3 rechts in

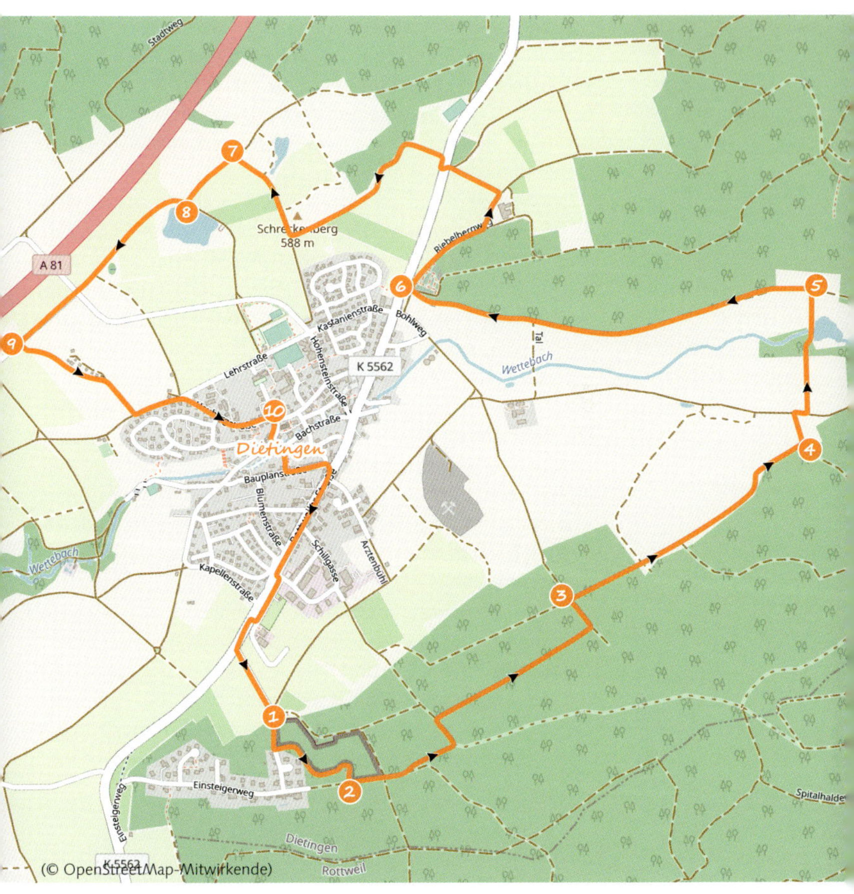

den Unteren Laubbergweg. Nach dem Wald kommen wir an einem Rastplatz mit schöner Aussicht vorbei. Sie wird uns für den Rest der Tour größtenteils erhalten bleiben.

Wir wandern immer geradeaus am Waldrand entlang, bis zu einer **Kreuzung** 4, wo wir uns mit dem Schild gelber Kreis für Rundwanderung links halten. Am nächsten Querweg biegen wir rechts, dann gleich wieder links ab. Ab jetzt haben wir fast ständig einen schönen Blick zum TK Elevator Testturm bei Rottweil.

Der Weg fällt in einem Gehölz ab und führt uns am **Talsee** vorbei. Am querenden Weg danach mit dem Schild **„Oben im Tal Talsee"** (604 m) 5 halten wir uns links. Nun

INFOS

Wanderkarte W250 Spaichingen, 1:25000, Hrsg.: Schwäbischer Albverein e. V., Kartographie: Landesamt für Geoinformation und Landentwicklung Baden-Württemberg (LGL)

dietingen.de

Bus bis Dietingen, Haltestellen Kreuz oder Welt der Kristalle

Dietingen, Lärchenweg, Parkplatz Schwarzwildgehege, GPS 48.196694, 8.646386

wandern wir mit schöner Sicht über die Landschaft und zum Turm bis **Dietingen**. Vor der Böhringer Straße biegen wir am Schild **„Friedhof"** (574 m) 6 rechts ab. Der Weg steigt etwas an, bis zu einer Verzweigung am Schild „Kornkammer" (588 m). Hier werden wir nach links verwiesen, gleich danach noch einmal.

Wir wandern bis zur Straße und hinter ihr etwas nach rechts versetzt weiter. Der Weg bringt uns zum Waldrand und knickt dort links ab. Am nächsten querenden Weg biegen wir am Schild „Schreckenberg" (597 m) rechts ab. Nach etwas Anstieg haben wir einen prächtigen Blick zum Pappelsee, aber auch zur dahinter verlaufenden Autobahn.

Danach liegt rechts der Schreckenbergsee, nach diesem biegen wir am Schild **„Schreckenbergsee"** (600 m) 7 links ab. Bald erreichen wir den **Pappelsee** 8 – wer auf der Autobahn A81 fährt, hat einen schönen Blick auf ihn. Wir gehen rechts an dem See vorbei und kommen zu einer Kreuzung mit dem Schild „Hagelgrube" (593 m). Hier gehen wir noch geradeaus weiter, halten uns aber bei nächster Gelegenheit links 9.

Der Weg bringt uns nun vor die ersten Häuser von **Dietingen**. Wir biegen links ab und erreichen nach dem Ortsschild eine Kreuzung. Hier halten wir uns rechts an die Heubergstraße. Sie bringt uns in den Ort. Nach der Zehntscheuer kommen wir zum Rathaus und zur Kirche. Hier biegen wir am Schild **„Rathaus"** (576 m) 10 rechts

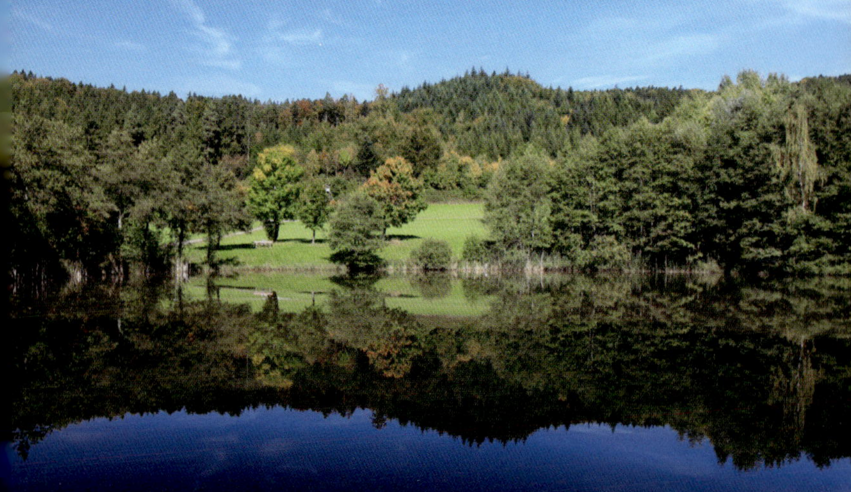

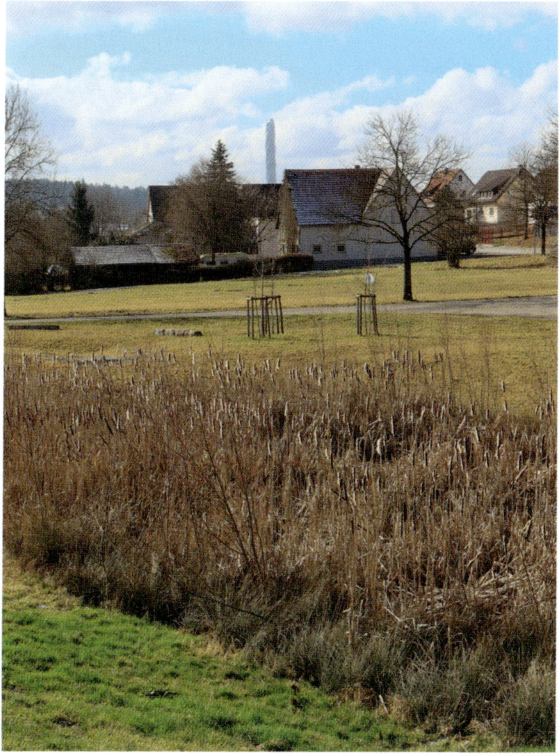

Blick zum TK Elevator Testturm bei Rottweil.

Links: Talsee.

Unten: Pappelsee.

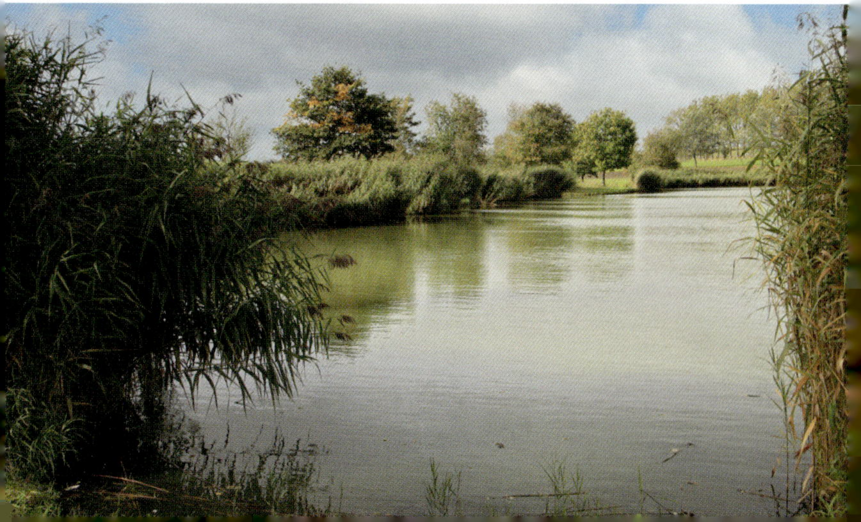

ab in die Unterdorfstraße. Gleich darauf halten wir uns am Schild „Bachstraße“ (572 m) links. Nach einem Stück Bergab geht es etwas nach links versetzt auf einer Treppe hinauf – hier ist eine barrierefreie Umgehung der Treppe ausgeschildert.

Ansonsten halten wir uns nach der Treppe am Schild „Bauplanstraße“ (577 m) links an die Querstraße. Sie bringt uns zur Rottweiler Straße. Wir biegen am Schild

Auch im Winter ist die Wanderung ein Erlebnis.

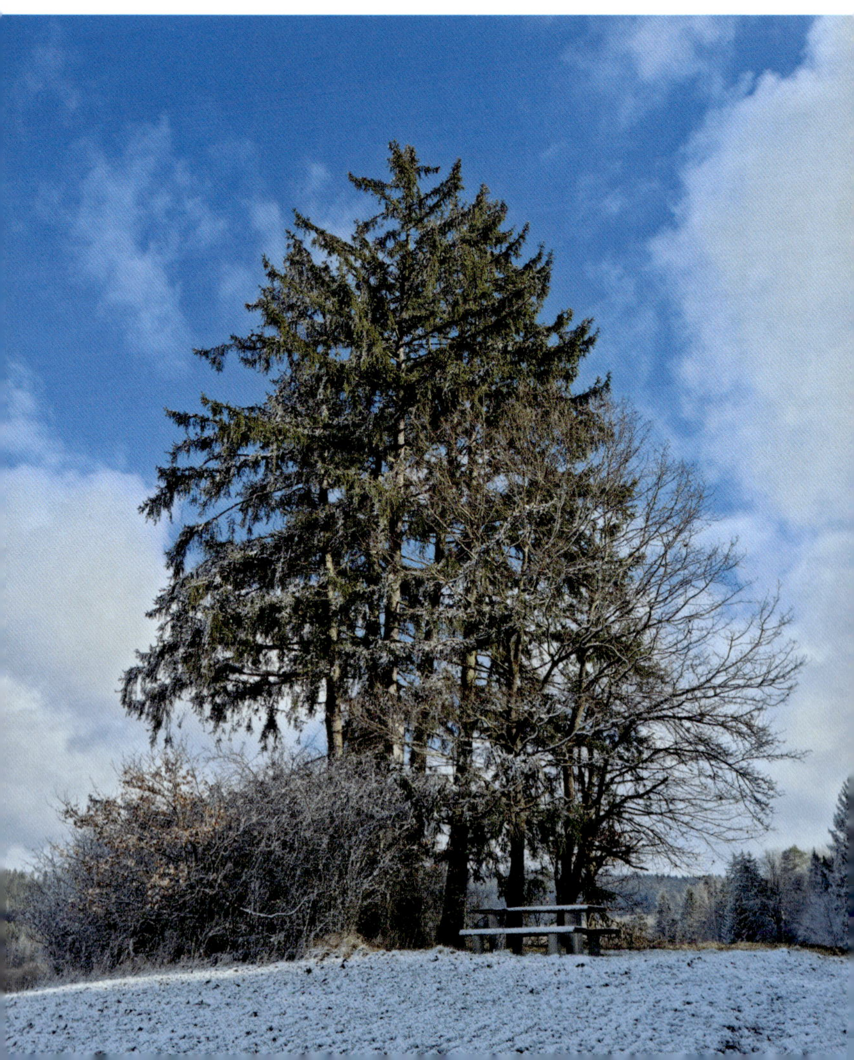

„Kreuz" (574 m) rechts ab. Etwas später passieren wir die Bushaltestelle Kreuz. Wo der Gehweg rechts aufhört, gehen wir auf die linke Straßenseite. Bald kommen wir am Museum **Welt der Kristalle** vorbei.

Nach der Anlage biegen wir auf dem Parkplatz vor der Linkskurve rechts ab und kommen zum Schild „Welt der Kristalle" (575 m). Von hier aus gehen wir auf dem Zufahrtsweg zurück zum Ausgangspunkt.

Blick nach Dietingen.

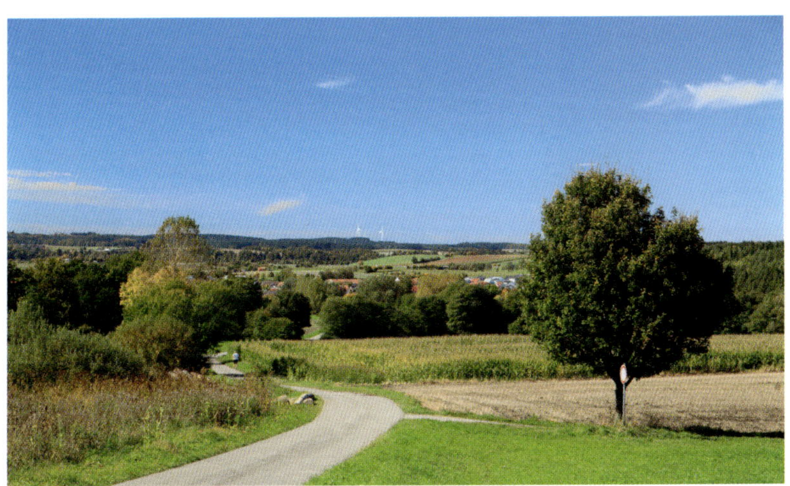

Dietingen

Die St. Nikolauskirche in **Dietingen** stammt aus dem 19. Jahrhundert, der fünfgeschossige Turm aber aus dem Ende des 15. Jahrhunderts. Sie besitzt prächtige Chorfenster, die von dem oberschwäbischen Künstler Emil Gnant 1894 geschaffen wurden. Die Schnitzarbeiten stammen von dem Schömberger Meister Urban Faulhaber (1711 – 1780). An der Emporenbrüstung sieht man Bilder der zwölf Apostel (um 1700). Aus der Zeit der Gotik und des Barock stammen eine Madonna mit Kind, eine Pietà, eine hl. Barbara und ein Kruzifix. Interessant ist die ortsgeschichtliche Sammlung im Heimatmuseum in der ehemaligen Zehntscheuer (18. Jahrhundert). Man sieht eine Küche, Kammer und Stube, außerdem werden in der Ausstellung die Handwerke von Schuster, Wagner und Schmied anhand typischer Arbeitsgeräte präsentiert. Heubergstr. 5, Telefon 0741 4806-0. Im Museum Welt der Kristalle kann man über 750 Objekte mit bis zu über 3000 Kilogramm Gewicht aus verschiedenen Ländern der Erde bewundern (welt-der-kristalle.de).

Römerpfad Rottweil

25

Von Tafel zu Tafel

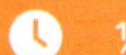
½ Std.

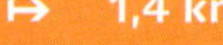
1,4 km
10 Hm

Rottweil/Pelagiuskirche – Römerpfad – Pelagiuskirche

Die Tour verläuft auf festen Wegen, ein kurzes Stück auf einem Grasweg. Man kann die Runde zwar nicht als barrierefrei bezeichnen, denn man hat ein paar Bordsteine zu bewältigen und das o. g. Stück auf einem Grasweg ist auch nicht rollstuhlgeeignet. Es kann aber umgangen werden. Ansonsten ist der Weg für Rollstuhlfahrer mit einer Begleitperson zu bewältigen.

Pelagiuskirche mit römischem Bad

Rottweil

Die Römer lebten ab 73/74 n. Chr. auf dem Gebiet, um das heute der Römerpfad führt. Allzu viel ist allerdings nicht mehr aus dieser Zeit zu sehen, sieht man einmal von den Resten des römischen Bads – der Fußbodenheizung – unter der Pelagiuskirche und des Säulenkapitells ab. Dafür erklären aber zahlreiche Tafeln, Wegmarker genannt, das Leben zur Zeit der Römer. Der Pfad vermittelt aber einen guten Eindruck von der Größe der einstigen Römerstadt Arae Flaviae. Die Ausmaße und die Lage der einzelnen Gebäude kann man auf dem Plan auf den Wegmarkern erkennen.

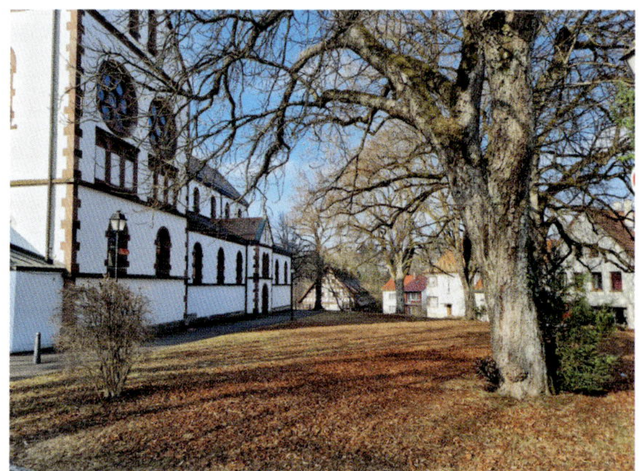

Zuerst sollten wir uns den Rest der römischen Hypokaustanlage (Fußbodenheizung) unterhalb der **Pelagiuskirche** 1 ansehen. Es geht außerhalb der Kirche gegenüber des Parkplatzes ein paar Stufen in den Keller hinab. Öffnungszeiten: April bis Oktober von 9 bis 18 Uhr, November bis März nur auf telefonische Anfrage beim Pfarramt St. Pelagius, Telefon 0741 21263.

Sollte die Türe verschlossen sein, ist angeschrieben, wo man sich den Schlüssel holen kann.

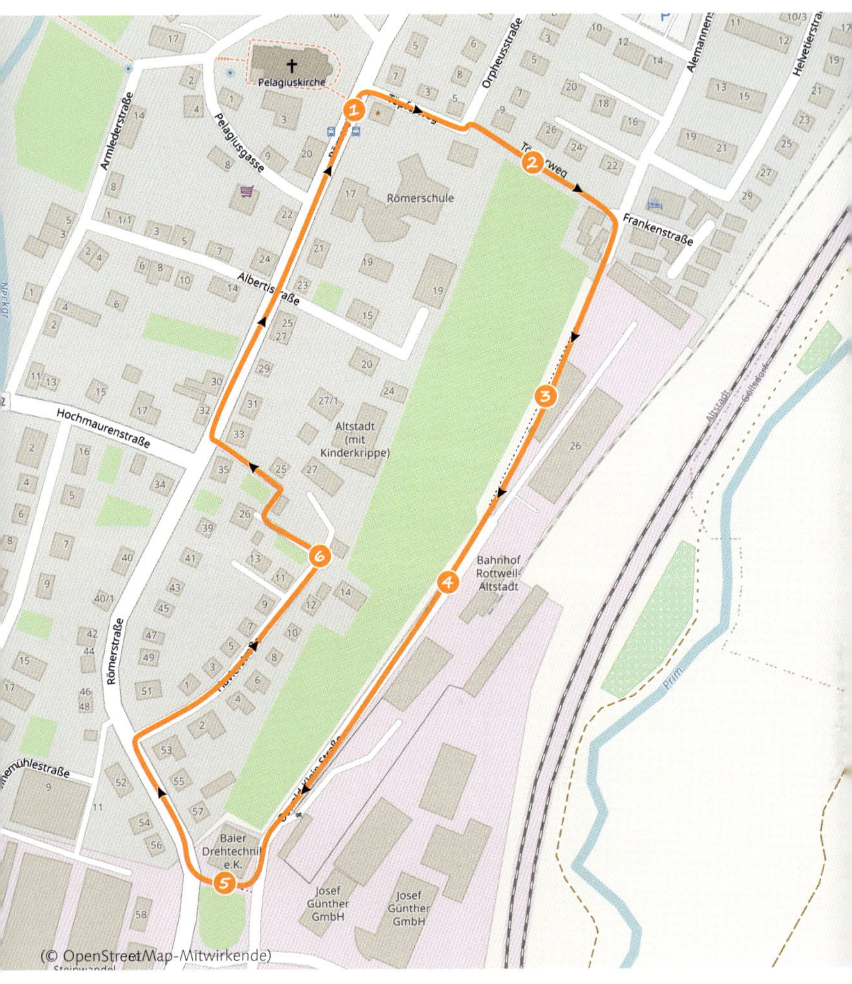

Dann überqueren wir die Römerstraße und folgen auf der anderen Seite dem Töpferweg. Nach den Häusern liegt rechts der erwähnte Schulparkplatz, der außerhalb der Schulzeiten benutzt werden darf. Danach gehen wir am Spielplatz vorbei und immer geradeaus. Bald kommen wir am **Wegmarker Stadtpanorama** 2 vorbei.

Danach gehen wir weiter zur querenden Alemannenstraße, wo wir uns rechts halten. Bald kommen wir zum **Wegmarker Kastelle** 3, neben dem an der Wand zwei

Links: Start ist an der Pelagiuskirche, wo sich auch die römische Fußbodenheizung befindet.

INFOS

Stadtplan Rottweil. Es gibt einen Flyer mit dem Wegverlauf.

rottweil.de

Bus bis Haltestelle Römerschule

Rottweil, St. Pelagius Kirche, Pelagiusgasse 2/ Römerstraße, GPS 48.158261, 8.644571 Wenn der kleine Parkplatz bei der Kirche belegt sein sollte gibt es einen Ausweichparkplatz Ecke Keltenstraße/ Alemannenstraße oder am Töpferweg, wo die Runde ohnehin vorbeiführt. Dort allerdings nicht an Schultagen.

große Grafiken mit Szenen aus dem römischen Leben zu sehen sind. Etwas später erreichen wir den **Wegmarker Tempel** 4, hier ist links an der Gebäudewand eine große Grafik von einem römischen Podiumstempel angebracht.

Etwas später biegen wir an einer Grünfläche rechts ab. Hier sehen wir vor einer kleinen Kapelle den Rest eines römischen **Säulenkapitells** 5. Nach ihm halten wir uns rechts an die Römerstraße. Bald zweigen wir rechts ab in die Flavierstraße und kommen zur Mauer des Hofguts Hochmauren; hier finden wir den **Wegmarker Forum** 6.

Der Weg führt hier nach links, entlang der Mauer auf dem Grasweg weiter. Wer mit dem Rollstuhl unterwegs ist, dreht am besten um und hält sich an der Römerstraße rechts – es folgt auch keine weitere Station mehr.

Ansonsten gehen wir kurz an der Mauer entlang, danach nach rechts. Hier steht eine **Tafel**, auf der die Geschichte des Hofguts Hochmauren eingeschlagen ist. Nun gehen wir nach links hinab zur Römerstraße und auf dieser nach rechts zurück zur Pelagiuskirche.

Pelagiuskirche.

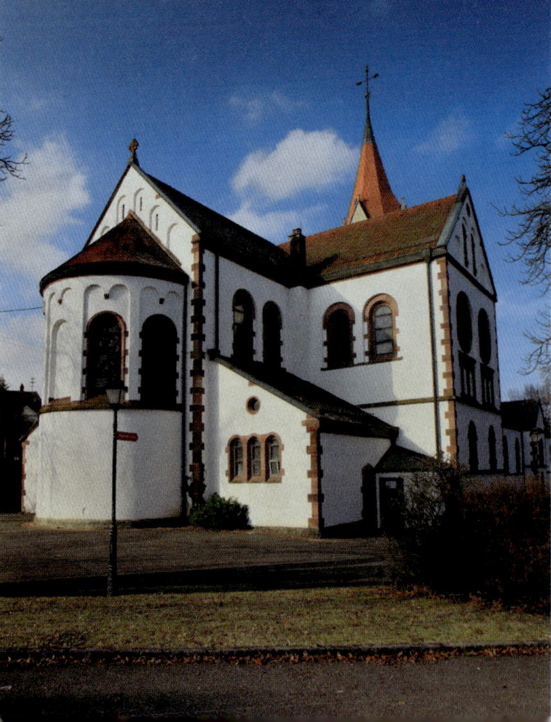

Rechts: Blick in die Fußbodenheizung (Hypokaustanlage).

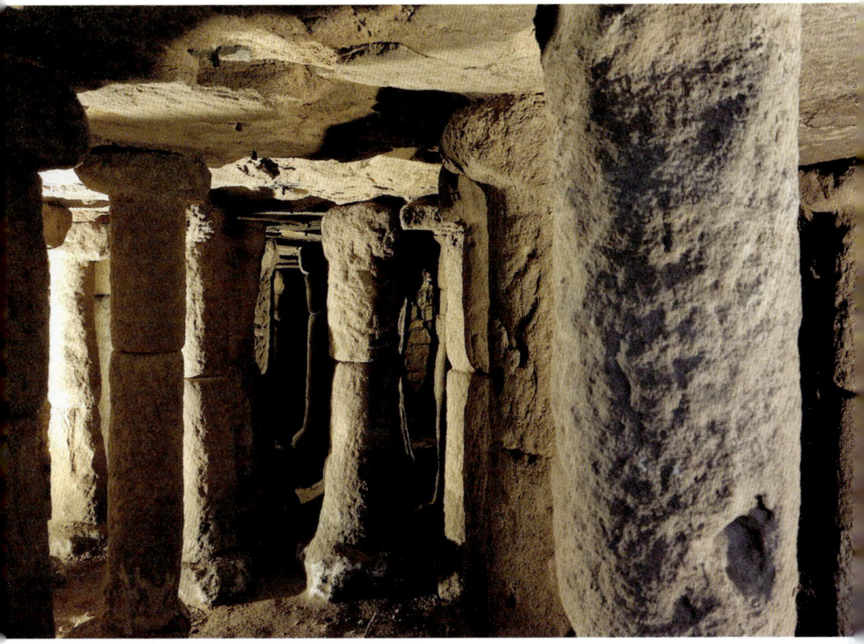

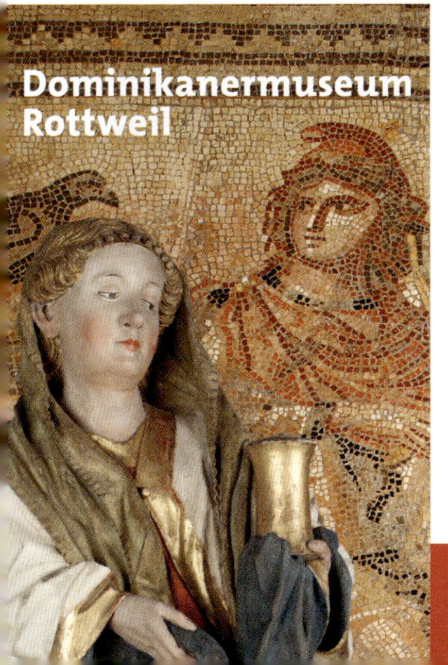

Dominikanermuseum Rottweil

Die Abteilung „römisches rottweil- arae flaviae“ gibt Einblick in das Leben der römischen Vorgängerstadt Rottweils, rund 180 herausragende Holzbildwerke schwäbischer Bildhauer der Spätgotik umfasst die Abteilung „sakrale kunst des mittelalters – sammlung dursch“ und der „kunst raum rottweil“ zeigt wechselnde Ausstellungen zur Gegenwartskunst. Audioguides, digitale und analoge Mitmachelemente für alle Altersklassen bereichern die Ausstellungen zur Römerzeit und gotischen Sakralkunst.

dominikanermuseumrottweil
drei epochen. ein ort

Kriegsdamm 4, 78628 Rottweil
www.dominikanermuseum.de
dominikanermuseum@rottweil.de
Geöffnet: Di – So: 10 bis 17 Uhr

Qualitätsweg Eschachtal Rottweil

26

Wacholderheide, Wald und Bach

2 Std.
7,2 km
150 Hm

Bühlingen – Buchwald – Eckhof – Bühlingen

Der erste Teil der Wanderung verläuft auf meist gut zu gehenden Waldwegen, der Rückweg ab dem Eckhof auf Pfaden. Sie sind zwar auch gut zu gehen, da sie aber immer wieder an Steilabfällen vorbei führen, sollte man trittsicher und schwindelfrei sein, denn dort darf man sich keinen Fehltritt oder Ausrutscher erlauben. Deshalb ist die Tour auch als schwer klassifiziert. Wanderstöcke sind an solchen Stellen von Vorteil; auch sollte man gutes Schuhwerk mit

So kurz diese Wanderung auch ist, so schön und erlebnisreich ist sie. Während man im ersten Teil der Wanderung meist auf guten Forstwegen oder einem gut zu gehenden Pfad durch einen schönen Wald geht, beginnt ab dem Eckhof der abenteuerliche Teil der Wanderung. Der Weg führt durch eine Wacholderheide, danach wieder durch den Wald. Man hat immer wieder eine schöne Aussicht und kommt auch der idyllischen Eschach ab und zu nahe.

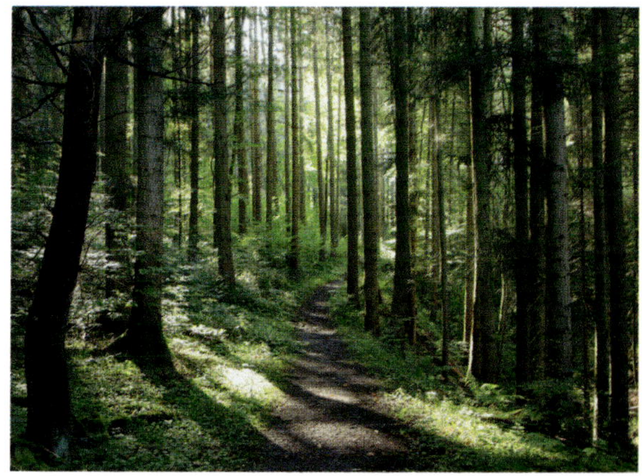

Schön ist es, wenn die Sonne durch den Wald bricht.

Wir gehen von der Straße Stocken, in der sich der **Wanderparkplatz/Parkplatz XBK-Kabel** (570 m) 1 befindet, zur Straße Unterdorf und halten uns rechts. Gleich danach biegen wir rechts ab in die Straße Nagelschmiede. Der Weg führt uns nun kurz zwischen Wohnhäusern, dann auf einem Naturweg am Waldrand entlang und schließlich in den Wald.

Der Weg beschreibt nun ein paar Windungen, wobei es teilweise rechts steil hinab geht. An einer Dreier-Gabelung halten wir uns mit dem Wanderzeichen Rundwan-

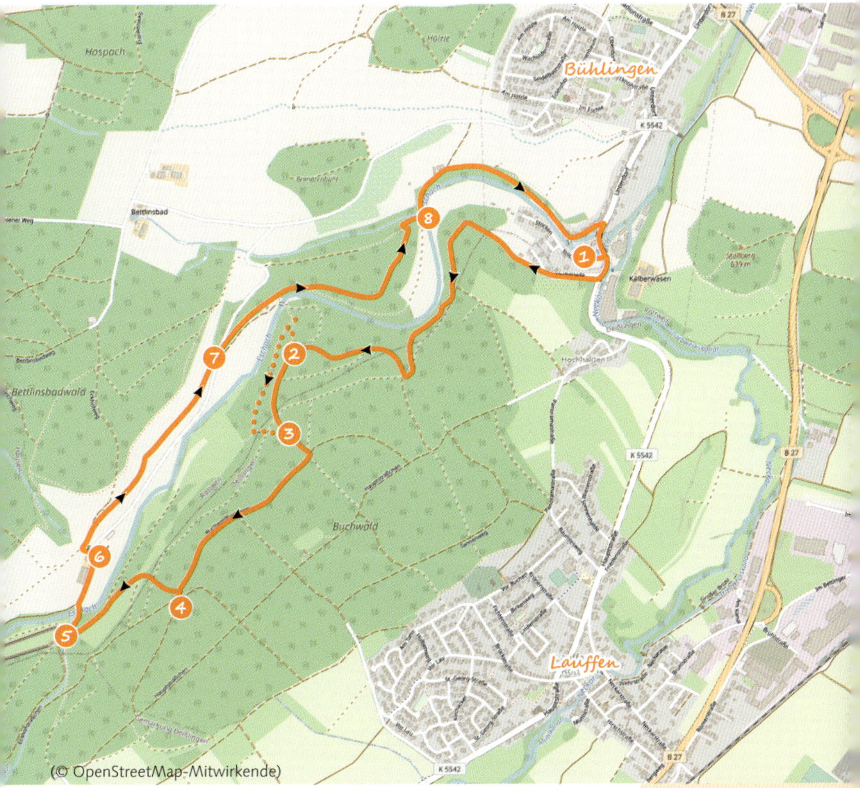

(© OpenStreetMap-Mitwirkende)

derweg (gelber Ring) an den rechten, abwärts führenden Weg. Nach einem Taleinschnitt geht es scharf nach rechts und wir treffen auf einen breiten Forstweg. Ihm folgen wir nach rechts. An der nächsten Verzweigung nehmen wir den rechten, abwärts führenden Weg.

Am Wanderschild **„Eschachsteig/Jugendzeltplatz“** (576 m) 2 haben wir zwei Möglichkeiten. Entweder wir wandern geradeaus weiter zum Schild **„Buchwald Nord“** (632 m) 3. Oder, etwas abenteuerlicher, wir nehmen den nach rechts steil abwärts führenden Pfad. Noch im Wald biegen wir links ab auf einen schmalen Pfad. Er führt am Hang entlang und wieder sanft bergauf. Später knickt er scharf links ab und bringt uns zu einem querenden Forstweg. Dort halten wir uns rechts und kommen ebenfalls zum Schild **„Buchwald Nord“** (632 m) 3.

ausreichend Profilsohle anhaben. Zweimal ist der Weg auch durch eine Stahlkettensicherung entschärft. Bei Nässe, Eis und Schnee ist die Wanderung nicht zu empfehlen.

Wald, Bach, Aussicht

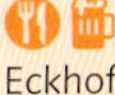

Eckhof

INFOS

Wanderkarte W249 Villingen-Schwenningen, 1:25 000, Landesamt für Geoinformation und Landentwicklung Baden-Württemberg (LGL) in Zusammenarbeit mit dem Schwäbischen Albverein e. V. und dem Schwarzwaldverein e. V.

rottweil.de

Bus ab Rottweil oder Bahn bis Deißlingen, dann Bus, jeweils Haltestelle Unterdorf

Rottweil-Bühlingen, Wanderparkplatz Straße Stocken, GPS 48.138719, 8.626566

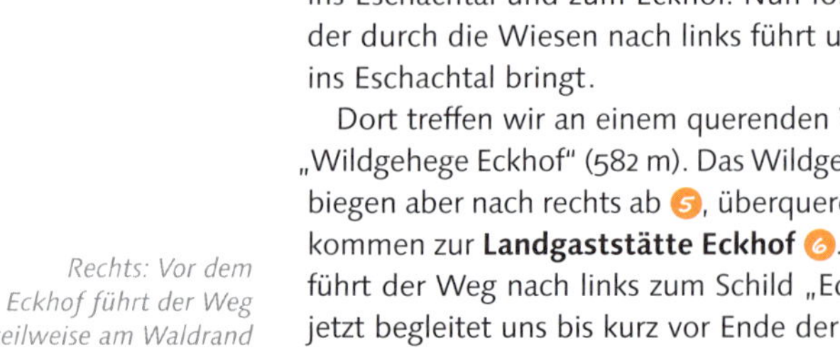

Idylle an der Eschach.

Später biegen wir am Schild **„Buchwald Mitte"** (638 m) 4 scharf rechts ab und wandern steil abwärts. Bald verlassen wir den Wald, jetzt bietet sich uns eine schöne Aussicht ins Eschachtal und zum Eckhof. Nun folgen wir dem Weg, der durch die Wiesen nach links führt und uns sanft hinab ins Eschachtal bringt.

Dort treffen wir an einem querenden Weg auf das Schild „Wildgehege Eckhof" (582 m). Das Wildgehege liegt links, wir biegen aber nach rechts ab 5, überqueren die Eschach und kommen zur **Landgaststätte Eckhof** 6. Vor dem Gebäude führt der Weg nach links zum Schild „Eckhof" (589 m). Ab jetzt begleitet uns bis kurz vor Ende der Tour das blaue „N" des Neckarwegs. Wir gehen geradeaus steil hinauf, zweigen

Rechts: Vor dem Eckhof führt der Weg teilweise am Waldrand entlang.

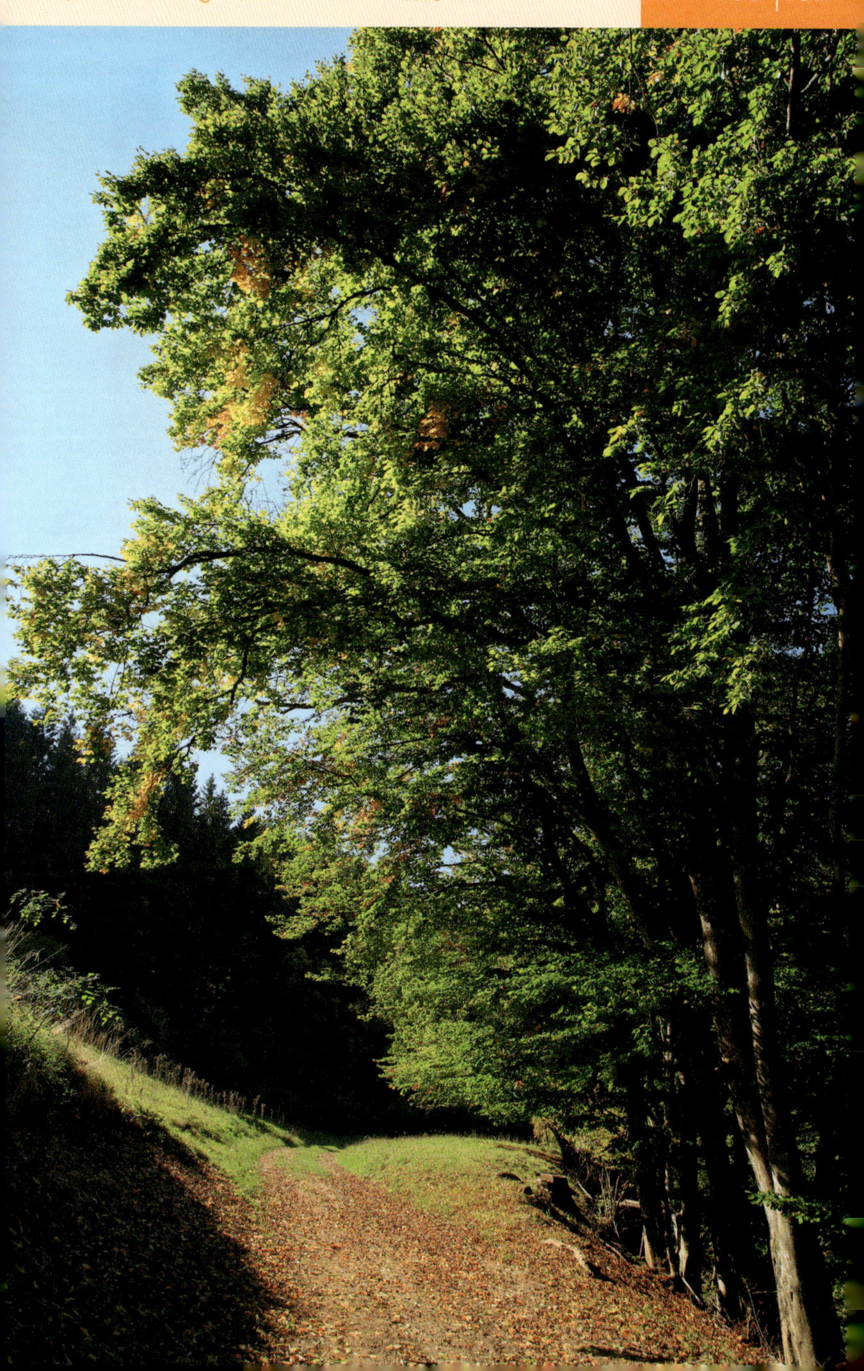

aber gleich rechts ab auf einen Pfad. Am Schild **„Überm Eckhof"** (613 m) biegen wir rechts ab. Nun führt uns ein schmaler Pfad eine Weile durch eine Wacholderheide, über die wir einen prächtigen Blick hinab ins Eschachtal, zum Eckhof und der gegenüberliegenden Höhe haben. Nach rechts geht es steil hinab ins Tal, sodass wir beim Schauen und Genießen der Aussicht am Besten stehen bleiben.

Die Wacholderheide nach dem Eckhof liegt an einem Steilhang über dem Eschachtal.

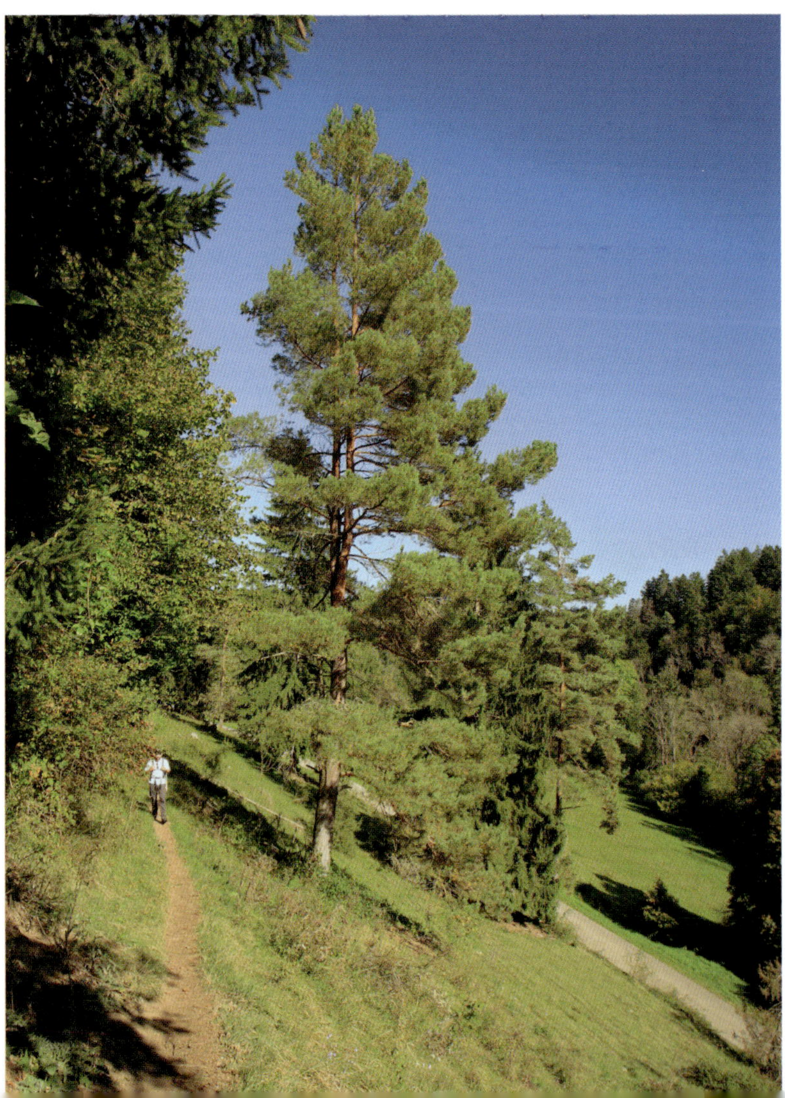

Bald kommen wir an einer mächtigen Buche vorbei, ihre Umgehung ist mit einer Stahlkette gesichert. Danach wandern wir durch den Wald, bis wir hinab zur Straße und zum Schild **„Eckhofstraße"** (602 m) 7 kommen. Hier führt auf der anderen Seite der Pfad weiter.

Wir passieren das Schild „Jugendzeltplatz" (577 m), danach ist der Weg wieder ein Stück durch eine Stahlkette gesichert. Beim Schild „Lausenhärtleswald" (596 m) gehen wir geradeaus weiter, nun steil hinab in einen und neben einem schmalen Bacheinschnitt. Auch hier sollte man nicht ausrutschen, denn sonst saust man weit hinunter. Am besten prüft man das Geländer auf Stabilität und hält sich daran fest.

Schließlich ist man unten vor der **Eschach** 8. Hier biegt man am Schild „Lausenhärtlesgrund" (569 m) links ab auf den festen und breiten Weg. Er steigt kurz an zum Waldrand, wo wir vor der Scheune rechts abbiegen. Wir wandern kurz am Waldrand entlang, dann im Wald bergab. Wir ignorieren, dass der Neckarweg am Schild „Maiberg" (595 m) links abzweigt und kommen zum Ende der Straße Fischersteig.

Nun wandern wir durch die Häuser zur Straße Unterdorf, halten uns rechts, überqueren die Eschach und kommen zur rechts abgehenden Straße Stocken und unserem Ausgangspunkt.

Kleines Gebäude beim Eckhof.

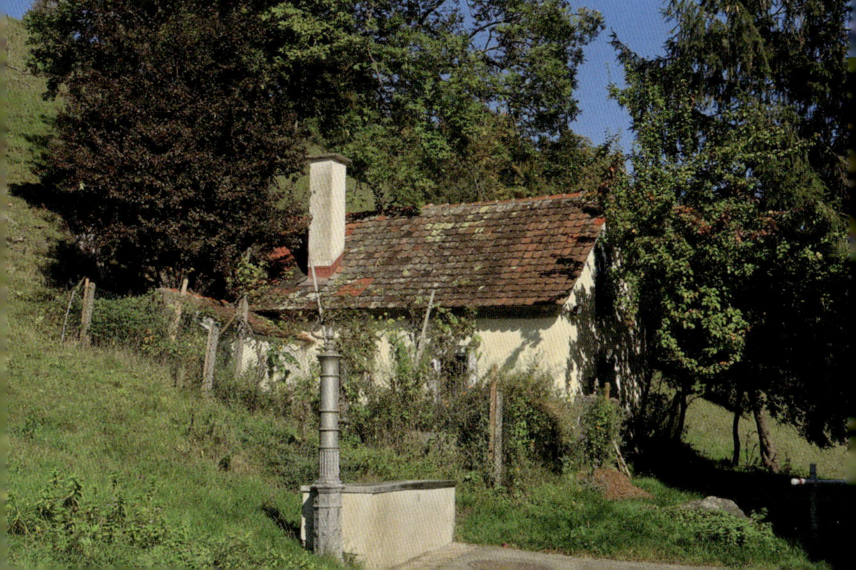

Vom Wilflingen zum Lemberg

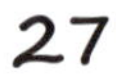

27

Auf den höchsten der Albberge

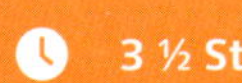

3 ½ Std.

11,3 km

360 Hm

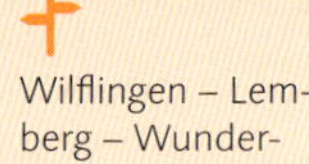

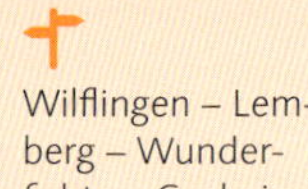

Wilflingen – Lemberg – Wunderfichte – Gosheim – Wilflingen

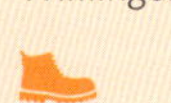

Die Wanderung verläuft auf festen Wegen und Pfaden.

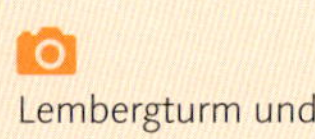

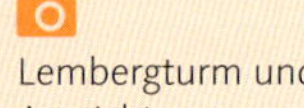

Lembergturm und Aussicht

Wilflingen

Diese Tour führt uns auf den Lemberg, den höchsten Berg der Schwäbischen Alb; er befindet sich allerdings schon außerhalb des Landkreises Rottweil. Auf seinem Gipfel steht ein luftiger Aussichtsturm von dem man bis zu den Alpen sehen kann. Das nächste Zwischenziel ist die einst mächtige Wunderfichte, von der noch ein Rest erhalten ist.

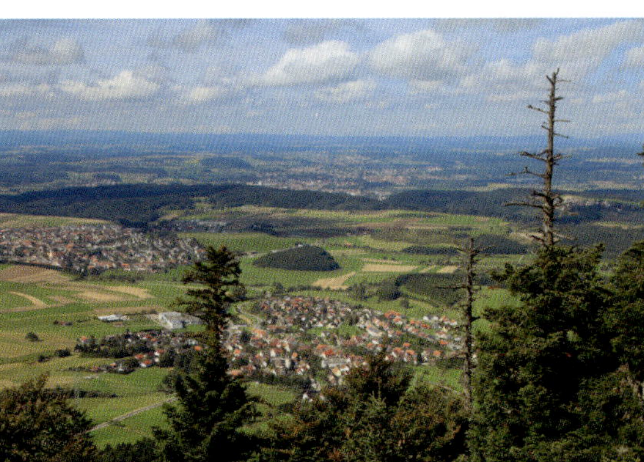

Blick ins Albvorland.

Wir folgen ab der **Kirche** 1 der Gosheimer Straße nach Westen. Sie geht nach der Rechtskurve in die Schörzinger Straße über. Vor dem Ortsende biegen wir mit dem Wanderzeichen blaues Dreieck rechts ab in die Albstraße 2, als Ziel ist schon „Lemberg" angeschrieben. Bereits jetzt bietet sich uns eine herrliche Aussicht. Am Waldrand stoßen wir auf die **Albvereinshütte**.

Nun geht es im schattigen Wald weiter hinauf. Wir folgen erst einem breiten Forstweg, kürzen ihn aber bald auf einem steil bergauf führenden Pfad ab. Nach einiger Zeit überqueren wir einen breiten Forstweg, danach steigen wir weiter steil hinauf zu einem breiten Querweg. Auf ihm

Rechts: Der Narrenbrunnen kündet von der schwäbisch-alemannischen Fasnet.

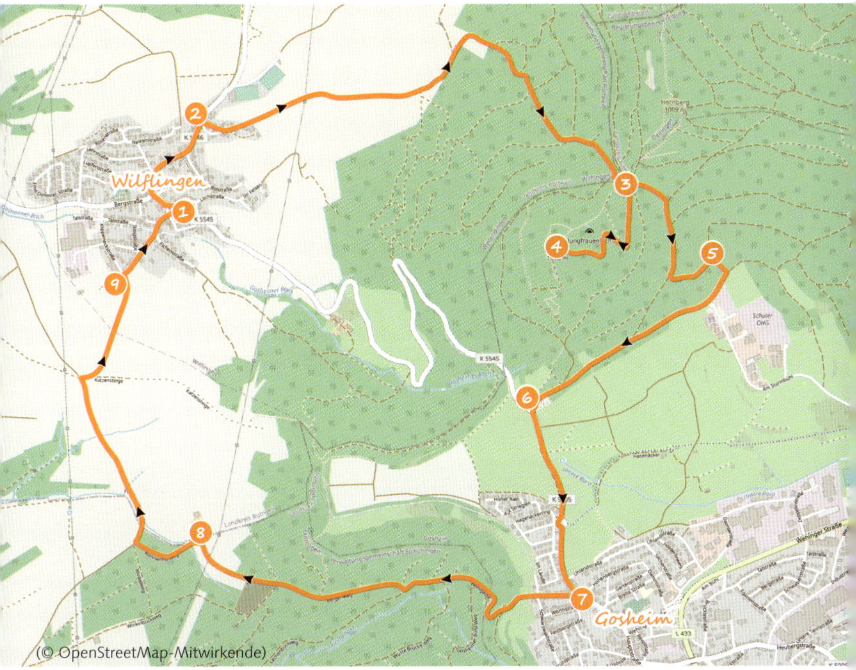

(© OpenStreetMap-Mitwirkende)

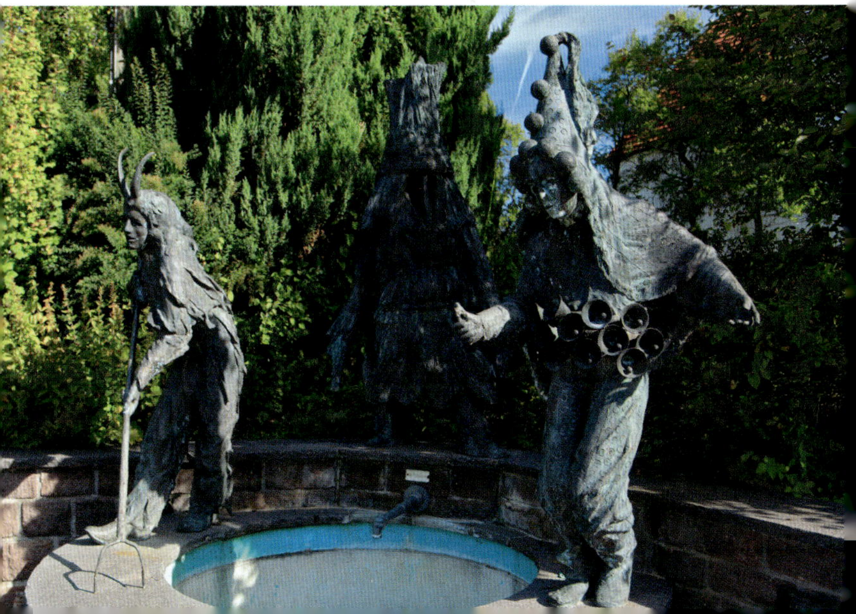

INFOS

Wanderkarte W250 Spaichingen, 1:25000, Hrsg.: Schwäbischer Albverein e. V., Kartographie: Landesamt für Geoinformation und Landentwicklung Baden-Württemberg (LGL)

wellendingen.de

Bus bis Wilflingen, Haltestelle Schörzinger Straße

Wellendingen-Wilflingen, Gosheimer Straße, Kirche St. Gallus
GPS 48.152175, 8.727164

wandern wir zum **Lembergsattel** (925 m) 3, wo wir den Dreibannigen Grenzstein finden.

Wir folgen dem Zeichen rotes Dreieck nach rechts und gehen auf einem steilen Steig hinauf zum **Gipfel des Lembergs** (1015 m) 4. Hier stehen der luftige Metall-Aussichtsturm und eine Schutzhütte, außerdem gibt es eine Grillgelegenheit.

Nachdem wir den Turm bestiegen und uns ausgeruht haben, gehen wir zurück zum Lembergsattel. Dort folgen wir dem Wanderzeichen rote Raute in Richtung „Wunderfichte“. Ein breiter Weg führt uns leicht bergab, dann werden wir nach links auf einen Pfad verwiesen und erreichen kurz danach die **Reste der Wunderfichte** 5.

Nun halten wir uns rechts zum Waldrand, wo wir rechts abbiegen. Ein Forstweg führt uns zum **Parkplatz**

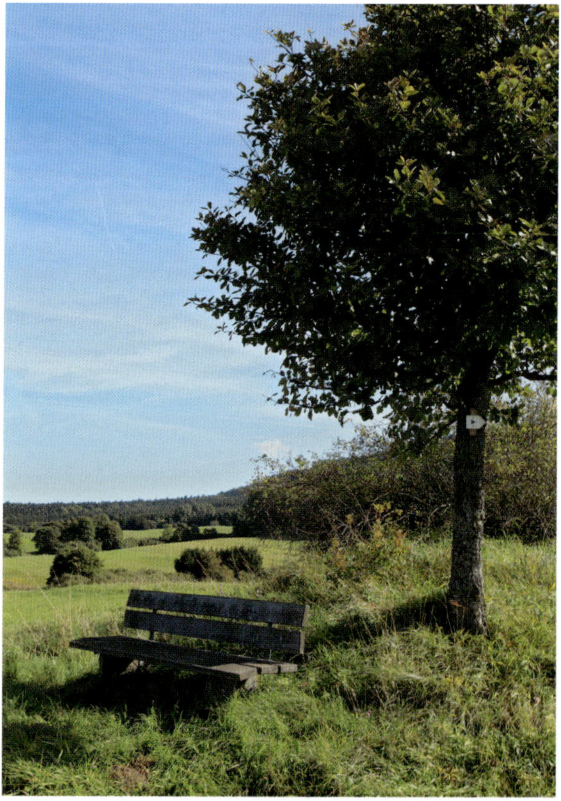

Blick durch die Landschaft.

Lemberg (871 m) 6, dort halten wir uns auf der Straße links. Parallel zu ihr kommen wir nun hinab nach Gosheim. Dort biegen wir mit dem Zeichen blaues Dreieck rechts ab in die **Marienstraße** 7. Am Ortsrand folgen wir weiter dem blauen Dreieck. Dann gehen wir dort, wo der markierte Wanderweg links abzweigt, geradeaus weiter bis zum **Wannenhof** 8. Hier knickt der Weg erst links ab, dann halten wir uns am nächsten Querweg rechts. Nun geht es durch die Wiesen gemütlich zurück nach Wilflingen. Am **Ortsrand** 9 nehmen wir die nach rechts führende Zollernstraße. Nach der querenden Bachstraße erreichen wir wieder unseren Ausgangspunkt in der Gosheimer Straße.

Dreibanniger Grenzstein

Der **Dreibannige Grenzstein** markiert die Grenzen der Gemarkungen der Gemeinden Gosheim, Deilingen und Wilflingen. Früher war hier auch eine Staatsgrenze, denn Gosheim und Deilingen gehörten bis 1805 zur vorderösterreichischen Grafschaft Hohenberg. Die Hirschstange und die Initialen „KW" (= Königreich Württemberg) galten für Deilingen und Gosheim (= G) und „KP" bedeutet Königreich Preußen.

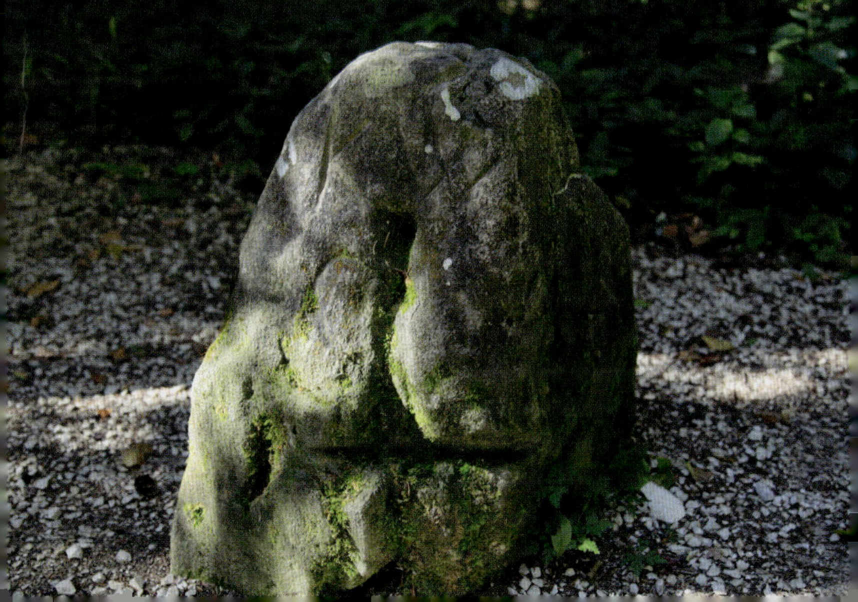

Lemberg

Der **Lemberg** ist nicht nur der höchste Berg auf der Schwäbischen Alb, sondern auch der höchste Aussichtspunkt zwischen dem Schwarzwald und dem Harz. Der 30 Meter hohe Aussichtsturm wurde 1899 erbaut und kostete damals 12 000 Goldmark. Von ihm aus kann man bis zu den Alpen sehen, im Blickfeld sind Zugspitze, Wetterstein, Allgäuer Alpen, Vorarlberg, Rätikon, Appenzeller und St. Galler Alpen, Glarner, Urner und Berner Alpen und im Westen der Schwarzwald.

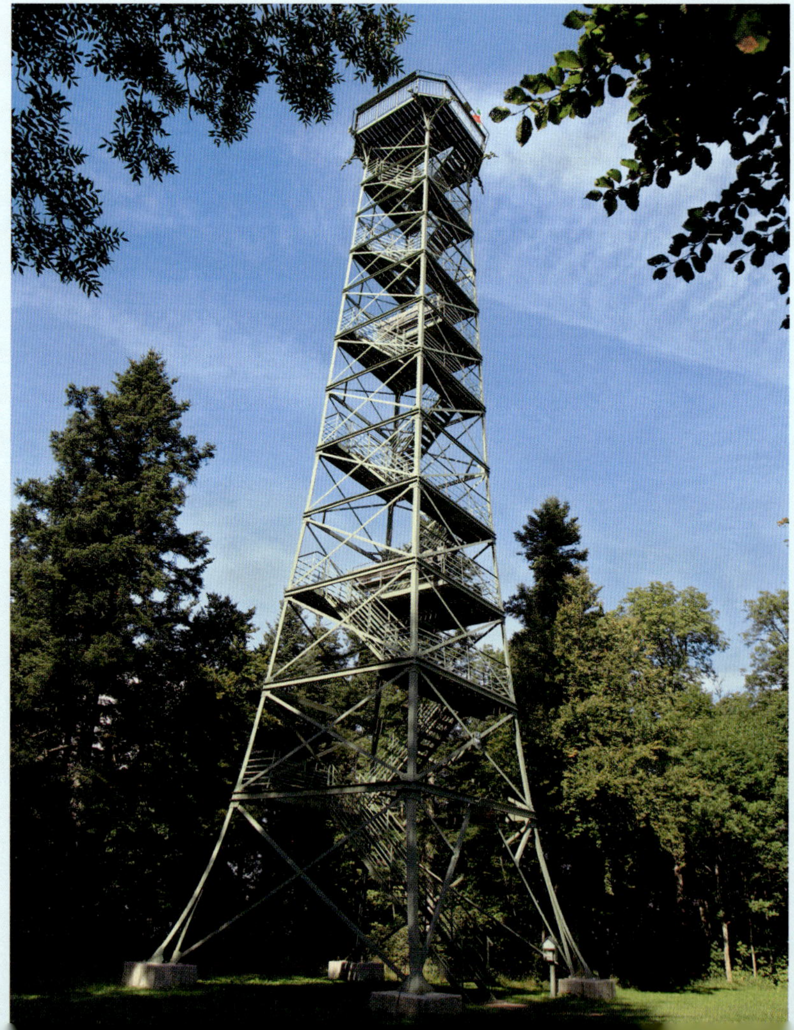

Wunderfichte

Diese einst 35 Meter hohe **Wunderfichte** wurde um 1790 gepflanzt. Nachdem sie 2006 durch einen Gewittersturm beschädigt wurde, hat man sie aus Sicherheitsgründen gefällt. Einst wuchsen in etwa drei Metern Höhe sechs mächtige Arme aus ihrem Stamm.

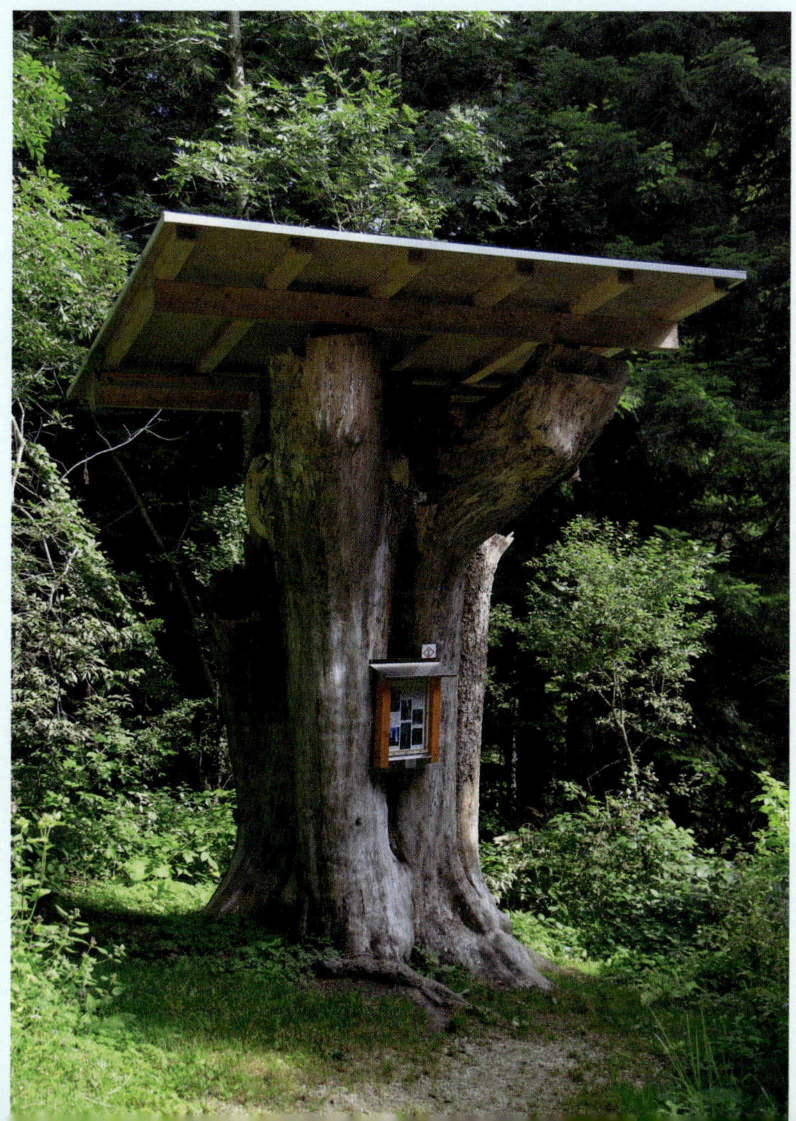

Impressum / Bildnachweis

Titel:	WANDERN IM LANDKREIS ROTTWEIL
Untertitel:	Die 27 schönsten Touren
Autor:	Dieter Buck
Titelbild:	Gemeinde Zimmern o. R. / Fotograf: Nico Pudimat
Porträtfoto:	© Melanie Buck
Fotos:	Dieter Buck
	S. 17 Baiersbronn
	S. 25–27 Stadt Dornhan
	S. 79 unten Stadt Sulz am Neckar
Kartengrundlagen:	OpenStreetMap
Kartengestaltung:	Charmaine Wagenblaß (vr)
Lektorat:	Daniela Waßmer
Herstellung:	verlag regionalkultur
Satz:	Charmaine Wagenblaß (vr)
Umschlaggestaltung:	Andrea Sitzler (vr), Charmaine Wagenblaß (vr)
Korrektorat:	Sebastian Hofmeister (vr)

Alle Angaben ohne Gewähr.

ISBN 978-3-95505-378-9

Die Deutsche Nationalbibliothek verzeichnet diese Publikation in der Deutschen Nationalbibliografie; detaillierte bibliografische Daten sind im Internet über http://dnb.de abrufbar.

Dieses Buch ist auf alterungsbeständigem und säurefreiem Papier (TCF nach ISO 9706) gedruckt entsprechend den Frankfurter Forderungen.

verlag regionalkultur
Ubstadt-Weiher · Heidelberg · Speyer · Stuttgart · Basel
Verlag Regionalkultur GmbH & Co. KG
Bahnhofstraße 2 · D-76698 Ubstadt-Weiher
Tel 07251 36703-0 · Fax 07251 36703-29
E-Mail kontakt@verlag-regionalkultur.de · www.verlag-regionalkultur.de